벌거벗은 공학교육과 산학협력

이 도서의 국립중앙도서관 출판시 도서목록(CIP)은
e-CIP 홈페이지(http://www.nl.go.kr/cip.php)에서 이용하실 수 있습니다.
(CIP제어번호 : CIP2008000570)

벌거벗은 공학교육과 산학협력

박철우 · 이치욱 · 박상철 · 최영섭 · 이종항

■ 머리말

처음 우리나라의 공학교육 문제점과 개선점에 대하여 책을 써야 되겠다고 생각했을 때, 시작이 반이라고 했지만 언제 끝낼 수 있을지, 정말 까마득하게 느껴졌던 것을 기억한다. 무슨 내용을 써야할 지, 어떻게 써야할 지, 머릿속은 복잡하고 빨리 써야지 하는 마음만 서둘렀던 것 같다. 특히나 글 솜씨가 서툴러 머릿속에 그려진 이야기를 체계적이고 논리적으로 전개하는 것이 나에게는 도전이었고 타당한 근거를 제시하기 위한 자료조사도 부담스러운 부분이었다. 그렇지만 한국직업능력개발원의 최영섭 박사님, 내가 소속한 대학의 박상철, 이종항 교수님께서 저술 작업에 참여해 주셔서 한결 부담을 덜 수 있었고, 특히 미국 캘리포니아 스톡튼에 위치한 University of the Pacific의 이치욱 교수님과 한국의 공학교육에 대하여 의견을 나누며 생각을 많이 정리할 수 있었다. 이렇게 같이 참여해주신 공동 저자들께 우선 깊은 감사를 드리고 싶다.

사실 책을 쓰게 된 동기는 대학을 둘러싼 위기상황 때문이다. 오랫동안 대학의 변화가 진행되어 오고 있지만 교육의 질적 향상이 요원하고, 특히 이러한 상황에서 입학정원감소, 저 출산, 이공계 기피, 조기유학증가, 산업의 글로벌화와 인재 채용의 글로벌화, 해외대학의 국내설립 등 국내대학의 존폐여부를 논하는 상황 속에서 "과연 지금까지의 교육시스템으로 국내 이공계대학의 미래가 있을까?", "나는 정년을 마치고 퇴직할 수 있을까?" 하는 불안감이 들었기 때문이다. 뿐만 아니라 참여정부의 지역혁신과 연계한 산학협력의 강화로 이공계 학부교육이 더욱 강화될 수 있을 것으로 기대되었으나 교육재원확보 등 핵심문제의 해결 없이 과도한 평가 및 인증 등으로 교수들의 부담만 가중된 채 질적 향상은 아직 요원한 것도 불안감을 만든 요인이었다.

본 책은 이러한 대학이 처한 현실 속에서 우리 대학의 학부교육이 처한 문제점들을 다양한 시각에서 분석하고 처해진 상황에서 최선의 방법이 무엇인지 사례를 통하여 방향을 제시하고자 하였다. 제2장에서는 우리나라 대학교육이 양적인 측면에서는 세계 최고 수준이지만 질적인 측면에서는 학생과 사회의 요구에 제대로 부응하지 못하고 있다는 것을 통계적 데이터를 바탕으로 설명하고자 하였다. 제3장에서는 전국경제인연합회 설문조사를 기반으로 하여 기업이 요구하는 '바람직한 인재상'을 기술하였다. 특히, 대학이 배출한 인재들에 대하여 기업이 만족하지 않는 이유를 대학교육 시스템의 문제에 있다고 판단하여 각종 학부교육의 문제점과 바람직한 공학교육 혁신방향을 제시하였다. 제4장에서는 다양한 산학협력의 유형을 체계화하고 정의하였으며, 이들의 문제점과 개선점을 기술하였다. 또한 마지막에는 이들 산학협력이 교육에 어떻게 활용되어야 하는지 방향을 제시하였다. 제5장에서는 현장실습의 문제점과 개선점에 대하여 기술하였다. 현장실습은 산학협력기반의 수요자 맞춤형 교육이지만 좋은 취지에도 불구하고 대학이나 기업으로부터 많은 문제점을 지적받고 있는데 이러한 문제의 원인과 개선방안에 대하여 학생측면, 대학측면, 기업측면으로 나누어 기술하였다. 제6장에서는 한국산업기술대학교가 2003년 말부터 새롭게 시도하고 있는 산학협력 일체형 학부 공학교육모델인 엔지니어링 하우스 제도를 소개하고 있다. 제7장에서는 미국 캘리포니아 스톡튼에 위치하고 있는 University of the Pacific(이하 UOP)의 co-op Education에 대하여 소개하고 있다. UOP의 경우, co-op을 포함하여 5년에 학부를 졸업하게 되어있는데도 불구하고 많은 학생들이 co-op 때문에 대학을 지원하는 등 기업과의 연계교육이 충실하게 진행되고 있다. 본 책에서는 UOP의 기계공학과를 중심으로 co-op 프로그램을 구체적으로 소개하였다. 제8장에서는 일본의 실습교육에 해당하는 생산제조 대학교육시스템에 대하여 기술하였다. 일본은 초급 기술교육에서 고급기술교육까지를 체계적으로 정비하고 교수의 전문성을 확보하는 등 실습교육의 체계화를 실현한 점이 우리가 배워야 할 점으로 지적되어 왔고 관련내용을 기술하였다. 제9장에서는 북유럽의 핀란드와 스웨덴의 교육, 연구 및 창업제도에 대하여 기술하였다. 북유럽의 대학교육은 전통적으로 대학원 중심의 교육이 실시되고 있으나 2007년 유럽연합 차원에서 추진하고 있는 볼로냐 프로세스(Bologna Process)를 통하여 대학교육의 표준화를 따르고자 학부교육과 대학원 교육의 연계를 추진하고 있기도 하다. 본 책에서는 이들 나라들의 다양한 교육제도와 연구 활동 및 창업촉진 모델들을 소개하고 있다.

사실 이 책을 마무리 하고 많은 사람들에게 보인다고 생각하니 조금 창피하기도 하고, 부족한 점이 한둘이 아닌 것 같아 출간이 망설여지기도 했다. 그렇지만 우리 이공계교육의 문제점을 한 번에 해결해 보겠다는 생각보다는 탑을 쌓을 때 돌을 하나 올려놓는다는 기분으로 많은 사람들에게 보이고자 한다. 다시 한 번 작업에 동참해주신 최영섭 박사님, 박상철 교수님, 이종항 교수님께 감사드리고 처음부터 끝까지 함께 참여해주신 이치욱 교수님께 깊은 감사를 드린다.

2008년 1월
저자대표 박철우

차례

■ 머리말 • 5

제1장 서 론 • 13
　－박철우(한국산업기술대학교)
　1. 왜 이 글을 쓰는가?　　　　　　　　　　　　　　• 13
　2. 대학의 현실　　　　　　　　　　　　　　　　　• 14
　3. 대학의 역할　　　　　　　　　　　　　　　　　• 25
　4. 어떤 내용을 담고 있나?　　　　　　　　　　　　• 30

제2장 대학교육의 현주소와 미래에 대한 제언 • 35
　－최영섭(한국직업능력개발원)
　1. 우리나라 대학교육의 현주소　　　　　　　　　　• 35
　2. 우리나라 대학교육의 문제　　　　　　　　　　　• 42
　3. 대학교육 개선의 방향에 대한 제언　　　　　　　• 59

제3장 기업의 인재상과 학부교육 혁신방향 • 73
　－박철우(한국산업기술대학교)
　1. 기업의 인재상　　　　　　　　　　　　　　　　• 73
　2. 기업의 인재상과 공학교육인증 목표의 연관성　　• 81
　3. 바람직한 인재상을 구현하기 위한 학부교육의 문제점　• 89

4. 성공적인 대학운영의 조건	• 98
5. 바람직한 혁신방향	• 100

제4장 산학협력의 유형과 바람직한 방향 • 105
　　—박철우(한국산업기술대학교)

1. 산학협력의 정의와 의의	105
2. 산학협력의 개념	109
3. 바람직한 산학협력의 방향	140

제5장 현장실습의 문제점과 개선전 • 143
　　—박철우(한국산업기술대학교)

1. 현장실습의 문제점	• 143
2. 현장실습의 개선점	• 148

제6장 新공학교육! 엔지니어링 하우스를 꿈꾸며… • 151
　　—박철우(한국산업기술대학교)

1. 신생대학에서 교수가 되다	• 151
2. Company in school	• 154

차례

3. 엔지니어링 하우스의 시작 • 158
4. 엔지니어링 하우스의 완성 • 162
5. 산업대학교의 정체성과 엔지니어링 하우스 • 165

제7장 Univ. of the Pacific에서의 Cooperative (Co-op) Education • 169

— 이치욱(Univ. of the Pacific)

1. 미국에서의 Co-op Education • 169
2. University of the Pacific • 173
3. Co-op Eduction of School of Engineering and Computer Science at University of the Pacific • 175
4. Co-op이 필수인 5년제 교육과정 • 179
5. ENGR 25 Professional Practice Seminar • 181
6. Co-op Site Visit • 182
7. The Co-op Program Assessment for ABET Accreditation • 186
8. 바람직한 미래의 한국 공학교육 • 203

벌거벗은 공학교육과 산학협력

제8장 일본의 생산제조대학 • 207
　－이종항(한국산업기술대학교)
　1. 서론　　　　　　　　　　　　　　　　　　• 207
　2. 21세기 제조업의 변화　　　　　　　　　　• 214
　3. 생산제조분야 교육의 문제점　　　　　　　• 216
　4. 21세기형 공학교육의 모델　　　　　　　　• 219
　5. 특화된 학과 소개　　　　　　　　　　　　• 224

제9장 북유럽 대학교육과 창업정신고취 • 237
　－박상철(한국산업기술대학교)
　1. 머리말　　　　　　　　　　　　　　　　　• 237
　2. 대학 및 대학원 연계과정　　　　　　　　　• 240
　3. 기업연계교육　　　　　　　　　　　　　　• 250
　4. 지역과의 밀착　　　　　　　　　　　　　• 260
　5. 창업정신 고취　　　　　　　　　　　　　• 270

　■ 참고문헌 • 275

제1장 서 론

1. 왜 이 글을 쓰는가?

많은 사람들이 우리나라의 이공계 대학교육이 이론위주의 부실교육으로 교육수요자인 학생과 기업에게 충분한 만족을 제공하고 있지 못하다고 한다. 기업은 기업대로 만족한 인력이 없다고 이야기하는 반면에 학생들은 많은 수가 취업을 못하고 있고, 취업하는 경우에도 전공과 다른 분야에 취업하는 사례가 허다하다. 대학에서는 올바른 교육을 위해 지원을 호소하고 방향을 제시하고 있지만, 체계적이고 종합적인 개선방안이 지속적으로 시행되고 있지 못한 것이 현실이다.

이러한 와중에 대학은 위기 상황으로 가고 있다. 출산율 저하로 인한 입학자원의 대폭적인 감소, 글로벌화에 따른 조기유학생의 급속한 증가, 이공계 기피로 인한 우수인재확보 비상, 대학원생의 급감으로 인한 연구능력의 저하, 기업의 지속적인 기술혁신과 글로벌화 등으로 신입 인재확보의 세계화 등 대학을 둘러싼 여건이 어려운 상황이지만 국내 거의 모든 대학이 비슷한 커리큘럼, 동일한 교육모델 등으로 다양한 산업변화의 반영과 효과적인 인재육성을 수행하지 못하고 있다. 이러한 상황에서도 대학은 매년 등록금 인상, 교직원의 능력문제, 단과대학간 알력, 총장선거 등에서 의견이 나뉘고 분쟁이 잦으며, 교수들은 대학시스템의 비효율에 기인한 불필요한 대학 행정에 시달릴 뿐만 아니라 대학 및 학과평가, 연구비 확보를 위한 부대활동 및 예산처리, 감사 등에 많은 비효율적인 시간을 보내고 있다.

이러한 현실에서 대학의 문제를 효과적으로 해결하기 위한 기본 단계로 대학의 역할은 무엇인지 되짚어보고, 현재 위기에 처한 대학의 현실을 다양한 지표를 통하여 점검함으로써, 현 대학의 위기상황을 객관적으로 진단하고자 하였다. 특히 국내외 다양한 사례를 통하여 대학의 역할을 인재양성, 연구개발, 산학협력, 지역사회 발전에 이르기까지 전주기적인 측면에서 다루고자 하였다. 인재양성에 있어서는 대학의 가장 기본 과정인 학부교육과정을 정상화하기 위한 방법들에 대하여 다음 장에서 기술함으로써 대학교육을 바로 세우는 일에 동참하고자 한다.

2. 대학의 현실

2.1 출산율저하에 따른 입학자원 감소

대학이 처한 위기상황으로 수 년 동안 지적되어온 이공계 기피현상 외에도 수도권으로부터 멀리 떨어진 지방대, 특히 전문대학들은 깊은 고민에 빠져 있다. 매년 입학자원이 정원에 미달하고 있고, 일부 대학은 50%를 채우지 못하고 있기 때문이다. 이러한 현상이 앞으로 나아지기보다는 더욱 심화되어 2020년에는 입학자원이 40만 명 내외로 줄어든다고 하니, 보통 심각한 것이 아니다. 대학들은 이를 타개하기 위하여 지역 고등학교에 다양한 리쿠르트 전략을 수행하거나 교수별로 입학자원을 할당하는 등 자구책을 강구하고 있나. 특히 최근에는 중국이나 베트남 학생들을 유치하여 국제화를 시도한다고는 하나 일부 학생들은 입국 후 취업을 위하여 사라지는 등 문제점을 노출하고 있다.

    이러한 문제의 근원은 출산율 저하에 있다. 출산율 저하의 요인으로 사회현상에 따라 결혼이 늦어지거나 미혼인구가 늘고 있고, 결혼 후에도 사교육비 부담 등 경제사정에 따라 자녀를 적게 낳는 데 있다. 이러한 여파가 입학자원 감소[1]로 나타나고 있는데, 특히 고교 졸업자는 2000년 76만4천명에서 2020년 43만7천명, 2050년 25만9천명으로 급격히 줄어 2005년 대입정원(64만명)이 그대로 유지된다고 가정하면 2050년에는 38만명을 채우지 못할 것이라고 한다. 특히나 2006년 교육인적자원부 발표에 의하면 2006학년도 4년제 대학 입학정원이 모두 34만 2287명이었다고 하니 4년제 대학교의 정원도 채우지 못하게 되는 것이다. 상황은 더욱 악화되고 최근 국내 출산율이 더욱 낮아져 1.08명 수준으로 세계 최저수준에 이르고 있는 등 인구문제의 심각성이 대두되고 있는 실정이다.

---

[1] 연합뉴스, 2005년 3월 4일, "2050년 고졸자 26만명-대입정원 64만명"

2.2 유학인구의 증가와 기업의 인재유치 글로벌화

출산율 저하와 함께 또 하나의 입학자원 감소요인으로는 조기유학과 교육이민자수가 급격히 증가2)3)하는 것도 또 하나의 위기요인으로 작용하고 있는데, 신문기사에 의하면 2006년 4.4분기를 기준으로 미국학교에 등록해 학업을 수행하고 있는 유학생중 한국출신은 9만 3천 728명으로 전체 63만 998명중 14.9%를 차지하여 출신국가에서 1위를 기록했다고 한다. 특히, 한국유학생들은 2004년 말 7만 3천 272명에서 2005년 말 8만 3천 854명으로 12.6% 증가했고, 2006년에 9만 3천 728명으로 10.5%가 늘어나는 등 빠른 증가세를 보이고 있다. 이러한 증가는 미국 1개국만의 것이 아니라 영어권인 캐나다, 싱가포르, 필리핀 등의 조기유학이 급격히 증가하고 있는 것이다. 이렇게 유학 및 어학연수생이 급증한 것은 경제상황이 호전되면서 해외 어학연수나 학위취득에 대한 관심이 높아진 것도 있고, 산업추세가 글로벌화 되면서 영어사용에 대한 욕구가 증가된 사회문화적 현상이기도 하지만 매년 되풀이되는 입시지옥과 과도한 경쟁사회 등 국내 교육현실에 염증을 느낀 학부모들이 많이 늘고 있기 때문이기도 한 것 같다.

특히, 해외유학을 선택하는 또 하나의 특징은 기업의 해외인력 유치에 기인한다고 볼 수 있다. 전경련 조사에 따르면, 기업의 이공계 인력 충원시 가장 큰 애로사항은 인력의 질적 부족(30.1%)이며, 이로 인해 해외에서 고급 기술인력을 유치하는 기업(37.4%)도

---

2) 연합뉴스, 2007년 4월 5일, "한국출신 미유학생 10만명시대 눈앞"
3) 한국경제, 2007년 4월 20일, "조기유학·교육이민의 그늘"

많이 있다고 확인되었다. 즉 기존에 있던 국내 졸업생의 일자리가 이제 해외인력에게도 개방된 상황에서 더 이상 국내용 교육으로는 경쟁력을 확보할 수 없다고 판단했기 때문이다. 이러한 우수자원의 해외 유출은 국내 입학자원의 기초자질 저하로 나타나고 있다.

2.3 우수 학생의 이공계 기피현상

이공계 기피현상은 각종 매스컴을 통하여 익히 들어본 바다. 실제 이공계 기피현상을 감지하게 된 직접적인 데이터를 살펴보면, 2002학년도 대학수학능력시험에서 자연계열 지원자수의 급속한 감소에서 그 위기감을 느끼게 되었는데, 당시, 2002학년도 자연계열 지원자는 전체의 26.9%로 줄어든 반면, 인문계열과 예체능계열은 증가하였고, 대학원의 경우, 대학원, 특히 박사과정의 경쟁률이 급격히 감소된 것으로 나타난다. 반면에 의과대학 경쟁률은 상승한 것으로 나타나 이공계문제가 확대된 것으로 파악된다. 수적 감소에 더하여 성적우수자의 이공계 이탈이 심화된 것으로 파악이 되었는데, 자연계열 중 이공계에 진학한 우수학생의 비중은 2001년 44.2%로 전체 1등급 진학자의 19.5%에 불과하였다고 한다.

〈표 1-2-1〉 우수학생(1등급)의 진학계열별 현황

(단위: 명, %)

연도	인문계열 (A)	자연계열 (B)	계 (A+B)	이공계 진학자(C)	이공계 진학비율 (C/(A+B))	자연계열내 이공계진학 비율(C/B)
2000	13,222	11,274	24,496	5,152	21.0	45.7
2001	14,205	11,192	25,397	4,948	19.5	44.2

자료: 진미석·윤명한, 「고등학생들의 이공계 기피현상 실태분석 및 개선방안」, 한국직업능력개발원, 2002

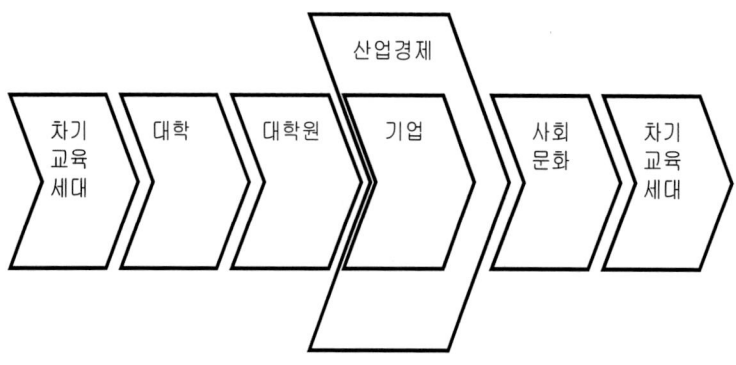

〈그림 1-2-1〉 이공계 기피현상의 연결고리

    개인적으로는 이러한 이공계 기피현상이 단순히 어디에서부터, 어느 때부터 문제가 갑자기 시작되었다고 하기보다는 일반 사람들이 사회문화적 활동으로부터 얻어진 인식이 전반적인 흐름이 되고, 그것으로부터 얻어진 새로운 사회문화적 의사결정이 사회분위기를 점차 변화시키는 등, 먹이사슬처럼 연결고리를 가지고 장시간 변화하는 생명체와 같다고 볼 수 있다. <그림 1-2-1>에 이공계 기피현상의 연결고리를 전체적으로 조감하여 보았고 이하에 단계별로 기피현상에 대한 원인분석을 기술하고자 한다.

먼저, 차기교육세대로 볼 수 있는 고등학교 이하의 학생들이 현재 이공계를 기피하게 되는 요인은 사회문화적인 분위기와 밀접하게 관계있다고 판단된다. 특히, 최근에는 매스미디어의 발달로 인하여 정보의 흐름이 급격히 빠르게 전파되기 때문에 자신의 미래가 될 산업경제에 대한 정보가 빠를 수밖에 없다. 뿐만 아니라, 경제적인 여유와 문화의 발달로 인하여 학생들이 생각하는 가치관이 변화했다고 볼 수 있다. 즉, 학생들의 정보습득 속도가 빠르고 다양한 문화를 접하게 되기 때문에 정서적으로 다소 불안정하고, 깊이 있게 생각하는 습관과 참을성이 이전 세대에 비하여 현저히 낮아지고 있는 것이 특징이라고 볼 수 있으며, 이러한 변화 때문에 어렵고 힘든 이공계의 길을 피한다고 볼 수 있다. 특히, 이러한 변화는 경제정책을 최우선으로 했던 고 박정희 대통령정권 이후에 급격히 시행했던 다양한 볼거리 문화 창출과 많이 관련이 있다. 이러한 정책은 사회문화적인 분위기를 생산위주에서 소비위주의 형태로 변화시키는 계기가 되었다고 판단된다. 그리고 소비위주의 시장경제 성장은 육체적인 소모가 적은 3차 산업의 인력수요를 폭발적으로 증가시킴과 아울러 노동임금의 상승으로 이어져 생산직 종사자와 3차 산업 종사자의 임금비교를 야기하는 원인이 되었다고 판단된다. 뿐만 아니라, 88 올림픽을 전후하여 폭발적으로 불어 닥쳤던 부동산 투기바람은 수많은 졸부를 탄생시켰고, 정직하게 생활하는 회사원들의 자존심에 큰 손상을 입히게 되었다. 또한 정치권의 정치자금 비리는 일반인이 생각할 수도 없는 천문학적인 금액으로 대부분의 국민들에게 허탈감을 심는 결과를 낳았다. 이러한 사회적 분위기는 대부분의 사람들에게 돈과 신분상승을 꿈꾸게 했고, 가장 쉬운 방법으로 부동산에 투기를 하거나 자녀들을 일부 인기 전문직에 종사하도록 교육열을 부추기게 되었다.

다음으로 대학에서 야기되는 이공계 기피요인에 대하여 생각해보자. 일반적으로 학생들이 대학을 선택하는 경우에도 신분상승에 대한 욕구가 있다고 할 수 있다. 누구라도 졸업만 하면 많은 동문이 있고, 사회적 특혜를 누릴 수 있는 유명 대학교에 가고 싶어 한다. 그리고 대부분의 학생들은 취업률이 높은 대학, 높은 학과를 선호하게 되는데, 이러한 의미에서 인문계보다는 이공계가 유리할 수 있다. 그렇지만 기존의 공과대학을 졸업한 졸업자도 100% 취업되지 못하는 것이 현실이며, 기업의 입장에서도 제대로 교육되지 못해, 재교육을 행해야하는 대졸 신입사원에게 많은 급여를 줄 이유가 없고, 이러한 의미에서 대학 학과 선택에 있어서 더 많은 시간과 더 많은 비용을 지불해야하는 이공계 학과를 지원해야 할 이유가 없는 것이다. 최근에 전문대학 졸업자가 취업이 잘 된다고 한다. 어떤 사람은 짧은 기간 동안에 실무교육을 집중적으로 시켰기 때문이라고 한다. 그러나 속내를 들여다보면, 100% 그렇다고 인정하기 어렵다. 기업들은 공고졸업생을 쓰는 대신에 같은 임금으로 좀 더 교육받은 전문대 졸업자를 쓰고 있는 것이다[4]. 예전이라면 제대로 되고, 똑똑한 공고생만으로 충분한 인력이겠지만, 최근에는

---

4) 중소기업특별위원회·한국산업기술대학교, 2004. 12., "중소기업 맞춤인력 공급시스템 구축방안"

공고생도 대부분 전문대학 이상 진학하여 취업자원이 없을 뿐만 아니라 그나마 있는 자원도 낙후되어진 교육시설에서 교육되어져 자원을 바로 쓰기에는 무리가 있다는 이야기다. 물론, 4년제 이공계를 졸업한 대졸신입사원을 뽑아 단순한 생산직으로 사용하기에는 같은 임금으로 무리가 있을 것이다. 전문대와 4년제 대학의 졸업생의 차이는 분명히 있다. 교육목표가 다른 것이다. 4년제 대학은 시스템 엔지니어를, 전문대학은 테크니컬 엔지니어를 양성하는 것으로, 분명, 기업에서도 그 쓰임새가 달라야 하고 역할분담이 제대로 되어야 할 것이다. 이러한 수준별 인력 중 학부졸업인력의 수요가 가장 많으나 불만도 많다. 일반 이공계 대학이 학생을 시스템 엔지니어로서의 역할을 하도록 충분히 교육하지 못하는 것이 문제인 것이다. 제대로 교육받지 못했기 때문에, 취업이 어렵고, 능력이 되지 않기 때문에 임금이 낮다고 할 수 있는 것이다.

최근에는 대학원 지원자가 격감하고 있다. "왜 그럴까?" 최근에 대학원에 가지 않는 이유는 사회적 분위기에 영향을 받고 있다고 보여진다. IMF 외환위기 이전에는 기업이 대학원 교육비용을 지원하여 주고, 대학원을 진학하면 석사특례도 많았기 때문에 많은 학생들이 대학원을 진학했지만, 지금은 기업이 대학원 교육비용을 지원하는 경우는 거의 없을 뿐만 아니라, 이공계 대학원의 등록금이 많이 올라 가계에 부담이 되고 있기 때문이다. 특히, 대학원을 나와도 자기가 원하는 직장에 취업하기 어렵고, 취업한다고 하더라도 신분이 불안하고, 연구원이 되면 임금이 많은 것도 아닌데 평생 새로운 아이디어에 매달리며 정신적으로 스트레스를 받는 등 심리적인 기피요인이 있다. 그리고 군 특례를 받기 위해서는 석·박사과정에 진학해야 하는데, 그때의 비용과 석·박사 후 취업걱정으로 쉽사리 진학을 결정하지 못하고 있는 것이다. 실제, 97년 이후 자연계열 석·박사의 실업률은 꾸준히 증가하여 16% 내외를 기록하고 있고, 박사졸업자는 안정된 직장을 찾는데 졸업 후 평균 5년이 걸린다는 비관적인 통계가 있으며, 외환위기 당시에는 기업의 연구개발투자가 감소하고, 출연(연) 구조개편 등으로 인해 많은 연구원의 퇴출을 눈으로 봐야하는 등 이공계 연구원의 신분이 불안해진 것도 한 요인으로 파악되고 있다. 이외에 우리나라의 대학원을 진학하지 않는 또 하나의 이유는 해외박사를 선호하는 사회분위기라고 할 수 있다. 능력에 관계없이 해외에서 학위를 하면, 국내에서 학위한 사람보다 모든 면에서 우선순위에 두기 때문이다. 따라서 학생들은 여건이 된다면, 해외유학을 꿈꾸고 있어 국가경쟁력 향상에도 크게 도움이 되지 못하고 있다.

〈표 1-2-2〉 자연계열 석·박사 인력의 취업률 및 실업률 추이

	1997	1998	1999	2000	2001	2002	2003
졸업자	13,644	15,770	18,190	20,211	22,007	22,061	22,918
실업률	9.8%	15.4%	19.6%	16.2%	16.2%	14.7%	16.6%
취업률	87.8%	80.1%	75.9%	80.7%	81.3%	83.2%	81.3%

주 1 : 실업률 = (무직자+미상)/졸업자수
주 2 : 취업률 = 취업자/{졸업자-(진학자+입대자)}
자료 : 교육통계연보, 각년도

〈표 1-2-3〉 외환위기 직후 민간기업 및 출연(연)의 연구개발 인력 추이

	1997년	1998년	감원수
기업체 R&D 인력	74,665	66,018	8,647
출연(연) R&D 인력	8,360	6,650	1,710

자료: 과학기술부, 과학기술연구개발활동조사, 1998, 1999

　산업경제적인 측면에서의 이공계 기피요인은 국가 정책과도 관계가 있다고 판단된다. 국가 정책에 있어서 이공계 기피요인으로 작용했던 것은 수도권 과밀화 방지 정책에 따라 많은 기업 및 연구소들을 지방으로 이전시켜, 관련 종사자들이 문화적, 교육적 수준이 뒤떨어지는 지방으로 이전하게 된 것이 이공계를 멀리하게 된 요인이라고 볼 수 있다. 자녀교육을 위해서라면, 자녀와 부인을 해외에 보내고 기러기 아빠가 되기를 주저하지 않는 우리 가족제도에서 교육문제라고 하는 것은 큰 사회적 문제가 아닐 수 없다. 즉, 제대로 된 초, 중, 고 교육과 제대로 된 생활지원기반이 지역적으로 균일하게 구축되어야만 해결가능한 문제일 것이다.
　기업에서 느끼는 이공계 기피요인으로는 기업을 운영하는 사람 입장에서 일관성 없는 경제정책과 규제요인들에 의하여 피곤한 기업 활동이 엔지니어들의 사업에 대한 의욕을 감쇠시키는 요인이라고 판단된다. 뿐만 아니라, 사업을 위해서는 혈연, 지연, 학연이 연루되고 투명하지 못한 관계가 국내에서의 사업여건을 어렵게 하고 이러한 어려움이 일반인들에게도 전해져 사회적 분위기를 악화시키고 있다고 판단된다. 특히 대기업의 경우, 직장인에게 물어보면,

거의 100%가 40세 이후의 자신의 신분에 불안을 느끼고 있다고 한다. 즉, 자신의 자녀에게는 신분의 불안이 적은 전문직을 추천하는 이유가 되고 있는 것이다. 그리고 대기업 종사자들의 경우에 대기업의 특성상 특정분야의 일을 맡아 하는 경우가 많기 때문에 실직했을 경우, 창업이 여의치 않은 단점이 있다. 엔지니어의 경우, 어느 정도 나이가 되면, 관리직으로 넘어가 엔지니어로서의 생명은 끝나는 사례도 발생한다. 즉, 퇴직 이후 전공을 살리지 못하는 사례가 발생하는 것이다. 엔지니어는 엔지니어로서 평생을 마무리할 수 있는 사회적 분위기와 기업문화가 이루어져야 할 것이다. 중소기업의 경우에는 대기업의 거래관행과 비효율적인 산업체계, 사회문화적인 인식 등으로 열악한 환경에 있어 왔다고 판단되며, 이러한 분위기는 중국의 성장으로 인해 더욱 위협받게 되었다. 중소기업은 대기업에 주로 종속되어 있어 매년 원가절감요구로 이익률이 낮아 직원들의 작업환경 개선요구, 저임금 개선, 과도한 근무시간 개선 등을 해결하지 못하고 있는 것이 직접적인 요인이라고 할 수 있다. 이러한 중소기업의 환경은 인력유치에도 어려움을 겪고 있으며, 좋은 인력이 오지 않기 때문에 부가가치 있는 상품을 개발하지 못하는 등 빈곤이 악순환되고 있는 것이다. 다음으로, 중소기업의 연쇄부도를 야기하는 어음제도가 있다. 어느 정도 자리잡을 만하면 부도나는 어음은 제대로 된 중소기업이 많이 생겨나지 못하게 하는 커다란 요인이라고 할 수 있다. 분명, 폐지 또는 보완정책이 나올 만하지만 아직 이렇다 할 정책이 없다.

사회문화적인 분위기의 변화에 따른 이공계 기피요인으로는 IMF 외환위기가 한 몫을 한 것 같다. IMF사태를 겪으면서 관리직이 아닌 엔지니어도 추풍낙엽처럼 사라져 가는 모습과 직장 내에서 40세 이후를 보장받지 못하게 된 신분불안요인이 과학기술인의 사기를 저하시키고, 이러한 분위기를 많은 사람들이 인지하게 되면서 자신들의 자녀를 이공계에 보내지 않게 되는 등 악순환의 고리가 형성되고 있다고 생각한다.

3. 대학의 역할

사전적 의미로 대학(college, university)은 고등교육기관의 하나이고, 교육기관을 단계적으로 볼 때, 고등학교 다음에 연결되는 최고의 교육기관을 의미한다. 대학교를 지칭하는 'university'란 말은 원래 동업자조합, 즉 길드에서 유래된 것이라고 하고, 그것이 같은 업종의 상인 전체에 쓰인 것처럼 교수 또는 학생의 단체를 의미하는 말로도 쓰이게 되었다고 한다. 그 어원은 라틴어 'universita'이다. 그러나 대학이 번성함에 따라 그 말은 오직 대학 하나만을 의미하게 되었다. 또한 단과대학을 뜻하는 'college'란 말도 조합학생들의 공동합숙소를 뜻하는 라틴어 'collegium'에서 유래한 말인데, 교실이 부족한 상태에서 차차 특정 학문의 강의실로 이용되다 보니 후에는 단과대학의 의미로만 쓰이게 되었다고 한다.

대학의 역사는 중국 주나라 때의 국학기관이나 BC 387년경에 플라톤이 설립한 아카데미아 등에서 기원을 찾을 수 있으나, 현대적 의미의 대학은 중세 말경에 유럽에서 시작되었다고 보는 시각이 일반적이다. 최초의 대학은 이탈리아의 살레르노 대학(의학)과

볼로냐대학(법학) 및 프랑스의 파리대학(신학)으로서 12세기에 설립되었다. 또한 영국의 옥스퍼드대학(1167)과 케임브리지대학(1209)도 초기 대학의 전형적 형태이며, 주요한 연구 분야는 신학과 철학이었다. 그 후에 법학과 의학 등도 함께 연구하는 종합대학으로 발전하였으며 오늘날 대학의 기본이 되었다. 베를린대학은 1810년에 독일에서 설립된 것으로 근대대학의 효시를 이루었고 대학발달에 있어 뚜렷한 위치를 점하였다. 독일에서 대학은 공동생활의 장소인 동시에 학문을 연구하고 진리를 탐구하는 곳임이 강조되었으며, 특히 대학의 자유를 중추로 하여 학문을 연구하고 학자를 양성하는 것을 중시하는 좋은 선례를 남겼다.

대학이 생겨난 이유는 사회가 분화되고 문명이 발달하자 많은 사회 문제들이 발생하게 되었고 이 문제들을 해결하는데 있어서 그 동안 가정과 교회에서만 이루어졌던 교육이 한계에 다다르자 보다 탁월한 재능을 갖추고 무엇보다 참된 인격을 갖춘 지도자를 양성하기 위해 체계적인 교육기관의 필요성을 절감하게 되어 대학이 설립되었다고 한다. 이러한 현대적 의미의 대학 원형인 중세 대학의 본래적 기능은 두 가지로 볼 수 있는데, 하나는 학문적 뿌리이고 다른 하나는 신앙적인 뿌리이다. 먼저 신앙적인 뿌리를 살펴보면, 발전되어가는 문명 속에서 갈수록 부패되어가는 사회를 보면서 지각 있는 성직자들은 신적, 영적으로 참신하고 영향력 있는 신앙인과 목회자를 대학에서 키워서 그 시대 양심의 등불이요, 정신적인 지주요, 어두움을 밝히고 부패를 막는 빛과 소금의 역할을 맡기고자 하였다. 모든 학생들은 기숙사에서 목사사감과 함께 생활하면서 그들의 삶의 근본 문제들에 대한 도움을 받을 수 있었다. 그

문제는 나는 누구인가? 나는 어떻게 살아야 할 것인가? 또한 무엇을 위해 살아야 하는가? 즉 인생의 존재 의미와 목적에 대한 물음이었다. 그리고 학생들은 신앙 안에서 그들의 근본문제에 대한 해답을 얻을 수 있었다. 그리하여 그들은 분명한 삶의 가치관, 인생관, 세계관을 세웠고 훌륭한 인격을 갖춘 인재로 성장할 수 있었던 것이다. 다음으로 대학의 또 다른 중요한 뿌리인 학문의 영역에 대해 살펴보면, 중세 시대 대학의 시초는 어떤 특수한 사람들만의 모임이었다고 한다. 이 사람들은 세속적이고 일상적인 생활에서 벗어나 미지의 세계를 규명하고 희미한 관념들을 명확하게 구별하며, 기정사실을 최근 발견된 지식과 연결하는 일에 전 생애를 바친 사람들이었다. 즉 대학은 참신한 지식의 발견, 곧 진리 탐구를 위해서 설립된 것이다. 그러나 몇몇 사람들만으로는 방대한 연구 과제를 해결할 수 없었기 때문에 연구보조원이 필요하게 되었고 젊은 연구보조원들에게 교육을 시켰다. 여기서 또 하나의 기능, 즉, 학문을 전수하고 전문직을 배우게 하는 교육기능이 이루어진 것이다. 누가 뭐라 해도 대학은 학문을 연구하고 교육이 이루어지는 곳인 것이다.

이러한 대학의 정의와 역사적 배경을 기초로 하여 우리나라에서는 현행 고등교육법상 "대학은 인격을 도야하고, 국가와 인류사회 발전에 필요한 학술의 심오한 이론과 그 응용방법을 교수·연구하며, 국가와 인류사회에 공헌함을 목적으로 하고 있다(제28조)."라고 정의하고 있다. 즉, 우리나라의 오늘날 대학은 국민교육제도의 일환으로 운영되고 있으며, 대학은 고도의 지적 문화를 계승하고 발전시키는 역할을 하고, 그것을 국가사회를 위하여 활용하도록 요청받고 있는 것이다. 현대사회에서 이러한 대학의 사명을 기능적 측면에서 보면, 대학은 고도의 지적 문화를 전승하고 창조·발전시키는 데 주도적 역할을 하여야 한다고 볼 수 있다. 대학은 진리를 탐구하는 학자풍의 집결체로서 국가와 인류사회의 발전에 필요한 심오한 이론과 그 응용방법을 연구하여 교육하는 곳인 것이다. 즉, 대학은 지도자 양성에 대한 사명을 지니고 있으며, 현대사회에 있어서 교육은 그 자체가 목적이 되는 성격을 지니는 한편 그 이상으로 국가민족의 생존과 번영을 위한 수단으로 인식되고 있다. 대학은 바로 이러한 국가사회의 기능을 담당할 사회적 지도자를 양성하는 것을 주요 사명으로 삼고 있다. 국가사회의 기능이 고도로 분화된 오늘날 지도자에게 요청되는 자질과 기능도 다양하다. 대체로 대학에서는 산업사회의 생산과정에 필요한 각종 기술자를 양성하고 문화사회의 형성에 필요한 고급 문화담당자를 양성한다. 이러한 측면에서 "대학에서는 또한 어떤 분야에 필요한 인력을 기르기 위하여 직업교육과 교양교육을 어떻게 배합하여 가르칠 것인가?" 등의 고민과 발전적 노력이 필요한 것이다. 따라서 세계 각국은 그들 나름대로의 대학교육제도를 발전시켜 그들의 전통과 사회현실에 맞는 지도자를 양성하고 있다. 종합하면, 대학은 연구·교육·봉사 등의 3가지 활동을 사명으로 하는 지성인의 공동체인 것이다.

"이러한 3가지 사명을 대학이 제대로 수행하고 있는 것일까?", 무엇보다도 교육 분야에서는 그렇다고 말하기 어려울 것 같다. 서두에 기술한 것처럼 많은 기업들이 우리나라의 대학교육이 이론위주의 부실교육으로 교육수요자인 학생과 기업에게 충분한 만족을 제공하고 있지 못하다고 주장하고 있고, 학생들은 많은 수가 취업을 못하고 있으며, 취업하는 경우에도 전공과 다른 분야에 취업하는 사례가 허다하기 때문이다. 특히, 최근에는 기업들의 글로벌화가 진행되면서 기업들은 글로벌 기업의 인재 상에 부합되는 인재를 리쿠르트하기 위하여 전 세계 대학의 인재를 찾아다니고 있다. 즉 우리나라 대학에서 이러한 우수인재가 효과적으로 양성되지 못하고 있다는 증거일 것이다. 이는 세계의 유수 대학과 비교하여 대학의 교육제도, 교수법, 커리큘럼, 연구능력 등이 아직도 구태의연한 수준에 머물러 있기 때문일 것이다. 따라서 입학자원의 양적 감소에 따른 대학 간 치열한 경쟁과 질적 저하에 따라 더욱 어려워진 학생지도와 관련하여 특단의 대책이 필요한 것이다. 특히, 21세기는 대학의 브랜드네임에 따라 입학자원의 지원 정도가 달라지는 만큼 타 대학과 차별화된 교육제도, 글로벌 대학의 교육수준과 비교하여 질적으로 우수한 방안이 마련되어야 하는 것이다.[5]

저자는 그 해답을 제대로 된 교육 프로그램을 만들어냄으로 차별화할 수 있다고 믿고 있으며, 대학사회가 그러한 변화를 피할 수 없는 위치에 처해있다는 것을 이야기하고 싶다. 저자는 이러한 점에 착안하여 학부교육의 특성화를 위하여 시도되었던 새로운 경험과 아이디어 및 해외의 성공적인 사례를 소개하고 그 방법을 공유하고자 한다.

---

5) 삼성경제연구소, 2006. 1. "대학혁신과 경쟁력"

4. 어떤 내용을 담고 있나?

제2장에서는 우리나라 대학교육이 양적인 측면에서는 세계 최고 수준이지만 질적인 측면에서는 학생과 사회의 요구에 제대로 부응하지 못하고 있다는 것을 통계적 데이터를 바탕으로 설명하고자 하였다. 본 내용에서는 대학의 위기가 급속한 대학입학정원의 증가에 기인하고 있다는 것과, 고졸 및 대졸 사원의 임금격차 등 사회문화적 요인이 대학진학을 유도하고 있으며, 이것은 결국 교육의 부실화를 초래하게 되는 등 정원 증가에 따른 대학교육의 질적 변화가 만족스럽지 못함을 보이고자 하였다. 특히 대학교육의 정량적 질적 요인으로 졸업시험 탈락률, 졸업논문 탈락률, 교수 1인당 학생 수, 연구비 대비 기술료 수입, 논문 편수 등 다양한 데이터를 해외 자료와 비교함으로써 우리나라의 교육품질 수준을 가늠케 하였다. 그리고 이들 데이터를 바탕으로 대학교육의 문제점들을 극복할 수 있는 사회구조적인 방안을 제시하고자 하였다.

제3장에서는 전국경제인연합회 설문조사를 기반으로 하여 기업이 요구하는 '바람직한 인재상', '인재가 되기 위한 10대 소양과 자질', '대학생의 행동지침' 등에 대하여 기술하고 있다. 본 결과에 의하면 기업의 바람직한 인재상은 '글로벌 환경아래에서 전문지식과 프로근성을 갖고, 올바른 가치관, 창의와 도전정신으로 조직구성원과 상호 협력하여 맡은 바 임무를 완수하는 국제화된 인재'를 필요로 한다고 정의하고 있는데 이를 구현하기 위한 기존 대학의

교육과정이 기업의 인재상과 얼마나 연관성이 있는지 한국공학교육인증원이 추구하는 학생이 갖춰야 할 12가지 기본성과 항목을 매칭 시켜 기존 공학교육의 목표와 방향이 크게 다르지 않음을 보였다. 그럼에도 불구하고 대학이 배출한 인재들에 대하여 기업이 만족하지 않는 이유는 대학교육 시스템에 있다고 판단하여 각종 학부교육의 문제점과 바람직한 공학교육 혁신방향을 제시하였다.

제4장에서는 다양한 산학협력의 유형과 문제점, 바람직한 방향을 제시하고 있다. 최근에 선진국의 대학은 논문을 위한 연구에서 시장을 선도하는 연구로, 지역적으로 구석진 골짜기에서 기업들이 모여 있는 산업현장으로, 대학의 넓은 땅을 창업공간으로 제공하여 국가 경제발전의 견인차, 지역산업진흥의 선도자로서의 역할을 수행하고 있다. 즉, 대학의 사회봉사 역할과 이공계 대학으로서의 정체성 확립을 위해서는 산학협력이 매우 중요하며 이러한 차원에서 산학협력을 구체적으로 분석하고 발전방안을 모색할 필요가 있다. 산학협력을 분류하고 기술하는 방법에는 다양한 방법이 있으나 본 책에서는 교육, 연구, 기술이전·사업화, 창업, 과학단지조성, 산업클러스터로의 성장 등 대학이 모태가 되어 지역 산업단지로 성장해 가는 산업화과정 순서를 따라 기술하였다. 항목별로 각종 산학협력 프로그램을 정의하고 설명하였으며, 이들의 문제점과 개선점을 기술하였다. 또한 마지막에는 이들 산학협력이 교육에 어떻게 활용되어야 하는지 방향을 제시하였다.

제5장에서는 현장실습의 문제점과 개선점에 대하여 기술하였

다. 현장실습은 대학 재학 중인 학생이 기업의 현장에서 직접 일하면서 대학에서 배웠던 학문의 실용성을 검증하고, 대학에서 배우지 못했던 전문화되고 세분화된 산업분야 현장의 실무를 직접 배우는 등 대학교육과 기업의 인재상과의 차이를 줄여보고자 만들어진 산학협력기반의 수요자 맞춤형 교육이지만 좋은 취지에도 불구하고 대학이나 기업으로부터 많은 문제점을 지적받고 있는데 이러한 문제의 원인과 개선방안에 대하여 학생측면, 대학측면, 기업측면으로 나누어 기술하였다.

제6장에서는 한국산업기술대학교가 2003년 말부터 새롭게 시도하고 있는 산학협력 기반의 공학교육모델인 엔지니어링 하우스 제도를 소개하고 있다. 엔지니어링 하우스는 학부 3, 4학년에게 대학원 석사과정과 같이 대학 내 정해진 정주공간을 부여하고, 교수의 산학공동연구과제에 참여시키며, 기업의 전문 엔지니어로부터 현장 체험적인 교육을 받는 신개념 산학일체형 교육제도이다. 부가적인 특징으로 기업은 대학교수가 운영하는 공간에 직접 입주하고 연구에 참여하여 새로운 상품개발과 국내외적인 기술정보를 획득하며, 기업이 필요로 하는 첨단장비를 지원받는 등 중소기업 연계형 산학협력제도를 시행한다는 것이다. 본 책에서는 이러한 엔지니어링 하우스 제도가 만들어지기까지 저자의 교육에 대한 노력과 구체적인 프로그램 내용들을 기술하였다.

제7장에서는 미국 캘리포니아 스톡튼에 위치하고 있는 University of the Pacific(이하 UOP)의 co-op Education에 대하여 소개하고 있다.

Co-op Education이란 학생들이 공대 학부 과정 중에 일정한 기간 동안 산업체에서 전공에 관계되는 프로젝트에 참여하면서 일정 수준의 보수도 받고 졸업에 필요한 학점을 취득하는 산학협력 기반의 교육제도이다. 국내에서는 현장실습 등이 여러 가지 문제점을 지적받고 있는데 반해 UOP의 경우, co-op을 포함하여 5년에 학부를 졸업하게 되어있는데도 불구하고 많은 학생들이 co-op 때문에 대학을 지원하는 등 기업과의 연계교육이 충실하게 진행되고 있다. 본 책에서는 UOP의 기계공학과를 중심으로 co-op 프로그램을 구체적으로 소개하였다.

제8장에서는 일본의 실습교육에 해당하는 생산제조대학(모노쭈꾸리) 교육시스템에 대하여 기술하였다. 일본은 초급 기술교육에서 고급기술교육까지 교육시스템을 체계적으로 정비하고 교수의 전문성을 확보하는 등 실습교육 방향을 제시하였다는 점이 우리가 배워야 할 점으로 지적되어 왔다. 생산제조분야 교육의 문제점은 고비용투자와 기술의 급속한 변화 때문에 대학에서 현장체험적인 교육을 시키기 어렵다는 점이었는데 일본의 생산제조대학은 이러한 문제를 극복한 사례로 평가받고 있으며 본 책에서는 이 대학의 교육과정을 소개하였다.

제9장에서는 북유럽의 핀란드와 스웨덴의 교육, 연구 및 창업제도에 대하여 기술하였다. 이들 북유럽 국가들은 2006년 세계경제포럼(World Economic Forum: WEF)의 국가경쟁력(National Competitiveness) 순위 발표에 의하면, 세계 제 2위와 3위를 기록하는

등 작지만 강한 국가경쟁력을 보유하고 있는 나라들이다. 이들 국가 경쟁력은 대학교육과 연구 활동의 체계적 지원제도에 있다고 평가되고 있다. 특히 북유럽의 대학교육은 수요자 중심의 접근법이 기초를 이루고 있으며 전통적으로 대학원 중심의 교육이 실시되고 있으나 2007년 유럽연합 차원에서 추진하고 있는 볼로냐 프로세스(Bologna Process)를 통하여 대학교육의 표준화를 따르고자 학부교육과 대학원 교육의 연계를 추진하고 있기도 하다. 또한 이들 나라들은 대학에서 기술혁신 연구 활동을 통한 다양한 창업촉진제도가 잘 정비되어 있어 대학의 기술혁신에 모범이 되고 있다. 본 책에서는 이들 나라의 다양한 교육제도와 연구 활동 및 창업촉진 모델들을 소개하였다.

제2장 대학교육의 현주소와 미래에 대한 제언

1. 우리나라 대학교육의 현주소

우리나라 대학교육의 현재 상황을 요약하면 양적인 측면에서는 세계 최고 수준이지만, 질적인 측면에서는 학생과 사회의 요구에 제대로 부응하지 못하고 있다는 것으로 요약된다. 먼저 우리나라 대학교육이 양적인 측면에서 세계 최고 수준이라는 점은 학령기 학생의 대학 진학률에서 확인할 수 있다. <표 2-1-1>에서는 학교 단계별 진학률의 추이를 보여주고 있다. 여기서는 1980년까지만 해도 27% 정도이던 고등학교-대학 진학률이 2006년에는 82.1%까지 세 배가량 높아지는 것을 볼 수 있다.

〈표 2-1-1〉 진학률의 변화(고등학교→전문대 및 대학교)

(단위:%)

구분	1980년	1990년	2000년	2005년	2006년
초등학교→중학교	95.8	99.8	99.9	99.9	99.9
중학교→고등학교	84.5	95.7	99.5	99.7	99.7
고등학교→대학교	27.2	33.2	68.0	82.1	82.1
(인문계고→대학교)	(39.2)	(47.2)	(83.9)	(88.3)	(87.5)
(실업계고→대학교)	(11.4)	(8.3)	(42.0)	(67.9)	(68.6)

주: 1) 진학률=(당해년도 졸업자 중 진학자/당해년도 졸업자)x100
    2) 대학교는 전문대 및 4년제 대학교 포함.
자료: 한국교육개발원.『교육통계연보』, 해당 년도;

 이는 1980년까지만 해도 매 해 고등학교 졸업생 네 명 중 한 명 꼴이던 대학 입학자 숫자가 2006년에는 열 명 중 여덟 명 이상에 이르게 되었다는 것을 의미한다. 물론 여기서의 대학이 전문대까지 포함하고 있고, 우리나라에서 좋은 대학과 그렇지 않은 대학 사이의 서열 구조가 뚜렷하기 때문에 누구나 원하는 대학, 특히 4년제 대학에 갈 수 있는 것은 아니다. 하지만 이러한 수치로부터 현재 전문대를 포함해서 고등교육기관 자체에 진학하는 것 자체는 큰 어려움이 없다는 것을 알 수 있다.
 이러한 진학률은 세계적으로도 대단히 높은 것이다. 예를 들어 <그림 2-1-1>에서 2003년 기준으로 비교해 보면, 우리나라의 고등교육 진학률이 다른 나라들에 비해 압도적으로 높게 나타난다. 특히 호주, 미국보다도 10% 포인트 이상 진학률이 높은 것으로 나타 나 우리나라에서 대학 진학이 선진국 수준에 비춰 봐도 대단히 일 반화되어 있음을 알 수 있다.

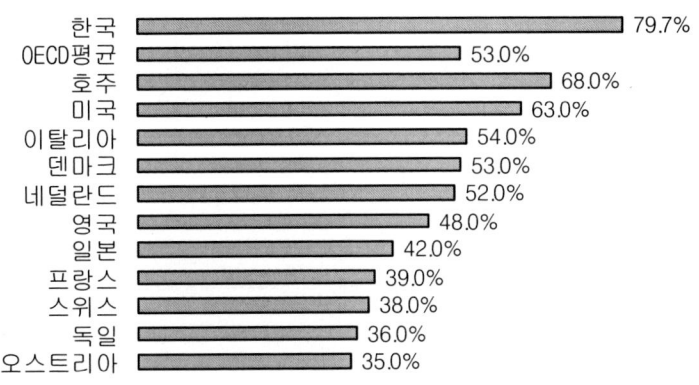

자료: 한국교육개발원(2005). 『OECD 교육지표』; 백성준 외(2006)에서 재인용.

〈그림 2-1-1〉 주요국의 고등교육 진학률 비교(2003년 기준)

이렇게 우리나라의 고등교육 진학률이 높은 것은 80년대와 90 년대를 거치면서 고등교육 진학률이 비약적으로 증가한 것 때문이 다. 우리나라의 고등교육 진학률은 1990년 33.2%에서 2004년 81.3% 로 급증하였는데(이병희, 2005), 미국의 경우에는 1990년 59.9%에서 2000년 63.3%로, 일본의 경우에는 1990년 36.3%에서 2000년 49.1% 로 증가하였다. 따라서 선진국에서 고등교육의 확대가 점진적으로 이뤄진 반면, 우리나라에서는 고등교육의 확대가 대단히 빠르게 이 뤄져 왔던 것을 알 수 있다.

고등교육의 확대를 뒷받침한 것이 전문대와 4년제 대학교의 신설 및 기존 학교의 정원 확대이다. 우선 학교 수의 변화를 보면, 전문대와 대학교 모두 사립을 중심으로 빠르게 늘어난 것을 볼 수 있다(<표 2-1-2> 참조). 전문대의 경우에는 1980년 128개에서 2005년 158개로 늘어났고, 대학교의 경우에는 1980년 85개에서 2005년 173개로 두 배 이상 늘어나고 있다.

〈표 2-1-2〉 설립유형별 고등교육기관수 변화

(단위: 개소)

		1980년	1990년	2000년	2005년	2006년	2007년
전문대	전체	128	117	158	158	152	148
	국립	20	16	7	6	5	3
	공립	16	-	9	8	8	8
	사립	92	101	142	144	139	137
대학교	전체	85	107	161	173	175	175
	국립	19	23	24	24	23	23
	공립	1	1	2	2	2	2
	사립	65	83	135	147	150	150

자료: 한국교육개발원(각 년도), 『교육통계연보』. 학교의 신설뿐만 아니라 학과의 신설도 많이 이뤄져 왔다. <표 2-1-3>에서 살펴보면, 전문대, 대학교, 대학원 등의 학과 수가 1980년 총 5,293개에서 1995년 11,200개로 15년 만에 두 배 이상 증가하였으며, 2007년에는 30,737개로 10년 만에 두 배 이상 증가하였다. 이러한 고등교육기관의 확대로 1985년에서 2005년에 이르는 동안 고등교육기관 졸업생이 전문대와 대학교의 경우 세 배, 대학원의 경우 네 배가량 증가하게 되었다. 이처럼 급격한 고등교육의 확대는 당연히 졸업자의 취업 어려움 등 여러 가지 사회 문제를 일으키고 있으며, 이에 대해서는 뒤에서 자세히 살펴보기로 한다.

〈표 2-1-3〉 고등교육기관 입학·재학·졸업생수 변화

(단위: 천 명)

구 분		1980년	1990년	2000년	2005년	2006년	2007년
전문대	입학생	80.6	130.7	294.3	294.2	254.4	255.3
	재학생	151.6	323.8	913.3	853.1	817.9	795.5
	졸업생	-	87.1	223.5	228.8	222.9	215.0
대학교	입학생	115.8	196.4	311.2	314.4	335.5	342.2
	재학생	403.0	1,040.2	1,665.4	1,859.6	1888.4	1919.5
	졸업생	-	165.9	214.5	268.8	270.5	277.8
대학원	입학생	17.1	35.3	84.3	94.1	110.9	113.9
	재학생	33.9	86.9	229.4	282.2	290.0	296.5
	졸업생	-	22.3	53.4	77.0	78.7	79.1

자료:한국교육개발원(각 년도).『교육통계연보』.

한편 최근 들어서는 고등교육의 확대 추세가 진정 기미를 보이고 있다. 여기에는 대학으로의 진학률이 80% 이상에 이르러 고등교육의 확대 가능성이 거의 한계에 다다른 점이 큰 영향을 미치는 것으로 보인다. 이에 따라 이제까지 급격하게 늘어왔던 고등교육 졸업자 규모가 앞으로는 현재 수준에서 정체될 것으로 전망되고 있다(<표 2-1-6>). 즉 2006년 기준으로 572.3천명에 달하던 전문대졸 이상 졸업생 총수는 10년 후인 2016년에도 572.5천명으로서 거의 현 수준에 머무를 것으로 예상되고 있다(박천수 외, 2007).

기간별로 나누어 보면, 연평균 증가율이 2006~2016년 동안에

0.004%로 2001~2006년 동안의 1.5%에 비해 크게 둔화될 것으로 보이며, 특히 2006~2011년 동안은 매년 0.2%씩 감소할 것으로 전망되고 있다. 학력수준별로는 전문대의 경우 계속적인 졸업생수 감소가 이어질 것으로 전망되고 있다. 대학교 졸업생수는 절대 숫자 기준으로는 계속 증가할 것으로 보이지만, 증가율은 점점 떨어질 것으로 보인다. 한편 고등교육의 보편화는 대학원 진학자도 늘리기 때문에, 앞으로 몇 년간 약간의 시차를 두고 대학원 졸업생 숫자도 늘어날 것으로 보인다. 이에 따라 대학원 졸업생 숫자가 2016년에는 2001년 대비 1.8배까지 늘어날 것으로 전망되고 있다.

〈표 2-1-7〉 학력별 졸업생 전망

(단위: 천명, %)

구 분	2001년	2006년	증가율	2011년p	증가율	2016년p	증가율	증가율 2006~2016
전 체	532.0	572.3	1.5	567.6	-0.2	572.5	0.2	0.004
전문대	233.0	223.0	-0.9	202.6	-1.9	191.2	-1.2	-1.5
대학교	239.7	270.5	2.5	273.1	0.2	277.1	0.3	0.2
대학원	59.3	78.7	5.8	91.8	3.1	104.2	2.6	2.8

주: 1) 증가율은 연평균 증가율 기준임.
    2) p는 전망치임.
자료: 박천수 외, 2007.

한편 우리나라에서 지나치게 높은 진학률로 고민하고 있다면, 외국에서는 젊은이들의 대학 진학률을 높이기 위해 많은 노력을 기울이고 있다. 예를 들어 영국의 경우 2010년까지 중등교육을 마친 청소년의 고등교육 등록율을 50%까지 높인다는 목표를 설정하고 있다(최영섭, 2006).6) 이는 영국 산업의 낮은 경쟁력이 고등교육을 마친 인력의 부족에도 상당부분 기인한다는 판단에 따른 것이다. 이를 위해 저소득층 학생 대상의 생계비 융자·학자금 대부 프로그램 도입, 대학 혁신을 위한 지원 확대 조치들이 추진되고 있다. 이러한 조치들을 통해 영국의 고등교육 진학률이 높아지면 앞으로 영국 산업의 국제 경쟁력도 높아질 수 있을 것이라는 기대가 여기에 깔려 있다.

사실 앞으로 다가오는 시대가 지식(Knowledge)이 핵심 경쟁력이 되는 지식기반사회(Knowledge-based society)라는 점을 생각할 때, 보다 많은 젊은이들이 고등교육의 기회를 갖게 되는 것을 부정적으로만 평가할 수는 없다. 왜냐면 보다 폭넓은 분야에 대한 지식과 소양을 쌓는 것이 앞으로 급변하는 사회에 대처하는데 큰 힘이 될 것이기 때문이다. 그럼에도 불구하고 현재 우리나라에서 지나치게 높은 고등교육 진학률이 문제되는 것은 이러한 원론적 측면에서의 긍정성을 능가하는, 현실적 측면에서의 부정적 효과가 존재하기 때문이다. 이에 대해서는 다음 절에서 보다 상세히 다루기로 한다.

---

6) 영국 고등교육 등록율은 1999/2000년 41%, 2004/05년 42%로 미국, 캐나다 등보다 훨씬 낮은 것으로 알려져 있다.

2. 우리나라 대학교육의 문제

현재 우리나라 대학교육이 현실적으로 갖고 있는 문제는 한편에서 대학교육이 부실하다는 점, 다른 한편에서 대학을 나와도 그에 걸 맞는 일자리를 못찾는다는 점으로 요약될 수 있다. 이러한 점들을 통계를 통해 차례대로 점검해 보기로 하자.

2.1. 부실한 대학교육

전경련(2007)에 따르면 대졸 신입직원의 한자능력에 대한 기업의 만족도는 100점 만점을 기준으로 62점(D등급)으로 평가된다. 또한 신입직원 영어능력에 대한 만족도는 100점 만점을 기준으로 평균 73점(C등급)으로 평가된다. 이 중 읽기능력 만족도는 79점으로 다소 높지만, 쓰기능력은 72점, 듣기능력은 74점, 말하기능력은 69점에 그치고 있다.

〈그림 2-2-1〉 신입직원의 한자 및 영어 능력 만족도

(한자 능력 만족도) (단위: %)

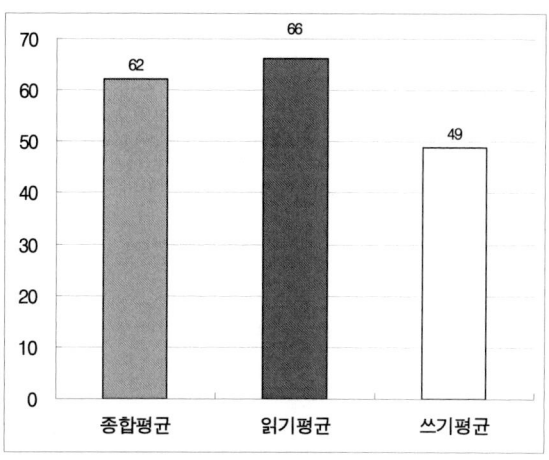

(영어능력 만족도)

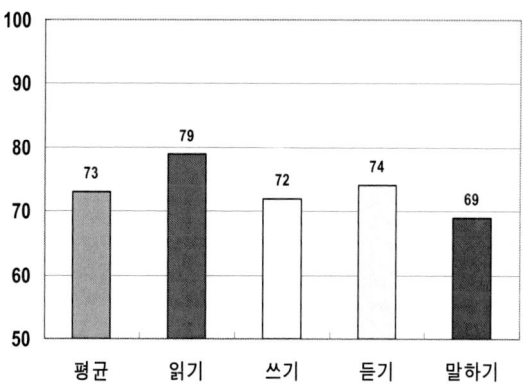

자료: 전경련, 2007. 9월, 11월.

다음으로 대졸 신규 채용인력의 능력 수준이 기업의 요구에 부합하는 정도에 대해 평가하도록 한 결과, 대졸 신입사원들이 대학에서 습득한 지식과 기술이 기업현장의 요구 수준에 상당히 뒤처진 것으로 나타난다(채창균 외, 2006). 즉 기업 인사 담당자 중 전문대학 졸업생에 대해 77.8%, 4년제 인문사회계열 졸업생에 대해 76.3%, 4년제 이공계열 졸업생에 대해 62.3%의 응답자들이 기업의 요구에 부합하지 못하는 것으로 평가하고 있다.

〈표 2-2-1〉 대졸 신규 채용인력의 능력 수준이 기업요구에 부합하는 정도

구 분		매우 유사한 수준	다소 유사한 수준	다소 못 미치는 수준	크게 못 미치는 수준	잘 모르겠음	합계
전문대학		10	99	287	94	53	543
		1.8	18.2	52.9	17.3	9.8	100.0
4년제 대학	인문사회 계열	9	110	282	100	42	543
		1.7	20.3	51.9	18.4	7.7	100.0
	이공계열	16	169	261	44	53	543
		2.9	31.1	48.1	8.1	9.8	100.0
외국대학		11	97	129	22	280	543
		2.0	18.0	23.9	4.1	51.9	100.0

주: 상단은 응답자수, 하단은 %
자료: 채창균 외(2006).

물론 한자나 영어 실력을 키워 주는 것이 대학교육의 본령이 아니고, 기업에서 학생들의 자질이나 능력이 떨어진다는 불평은 전 세계 어디서나 있는 것이기 때문에, 이러한 불만들이 그 자체로서 대학교육의 부실을 논의하는데 결정적인 중요성을 갖는 것은 아니

다. 그러나 실제로 대학을 마친 학생들이 취업하게 되는 곳이 이들 기업이라는 점에서 이러한 불만에 대해 귀 기울일 필요는 어느 정도 있다고 할 것이다.

보다 더 근본적인 문제는 현재 우리나라 대학의 입학 문호가 엄청나게 빠른 속도로 넓어진 상태에서, 입학 후의 교육 관리도 제대로 이뤄지지 않는다는 점에 있다. 즉 입학만 하면 졸업에는 별 문제가 없다는 인식이 일반적인 가운데, 대학 자체적으로 자신들이 길러내는 인력에 대한 질적 개선 노력이 미흡하다는 것이다. 이와 관련하여 2006년에 교육인적자원부에서 122개 4년제 대학을 대상으로 조사한 결과에 따르면 졸업시험 탈락률이 평균 4.27%, 졸업논문 탈락률이 3.62%에 그치고 있다. 이는 대학에 들어온 학생 중 100명 중 5명 이하에서만 본의와 무관하게 학업 성취도 부족으로 졸업을 못하는 경우가 있을 뿐이라는 것을 의미한다. 그나마 그 중 70%정도 대학은 탈락생 구제제도를 운영하고 있어 이들도 대부분 구제되는 것으로 파악되고 있다. 그렇다면 현재 우리나라에서 대학에 들어온 후 해당 대학의 졸업장을 원하지만 학업 성취도 부족으로 졸업장을 받지 못하는 학생은 거의 없다고 봐도 무방하다.

물론 입학생이 모두 졸업하지 못한다고 하여 반드시 교육의 품질이 좋은 것은 아니다. 만약 충분히 좋은 품질의 교육이 이뤄지는 조건에서라면 모든 입학생이 졸업한다고 하여 문제될 것이 없다. 그러나 불행히도 현재 우리나라에서 대학교육의 품질은 선진국과 비교하여 여전히 대폭 개선이 필요한 상황이다. 대학교육의 품질을 측정하는 대표적 지표로 많이 활용되는 것이 교수 대 학생 비율이다. 교수 대 학생 비율은 한 명의 교수가 가르치는 학생 수를 나타내는 것으로, 그 비율이 낮을수록 밀도있는 교육이 이뤄진다는 것을 의미한다. <표 2-2-2>에서 이를 살펴보면, 2005년 현재 우리나라 전문대의 교수 1인당 학생 수는 70.9명, 대학교의 교수 1인당 학생 수는 37.8명에 이르고 있다. 이러한 수치는 2000년보다는 개선된 수치이지만, 90년대보다 오히려 더 높은 것으로, 교수 대 학생 수 기준으로는 현재 전문대와 대학의 교육 품질이 90년대에 비교하여 오히려 더 나쁜 것으로 나타난다.

〈표 2-2-2〉 교수 1인당 학생수 현황

(단위: 명)

구분	1980년	1990년	2000년	2005년	2006년	2007년
전문대	27.6	43.9	78.0	70.9	69.0	68.1
대학교	27.9	31.2	39.7	37.8	36.4	36.4

주: 1) 교수1인당 학생수=재학생/교수 수.
    2) 교수에는 전임강사 포함.
자료: 한국교육개발원(각 년도). 『교육통계연보』.

외국과 비교해 봐도 우리나라의 교수 1인당 학생 수는 열악한 나라 축에 속한다. OECD 국가들 중 미국(1999년)은 12.4명, 일본(1999년) 16.5명, 프랑스(2000년) 17.4명, 그리고 독일(2000년)은 21.6명인데, 우리나라는 2000년 기준으로 39.7명에 달한다(백성준 외, 2006). 이는 우리나라 대학 교수 1명이 가르치는 학생이 미국에 비해 최소 3배 이상, 독일에 비해서도 2배가량 된다는 얘기이다. 이러한 상황에서 제대로 된 대학교육이 이뤄지기를 기대하는 것 자체가 난센스라고 할 것이다.

다른 한편 과도하게 높은 교수 대 학생 비율은 대학의 연구 성과 제고에도 부정적인 영향을 미치고 있다. 한국 대학과 미국 대학의 연구 생산성을 투입된 연구비와 그로부터 벌어들이는 기술료 수입 기준으로 비교해 보자(<표 2-2-3>).

〈표 2-2-3〉 한국과 미국 대학의 연구생산성(2003)

	연구비(A)	기술료(B)	B/A(%)
한국(10억 원)	933	2.8	0.14
미국(백만 달러)	34,826	1,029	2.95

자료: 미국 AUTM 특허조사(FY2003) ; 백성준 외(2006)에서 재인용.

우선 한국에서는 약 9천330억원의 연구비를 투입해서 28억원의 기술료 수입을 올리고 있다. 반면 미국의 경우에는 348억 달러를 투입해서 10억 달러가 넘는 기술료 수입을 올리고 있다. 연구비 대비 기술료 수입 비율로는 한국의 경우 0.14, 미국의 경우 2.95로 미국이 압도적으로 높게 나타난다. 이는 한국 대학의 연구 생산성이 미국에 비해 비교할 수 없을 정도로 낮다는 것을 의미한다. 물론 여기에는 연구 성과의 사업화 기회와 시장 규모의 차이 등도 작용하고 있지만, 우리나라 대학의 연구 성과가 갖는 학문적, 사회적 영향력이 미국에 비해 낮다는 점이 큰 영향을 미치고 있다고 할 것이다.

〈표 2-2-4〉 한국의 SCI 논문 편수와 논문 1편당 피인용 횟수

(단위: 편, 순위, 회)

연도	논문 편수	논문 편수 세계 순위	논문 1편당 피인용 횟수	피인용 횟수 순위
1998	9,843	16	1.77	-
1999	11,324	16	1.88	34
2000	12,472	16	2.00	35
2001	14,892	15	2.18	34
2002	15,863	14	2.39	33
2003	18,971	14	2.63	30
2004	19,294	14	2.80	29
2005	23,048	14	3.04	30

주: 논문 수 5천 편 이상인 국가를 대상으로 함.
자료: SCI DB. NSI: National Science Indicators; 백성준 외(2006)에서 재인용.

연구 성과의 영향력과 관련해서는 SCI 논문 편수와 논문 1편당 피인용 횟수를 국가별로 비교해 볼 수 있다. 특히 논문 1편당 피인용 횟수가 해당 논문의 학술적 가치를 측정하는 지표로 많이 활용된다. <표 2-2-4>에 따르면 SCI 논문 편수에서는 우리나라가 10위권 중반으로 학술논문 발표 횟수의 양에서는 크게 뒤지지 않는다. 그러나 연구의 사회적 영향력을 나타내는 논문 1편당 피인용 횟수에서는 30위권에서 머무르고 있다. 이러한 점도 현재 우리나라 대학교육의 문제를 잘 보여준다. 즉 양적으로는 엄청나게 팽창하였지

만, 그 내실을 채우지 못하고 있다는, 우리나라 대학교육의 질적 미흡 현상을 잘 보여준다.

사실 대학교육의 급속한 확대와 질적 미흡이라는 문제는 동전의 양면과도 같다고 할 수 있다. 즉 대학교육이 급팽창하면서 내실 있는 교육을 위한 환경이 갖춰지지 않은 상태에서 교육기관이 신설되거나 정원이 늘어나는 상황이 이어져 왔다. 그에 따라 학생들을 뽑아놓기는 했지만 교수, 교육시설, 교육환경 등 제대로 된 교육을 시킬 수 있는 여건이 없는 상태에서 교육의 부실화가 발생했던 것이다. 이에 따라 어떤 점에서는 급속한 대학교육의 팽창 자체가 현재와 같은 대학교육 부실의 핵심 원인이었다고 할 수 있다.

2.2. 대학 졸업 후 진로의 문제

실제로 대학교육의 품질이 문제라고 할 때, 과연 대학교육을 마친 학생들은 어떤 상황에 처하고 있나? 이와 관련하여 두가지 문제를 집중적으로 검토할 수 있다. 첫째, 학교에서 일터로 넘어가는 이행 기간의 문제, 둘째, 일터에서 실제로 일자리를 잡는 가능성의 정도 문제.

이를 차례대로 검토해 보면, 우선 학교에서 일터로 넘어가는 이행 기간과 관련하여 대학생의 재학 기간이 점차 늘어나고 있다(한상근 외, 2007). 즉 2006년 졸업자의 재학 기간은 평균 5년 11개월로, 4년제 대학 입학에서 졸업까지 약 6년 정도 걸리는 것으로 나타났다. 9년 전인 1997년 졸업자(5년 4개월)보다 재학 기간이 평균 7개월 증가한 것이다. 특히 남학생은 7년 2개월로 1997년 졸업자(6년 1개월)보다는 1년 1개월 졸업 기간이 늦춰졌다. 같은 기간 군복무 기간(1993년 이전 30개월→1993년 26개월→2003년 24개월)이 6개월가량 단축된 것을 감안하며, 1년 7개월가량 재학 기간이 장기화 된 셈이다. 여학생도 4년 8개월이었는데, 이는 1997년 졸업자(4년 2개월)보다 반년(6개월)이나 대학 졸업시기가 늦춰진 것이다(인크루트 조사결과). 이처럼 재학 기간이 늘어나는 것은 결국 학생들이 졸업 후에 제대로 된 일자리를 찾을 가능성이 높지 않아 휴학하는 경우가 늘어나고 있기 때문이다. 결국 젊은 시절의 패기와 열정이 미래에 대한 불안 때문에 소모되는 상황이 점점 더 많아지는 것으로 볼 수 있다.

두 번째로 일터에서 실제로 일자리를 찾는 가능성과 관련해서는 실업률과 구직단념자 통계를 살펴볼 수 있다. 우선 일자리를 찾고 있지만 아직 일자리를 구하지 못한 사람들의 비중을 나타내는 실업률을 살펴보면, 2000년에서 2006년에 이르는 동안 전체 실업률은 다소 안정되어 가는 것으로 나타난다(<표 2-2-5>). 그러나 20-29세의 실업률은 별로 개선되지 않고 있으며, 특히 그 중에서도 대학교졸업 이상의 실업률이 오히려 2000년 5.9%에서 2006년 7.2%로 높아지는 것을 볼 수 있다. 이는 대학교를 갓 마친 20대 젊은이들이 일자리를 제때 찾지 못하는 경우가 갈수록 심해지고 있다는 것을 의미한다.

〈표 2-2-5〉 대졸 청년층 실업률

(단위: %)

		2000	2001	2002	2003	2004	2005	2006
전체	계	4.4	4.0	3.3	3.6	3.7	3.7	3.5
	대졸이상	4.2	4.0	3.7	3.6	3.5	3.4	3.4
	전문대졸	6.3	5.7	4.9	5.1	4.7	4.9	4.3
	대학교졸이상	3.3	3.3	3.0	3.0	2.9	2.7	2.9
20−29세	계	7.5	7.3	6.6	7.7	7.9	7.7	7.7
	대졸이상	7.0	6.9	6.4	6.9	6.7	6.5	6.7
	전문대졸	8.1	7.5	6.2	7.1	6.7	7.0	6.2
	대학교졸이상	5.9	6.3	6.7	6.8	6.7	6.0	7.2

자료: 통계청, KOSIS DB.

비단 실업자뿐만 아니라 일자리를 찾기 어렵기 때문에 아예 일자리 찾기를 포기하는 경우도 늘어나고 있다. 이와 관련하여 <표 2-2-6>에서 일자리를 찾아 봤지만 일자리를 구하지 못했기 때문에 아예 일자리 찾기를 포기한 구직단념자(discouraged worker) 추이를 연령대별로 살펴 볼 수 있다. 이에 따르면 2006년 현재 구직단념자 규모가 가장 큰 집단이 20대일뿐만 아니라, 2001년 이후 50대 이상과 함께 계속 그 규모가 늘어나는 것을 볼 수 있다. 이는 현재 우리나라 노동시장에서 20대와 50대 이상의 일자리 사정이 계속 좋지 않음을 나타내는 것으로 해석된다. 물론 20대 구직단념자 중에 대학 졸업자가 아닌 사람들도 포함되어 있으므로 이 통계가 대학 졸업자의 노동시장 사정을 그대로 반영한다고는 할 수 없다. 그러나 대학 진학률이 80%에 이르는 상황에서 이들 중 상당수가 전문대 이상의 학력을 가졌을 것으로 보인다는 점에서 대학 졸업 이후 눈높이에 맞는 일자리 찾기가 계속 어려워지고 있는 것으로 보인다.

〈표 2-2-6〉 구직단념자 추이

(단위: 명)

년도	전체	15-19세	20-29세	30-39세	40-49세	50-59세	60-64세	65세 이상
2001	117,486	4,865	25,145	25,772	27,257	19,533	9,562	5,353
2002	69,447	3,279	13,286	16,552	14,670	13,508	5,422	2,732
2003	89,604	4,299	26,701	18,561	15,527	16,138	5,321	3,057
2004	100,079	3,859	26,421	19,654	24,145	13,643	7,508	4,848
2005	124,790	3,487	28,511	23,906	31,290	19,700	11,118	6,779
2006	121,467	3,325	29,630	20,851	25,193	22,280	14,431	5,757

자료: 통계청, 경제활동인구조사, 각년도; 한상근 외(2007)에서 재가공.

이에 따라 우리나라 대졸자의 고용률(employment rate)이 고졸 이하에 비해 별로 높지 않은 편이다. 고용률은 전체 인구 중에서 취업자가 차지하는 비중을 나타내는 것으로, 대졸자들의 취업 여건이 고졸 이하에 비해 양호하기 때문에 대졸자들의 고용률이 고졸 이하의 고용률보다 높은 것이 일반적이다.

〈그림 2-2-2〉 대졸자와 고졸 이하의 고용률 비교 (단위: %)

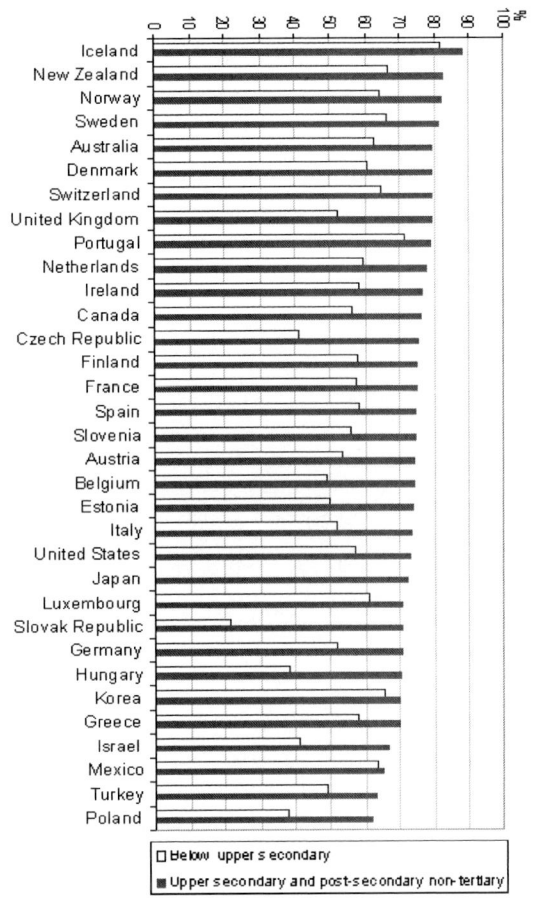

자료: OECD, Education at a Glance 2007.

<그림 2-2-2>에서 고졸 이하와 대졸자의 고용률을 국가별로 비교해 보면, 우리나라의 경우 대졸자의 고용률이 폴란드, 터키, 멕시코, 이스라엘과 그리스에 이어 여섯 번째로 낮은 것으로 나타난

다. 특히 고졸자와 대졸자의 고용률을 비교하면 우리나라의 경우 고졸 이하 65.8%, 대졸 70.1%로 그 차이가 4.2%P에 그치고 있다. 이는 멕시코의 1.8%P 차이를 제외하면 비교대상 국가 33개국 중 두 번째로 적은 것으로, 대졸자와 고졸 이하의 고용률 차이가 상당히 적은 것을 알 수 있다. 이는 결국 우리나라에서 대학을 졸업한 사람들의 취업 상황이 고졸 이하에 비해 개선되는 정도가 외국에 비해 상당히 낮다는 것을 의미한다.

이처럼 대학 졸업 후 일자리를 찾기 어려우면서 전공과 일치되지 않는 일자리로 취업하는 경우도 많이 발견된다. 통계청의 2006년 경제활동인구조사 청년층 부가조사에 따르면 최근 일자리와 전공 일치 여부에 대해 대졸 이상 청년층의 38%가량이 불일치하는 것으로 응답하고 있다. 이러한 불일치는 대학에서 가르치는 전공이 사회 수요와 비교하여 일부에서는 과도하고, 일부에서는 부족하기 때문이다. 구체적으로 4년제 대학 졸업생의 계열별 분포 추이를 비교해 보면, 2003년 현재 이공계 비중이 가장 높으며, 그 다음으로 사회계, 인문계 순으로 나타났다.

이러한 대학 계열별 졸업생 분포에 대해 이병희(2005)는 현재까지 교육과정의 변화가 노동시장의 변화를 적절하게 반영하여 왔다고 보기 어려운 것으로 평가하고 있다. 즉 인문계와 사회계의 졸업자 비중은 1980년대 중반에 급격하게 증가하고 있다. 대학 졸업생 가운데 인문계 졸업생이 차지하는 비중은 1981년 10.5%에서 1988년 17.7%를 정점으로 급증하였으며, 사회계 졸업생 비중 또한 1981년 18.8%에서 1991년 27.8%라는 정점에 이르기까지 증가하였다. 이에 따라 1980년대 초반에 인문사회계 대졸자수가 이공계 대졸자수를 훨씬 앞지르면서 대학교육의 인문화가 심화된 것으로 평가된다. 한편, 이공계 졸업생 비중은 1980년대 중반에 급격하게 감소하여 1988년 32.8%를 저점으로 다시 증가하기 시작하여 1990년대 초반에 급격하게 상승한 후 40% 내외의 수준을 유지하고 있다.

〈표 2-2-7〉 대학 졸업생의 계열별 분포 추이

(단위: 명, %)

		졸업생수	인문계	사회계	이공계	의약계	예체계	사범계
전체	1981	55,846	10.5	18.8	40.1	6.3	7.3	17.1
	1990	165,916	17.2	27.2	34.7	4.1	6.9	10.0
	2000	214,498	15.1	26.5	39.9	4.3	8.5	5.8
	2005	268,833	14.6	26.0	39.4	4.6	9.9	5.4
	2007	277,858	14.1	27.2	37.7	4.6	10.5	5.9
남자	1981	39,263	8.9	23.9	47.8	5.3	2.6	11.4
	1990	104,627	11.8	33.6	41.9	3.7	3.2	5.8
	2000	113,573	9.5	28.3	50.5	4.0	5.0	2.7
	2005	136,593	8.8	25.6	52.3	3.8	6.4	3.1
	2007	145,116	8.6	27.1	50.5	3.5	7.0	3.2
여자	1981	16,583	14.0	6.5	21.9	8.7	18.4	30.5
	1990	61,289	26.3	16.3	22.3	4.8	13.1	17.2
	2000	100,925	21.4	24.4	27.9	4.6	12.4	9.3
	2005	132,240	20.6	26.4	26.0	5.5	13.5	7.9
	2007	132,742	20.0	27.3	23.7	5.8	14.4	8.8

자료: 교육부, 『교육통계연보』, 각년도.

한편 이러한 계열별 분포를 직업 지향성이라는 관점에서 평가해 보면 40%를 넘어서는 인문사회계와, 이공계 중에서도 순수과학에 가까운 경우까지 포함할 때, 우리나라의 직업 지향적 전공 비중은 50% 수준에 그칠 것으로 보인다. 반면 유럽연합의 고등교육 전공계열을 직업 지향적인 전공과 학문 지향적인 전공으로 구분하면 직업 지향적인 전공이 70.3%를 차지하는 것으로 알려져 있다 (Bainbridge et al., 2004: 97; 이병희, 2005에서 재인용). 물론 직업 지향성의 정도를 어떻게 측정할 것인지에 따라, 또한 사회계의 경우 상대적으로 실용 학문 위주인 경우가 많다는 점도 고려할 때 우리나라의 직업 지향적 전공 비중이 높아질 가능성도 있다. 그러나 대학교육의 과도한 인문화, 아카데믹 지향성이라는 점에서 현재 우리나라 대학의 전공별 분포가 사회의 요구를 제대로 반영하고 있는지에 대해서는 의문이 제기된다.

〈표 2-2-8〉 주요 국가 고등교육기관의 이공계열 졸업생비중

(단위: %)

	공학	컴퓨터	생명과학	물리학	수학 및 통계학
한국	27.4	3.5	2.1	3.5	1.9
스웨덴	21.7	3.8	2.7	2.3	0.3
핀란드	21.6	3.4	1.4	2.0	0.6
일본	21.2	4.7	-	-	-
오스트리아	18.0	2.7	3.6	3.0	0.7
슬로바키아	17.9	4.0	2.4	2.4	0.5
독일	17.6	3.3	3.4	5.0	1.7
이탈리아	15.2	0.7	3.3	1.6	2.0
OECD 평균	13.3	3.9	3.4	1.7	6.6

주: 일본의 자연과학 전공 졸업자 비중은 컴퓨터 전공에 포함되어 있음.
자료: OECD, Education at a Glance 2004.

한편 대학 졸업생의 계열별 분포와 관련하여, 이공계 졸업생의 분포도 중요한 관심사 중 하나이다. 우리나라에서 이공계 기피현상에 대한 논란도 많은 편인데, 사실 우리나라의 이공계 졸업생 비중이 외국에 비해 크게 낮은 것은 아니다. <표 2-2-8>에서 국가별로 이공계열 졸업생 비중을 비교해 보면, 2003년 현재 우리나라 공학계열 졸업생 비중이 27.4%로 OECD 평균보다 크게 높을 뿐만 아니라 스웨덴, 핀란드, 일본보다도 높은 것을 알 수 있다.

따라서 이공계 기피 문제와 관련하여, 절대적으로 이공계 전공자의 숫자가 적다는 것이 문제의 초점이 아니다. 오히려 심각한 문제는 이공계로 우수한 학생들이 지원하지 않는다는 점이다. <표 2-2-9>에서 전체 입시생 수능 점수를 백분위로 표시하였을 때 상위권 10개 대학 이공계 입학생들의 수능 점수 변동을 살펴볼 수 있다(장수명, 2005). 여기서 수능 점수의 백분위 분포 기준으로 주요 대학 이공계의 성적 하락 현상을 잘 볼 수 있다. 예를 들어 최상위권 대학 공학계열의 경우 1994년에 상위 0.7% 이내 학생들이 입학하던 것이 2003년에는 상위 3.97%이내까지 성적이 내려간 것으로 나타난다. 따라서 최근의 이공계 위기 논의는 이공계 전공 학생은 넘치지만, 우수한 학생들이 이공계를 멀리하고 대신 의대 등으로 몰리는 현상을 반영하는 것으로 봐야 한다.

〈표 2-2-9〉 1994~2003년 주요대 이공계열 학과 수능 백분위 점수 추이

(단위: 백분위 점수)

계열 순위	공학계열			자연계열		
	1994	2003	하락치	1994	2003	하락치
1	99.30	96.03	3.27	99.23	-	-
2	99.30	98.86	0.44	99.17	97.76	1.41
3	97.63	96.11	1.52	96.33	95.47	0.86
4	97.21			95.68	-	-
5	96.38	93.22	3.16	95.54	94.74	0.80
6	95.54	91.46	4.08	94.71	91.75	2.96
7	95.54	93.37	2.17	91.42	81.85	9.57
8	95.06	82.09	12.97	90.95	78.87	12.08
9	94.41	83.89	10.52	90.56	78.79	11.77
10	94.34	78.17	16.17	90.56	-	-

자료: 장수명(2005)에서 일부 수정.

　　한편 대학을 마친 젊은이들의 구직난을 소위 '눈높이 문제'로 볼 수도 있다. 즉 대졸 구직자의 희망 연봉이 실제 기업에서 지불하는 연봉보다 너무 높아 한편에서는 청년층의 구직난, 다른 한편에서는 중소기업에서의 구인난이 이어지고 있다는 지적이다. 예를 들어 2006년 대졸 구직자의 '희망 연봉'은 실제 대졸 취업자의 초임보다 240만 원 많았고, 이 차이는 2003년 39만 원, 2004년 101만 원, 2005년 223만 원으로 매년 벌어져 왔던 것으로 보도된 바 있다(동아일보 2007.3.8). 이처럼 희망 연봉과 실제 초임과의 격차가 커

진 것은 대졸 구직자의 희망 연봉이 2003년 1799만 원에서 2006년 2137만 원으로 18.8% 늘었지만, 국내 기업의 대졸 초임은 2003년 1760만 원에서 2006년 1897만 원으로 7.8% 오르는 데 그쳤기 때문으로 분석된다.

따라서 젊은이들의 구직난에 소위 눈높이 문제가 상당한 영향을 미치고 있다는 점은 분명해 보인다. 그러나 이로부터 현재 청년층의 구인난과 중소기업의 구직난을 모두 개별 청년들의 잘못된 기대만으로 돌리는 것은 곤란하다. 오히려 이러한 눈높이 차이가 발생하는 과정에서 대학이 영향을 미친 부분은 없는지 냉정하게 따져봐야 할 것이다. 즉 실제 노동시장 여건과는 상관없이 "우리 대학/학과를 나오면 취업이 보장된다"는 식의 장밋빛 전망만을 제시하며 학생들의 비현실적 기대를 조장한 점은 없었는지에 대한 냉정한 검토와 반성이 필요하다.

3. 대학교육 개선의 방향에 대한 제언

3.1. 대학교육의 효과에 대한 재검토

앞서 우리는 현재 우리나라 대학교육이 갖고 있는 문제들을 차례대로 살펴보았다. 그리고 양적 급팽창과 질적 부실화가 깊은 연관을 갖고 있음을 확인하였고, 사회의 실제 수요와 발맞추지 못한 양적 확대로 인해 젊은이들이 불필요한 희생을 치르고 있음도 확인할 수 있었다. 그렇다면 아예 대학을 가지 않으면 어떻게 될까?

이와 관련하여 살펴볼 수 있는 것이 대졸자와 고졸자의 임금격차이다.

<표 2-3-1>에서 고졸자와 대졸자의 임금격차를 살펴보면 그 격차가 비교적 꾸준히 늘어나는 것을 볼 수 있다. 즉 고졸 임금수준을 100으로 하였을 때 대졸 이상의 임금수준이 1998년 149에서 2005년 154.9로 나타나고 있다. 이처럼 고졸과 대졸의 임금격차가 여전하고, 오히려 확대되는 양상이 바로 현재 대학으로 몰려가지 않을 수 없는 상황을 설명한다.

〈표 2-3-1〉 학력별 임금격차

(단위: 고졸 임금수준=100)

	고졸	전문대졸	대졸 이상
1998	100.0	106.6	149.0
1999	100.0	103.5	151.7
2000	100.0	103.4	150.9
2001	100.0	103.6	152.3
2002	100.0	101.7	149.4
2003	100.0	102.3	151.7
2004	100.0	102.4	152.3
2005	100.0	103.5	154.9

주: 학력별 임금격차=(학력별 평균임금/고졸학력자의 평균임금)x100
자료: 통계청 통계 DB 재구성. http://kosis.nso.go.kr.; 정태화 외(2007)에서 재인용.

다른 한편 대졸자의 임금 격차가 여전하더라도, 연령대별로는 그러한 격차가 다르게 나타날 수 있다. 즉 대졸자가 많지 않던 시절에 대학을 졸업하고 취업한 사람들과, 대졸자가 많아진 시절에 대학을 졸업한 사람들이 고졸에 비해 더 받는 임금 프리미엄의 크기가 다를 수 있기 때문이다.

(단위: %)

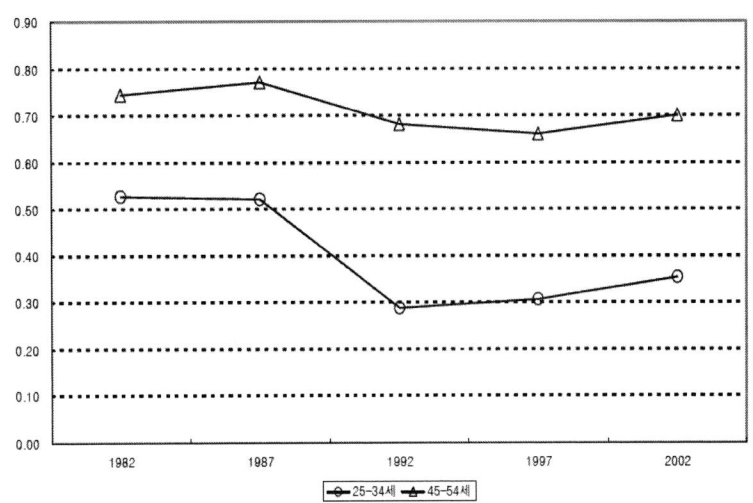

자료: 최강식·정진호, 2005.

〈그림 2-3-1〉 연령대별 대졸자 임금격차 추이

이에 따라 <그림 2-3-1>에서는 남자 근로자들을 25~34세와 45~54세 두개 그룹으로 나눈 후, 각 그룹에서 고졸과 대졸의 임금 격차를 연도별로 비교한 결과가 나타나 있다(최강식 정진호 2005). 여기서 주목할 것은 90년대 들어 대졸자가 고졸자에 비해 더 받는 임금 프리미엄이 모든 연령대에서 하락하는 가운데, 그러한 임금 프리미엄의 하락이 젊은 층에서 더 크게 나타난다는 점이다. 즉 25-34세 그룹의 경우 대졸 임금 프리미엄이 80년대 초 50% 초반에서 90년대 초 30% 초반으로 20%P가량 하락하고 있지만, 45-54세 그룹의 경우 같은 기간 동안 70% 중반에서 60% 중반으로 10%P가량 하락하는데 그치고 있다.

이처럼 젊은 층의 대졸 임금격차가 크게 줄어드는 것은 90년대 이후 우리나라 대학의 교육 규모가 대단히 빠르게 늘어난 것 때문이다. 물론 2000년대 들어 임금격차가 소폭 상승하고 있지만 여전히 80년대에 비해서는 크게 낮은 수치이다. 요약하면, 한편에서 대학교육의 지나치게 빠른 확대로 최근 대졸자들이 받는 임금 프리미엄이 80년대와 비교해서 줄어들었지만, 다른 한편으로는 90년대와 비교해서는 지식기반 사회의 도래 등으로 인해 임금 프리미엄의 크기가 미미하나마 계속 확대되고 있다.

또한 대졸자 내부에서도 좋은 일자리로의 취업 가능성이 달라진다. 예를 들어 대학 입학에 상당한 영향을 미치는 수능성적을 기준으로 괜찮은 일자리로 취업한 사람들의 비중을 비교해 보면, 수능성적이 높은 사람들에서 괜찮은 일자리 취업자 비중이 높은 것을 볼 수 있다(<표 2-3-2>). 이는 대졸자 중에서도 상위권 대학에 속하는 사람들이 좋은 일자리를 차지한다는 것으로, 현재 대학 입학 자체뿐만 아니라 좋은 대학을 위한 경쟁이 치열하게 벌어지는 이유를 객관적으로 보여준다.

〈표 2-3-2〉 4년제 대졸자의 수능성적별 괜찮은 일자리 취업자 비중

(단위: %)

성별 수능점수		남자	여자	전체
수능성적 4분위별	20%이하	20.7	21.0	20.8
	20-50%	28.4	32.4	29.8
	50-80%	35.7	34.0	35.2
	80%이상	58.3	44.9	53.6
수능성적 3분위별	30%이하	23.6	30.5	26.2
	30-70%	30.1	33.0	31.0
	70%이상	48.3	40.2	45.8

자료: 채창균 외(2004), 『청년층 교육·훈련과 고용(Ⅰ)-교육·훈련기관 유형별 분석』.

따라서 현재 대학교육을 둘러싼 상황은 양적 급팽창 속에서 질적 부실화의 문제를 갖고 있지만, 그럼에도 불구하고 모두가 대학을 가지 않으면 안 되는 상황, 특히 좋은 대학을 가기 위해 경쟁하지 않으면 안 되는 상황으로 요약된다. 즉 누구나 대학에 갈 수 있지만 정작 대학에 들어가면 부실한 교육의 가능성, 그리고 대학을 마친 후에는 실업 등 높은 유휴화 가능성을 안고 달려가지 않으면 안되는 길이 대학으로의 길이다. 한편에서 모든 사람들이 문제를 지적하고 있지만, 막상 그것을 회피할 수 없는 상황, 바로 그것이 현재 우리의 아이들이 대학 문 앞에서 맞닥뜨리고 있는 상황이다.

3.2 현재 대학이 처한 상황의 원인에 대한 검토

대학교육에 대한 대안을 논의하기 이전에 먼저 왜 이러한 현상이 나타났는지 검토해 보는 것이 필요하다. 우선 생각해볼 수 있는 것으로 역사적으로 우리나라에서 유교 문화 전통에 따라 일반 교육, 특히 인문학적 소양 교육이 강하게 요구되었던 점을 들 수 있다. 사실 근대 이전에는 과거 제도와 같은 시험 제도를 통해 국가가 필요로 하는 인재를 등용하는 시스템은 중국과 우리나라를 제외하면 찾아보기 힘든 제도였다. 특히 유교적 전통 하에서 필답 형식으로 과거 제도가 유지되면서 우리나라에서 교육, 특히 인문학적 교육에 대한 사회적 가치가 높게 유지되어 왔다.

보다 가깝게는 식민지 시대와 한국전쟁을 거치면서 기존 양반과 상민의 신분구조가 거의 완벽하게 파괴된 상태에서, 교육을 통한 새로운 신분질서의 형성이 이뤄졌다는 점도 큰 영향을 미친 것으로 보인다. 즉 미국의 American Dream보다 더 큰 규모의 Korean Dream이 20세기 초 이후부터 우리나라에 존재했다고 할 수 있다. 원래 아메리칸 드림은 유럽의 봉건적 질서 속에서 신분 상승을 이룰 수 없었던 유럽의 농민, 노동자 등 하층 계급이 신대륙에서 새로운 사회경제적 성취의 기회를 잡았던 것을 의미한다. 그와 비교하여 결코 뒤지지 않는 신분 상승의 기회가 우리나라에서 존재했던 것이다. 즉 식민지 시대와 한국전쟁을 거치면서 전통적인 양반/상민 구조가 거의 붕괴되고 개인의 노력 여하에 따라 얼마든지 사회경제적 신분 상승이 가능한 조건이 형성되었다. 여기에 교육에 대한 전통적 가치와 현실적으로 각종 고시를 통한 신분상승 가능성이 더해져 교육에 대한 국민의 열망이 대단히 높아지게 되었다.

경제적 측면에서는 특정 직업에서의 전문적 손기술(skill)보다 일반 소양이 기업에서 더 중시되었던 점, 그리고 대기업에서 교육수준을 지표로 인재를 선발해 왔던 점, 더욱이 여기에 전통적 집단주의가 결합되어 학벌을 형성하고 그러한 학벌이 기존 신분질서의 공백을 메우면서 새로운 계층화의 핵심 계기로 자리매김하게 된 점 등도 꼽을 수 있다. 이러한 점들이 모두 복합되어 현재와 같이 모든 국민들이 대학교육을 열망하고, 특히 소수의 좋은 대학을 선망하게 되는 상황이 빚어진 것으로 보인다.

한편 이러한 상황에서 대학은 상대적으로 유리한 위치에 놓여 있었던 것으로 보인다. 적어도 90년대까지만 해도 우리나라 고등교육 시장이 기본적으로 교육서비스에 대한 판매자 시장(seller's market)이었던 것으로 보인다. 다시 말해 고등교육 서비스를 제공한다고 표방하기만 하면 누구나 그 서비스를 구매하려고 했기 때문에, 대학 입장에서는 굳이 대학교육의 품질을 개선시키기 위해 노력을 기울일 필요가 없었다. 이러한 점은 소수의 명문 대학에서 더욱 심각했다고 할 수 있다.

아울러 우리 경제가 산업화 시기에 빠르게 성장하는 과정에서 대학이 일종의 지식의 수입상 역할을 담당해 왔다. 이 과정에서 대학은 우리나라 내부의 학문적 요구보다는 외국의 학문적 흐름을 우리나라에 전파시키는 역할에 치중해 왔다. 이에 따라 대학들은 학과 신설이나 정원 조정 등에 대한 규제 권한을 갖고 있는 정부 당국에 대해서는 민감하게 반응했지만, 대학과 사회 사이의 소통에 대해서는 사실상 무관심하게 되었다. 대학과 사회의 소통에 대한 무관심은 당연히 대학교육 자체에 대한 무관심으로 이어지게 되었다. 이에 따라 대학은 신입생 선발 이후의 양성 과정에 대해서는 신경 쓰지 않으면서 우수 학생의 선발에만 관심을 갖는, 정작 중요한 대학 본연의 임무인 교육과 연구는 상대적으로 등한시되는 선발 경쟁 시스템을 구축하게 되었다.

이러한 선발 경쟁 위주의 대학 시스템은 현재까지도 여전히 이어지고 있다. 물론 우수한 학생을 뽑으려는 노력은 학생들 사이의 상호 자극을 통해서도 교육 효과가 높아질 수 있다는 점에서 그 자체는 문제가 아니라고 할 수 있다. 그러나 중요한 점은 우수한 학생의 선발이 대학교육의 모든 것을 결정하는 것으로 되어서는 안 된다는 점이다. 다시 말해 비슷한 지적 수준을 가진 학생들을 모아 놓는 것도 필요하지만, 동시에 다양한 자질과 가능성을 가진 학생들을 다양한 기준으로 선발하고, 그러한 다양한 자질과 가능성 사이의 상호 작용을 통해 새로운 가능성을 창출해 내는 것도 대학교육의 중요한 요체 중 하나일 것이다.

이러한 관점에서 대학 입시를 둘러싸고 계속 반복되고 있는, 소위 입시 변별력 확대 논쟁은 대학교육의 본령이라는 점에서는 지나치게 대학교육의 문제를 협소화시키고 있다고 하지 않을 수 없다. 왜냐면 현재의 변별력 확대 논란은 어떻게 하면 지적 능력이 높은 학생을 뽑을 것인가에만 초점을 맞추고 있고, 다양한 기준에 따른, 다양한 잠재력과 수월성을 갖춘 학생의 선발, 그리고 대학 입학 이후 학생과 학생 사이, 교수와 학생 사이에 일어나는 교육과 연구를 둘러싼 상호 작용을 통해 어떤 인재를 길러낼 것인지에 대한 논의는 실종되어 있기 때문이다.

그러나 이미 대학을 둘러싼 환경의 변화가 이어지고 있다. 이에 대해 백성준 외(2006)에서는 대학을 둘러싼 환경 변화의 특징들로 첫째 지식기반 경제사회의 급진전과 이로 인한 지식기반산업의 비중 증가, 둘째 정보통신기술의 발달과 교육 및 연구 시스템의 변화, 셋째 경제사회 글로벌화에 따른 고등교육의 국제화, 넷째 학령인구의 변화와 고령화의 급속한 진전, 다섯째 질적인 측면에서 다양한 학습자의 다양한 수요에 부응하는 고등교육 기회 제공 필요의 증가를 제시하고 있다. 외부적으로는 세계 경제의 글로벌화와 지식기반화가 가속되는 상황이 이어질 것이며, 내부적으로는 학령인구 감소와 고령화 현상 속에서 다양한 고등교육 수요와 IT 기술을 통한 새로운 교수학습 환경의 출현이 예상된다. 이러한 요인들은 모두 우리나라 대학에 근본적인 변화를 요구하고 있다고 할 수 있지만, 이 중에서도 특히 학령기 학생의 감소와 관련된 문제를 집중적으로 검토하는 것이 필요하다. 이는 이미 고등학교 졸업생의 80% 이상이 대학에 진학하여 과거와 같이 대학교육의 양적 팽창을 지속하기 어려운 상황에서 대학교육에서 보다 직접적인 현안이기 때문이다.

3.3. 대학교육 개혁에 대한 제언

통계청의 장래인구 추계 결과에 따르면 2011년 이후 학령기 학생의 지속적인 감소가 예상되고 있다. 단기적으로는 2차 베이비붐의 영향을 받아 18세 인구가 2006년 61만 여명에서 2011년 69만 여명까지 늘어나지만, 2011년 이후에는 그야말로 급전직하할 전망이다(<그림 2-3-2>). 2020년에는 18세 인구가 50만 명까지 감소할 것으로 예상되고 있는데, 이는 2006년 전문대·산업대·대학 입학 정원 59만 여명을 10만 여명가량 하회하는 것이다.

이러한 상황에 대응하는 방안은 두가지밖에 없다. 하나는 입학 정원을 감축하고 그에 맞춰 교수와 교육 시설도 감축하는 것, 다른 하나는 학령기 학생 외에 성인 학습자에 대한 문호를 확대하는 것. 사실 첫 번째의 경우 대학 입장에서는 고통스런 구조조정을 수반하는 것이지만, 고등교육의 지나친 과잉 현상을 감안할 때 불가피한 것이다. 물론 이러한 과정에서 교수나 교육 시설을 감축하지 않고, 지나치게 높은 교수 대 학생 비율을 낮추는 방향으로 구조조정이 이뤄진다면 교육적 측면에서 오히려 긍정적이라고 할 것이다. 그러나 재단전입금의 확대 등을 기대하기 어려운 상황에서, 등록금의 대폭 인상 등을 통한 대학 재정 보충이 이뤄지지 않는 한, 그러한 가능성이 실현되기는 쉽지 않을 것이다.

두 번째의 경우는 입학 자원 확대라는 점에서 보다 긍정적으로 검토, 추진할 수 있는 것이다. 물론 앞으로도 소위 유명 대학으로 입학생들이 몰려가는 상황이 이어질 것이고, 사이버 대학과 같이 새로운 교육 시스템이 속속 출현하고 있기 때문에 성인 학습 기관으로 변모하려고 하여도 학생 선발에 어려움을 겪고 있는 대학들에서 획기적인 개선이 있으리라고 기대하기는 어려울 수 있다. 그러나 학령기 학생 이외의 성인까지 포괄하는 것으로 대학 운영이 변모하는 것은 앞서 말한 바와 같은 고통스런 구조조정 과정을 다소나마 완화시키는 효과를 가질 것으로 보인다.

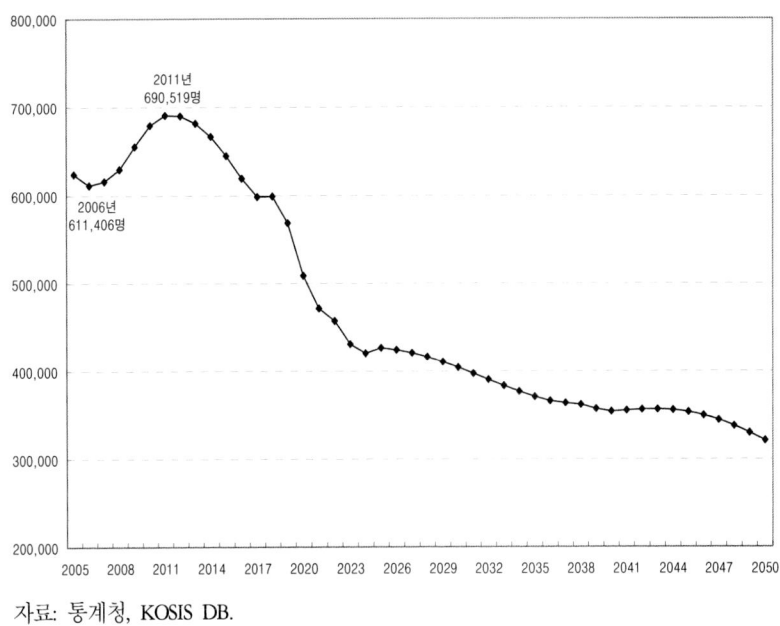

자료: 통계청, KOSIS DB.

〈그림 2-3-2〉 18세 인구 전망

한편 이러한 변화는 개별 대학의 변화뿐만 아니라 고등교육 시스템 전반에서의 변화를 수반하여야 할 것이다. 즉 고등학교 졸업 전후의 젊은이들에 치중되어 있는 학생 선발 시스템의 유연화, 봄·가을학기로 획일적으로 나눠져 있는 학기제 대신 다양한 교과 과정 운영 방식 도입, 지역 산업계의 수요에 맞춘 다양한 교육훈련 프로그램 도입, 학위 위주의 교수 선발이 아니라 산업 현장 경험이 강조되는 교수 선발 및 운용 등이 여기에 더해 져야 한다. 이러한 변화는 나아가 보다 근본적으로 모든 대학이 아카데믹 교육과 연구 중심 대학을 지향하는 것에서 벗어나 직업 지향 전공과 교육 중심을 택하는 대학들이 늘어나는 것도 포함하게 될 것이다.

한편 이 과정에서 소위 그간 대학의 서열화 구조 속에서 상대적으로 유리한 위치를 차지해 왔던 명문 대학들도 변화의 압력에 대응하지 않으면 안 될 것이다. 이는 입학 자원의 감소가 모든 대학에 동일한 조건이라는 점을 전제로, 소위 하위권 대학들이 다양한 특성화를 통해 그에 대응해 나가는 상황에서 과거와 같이 우수 대학이라는 타이틀만으로 계속 유리한 위치를 고수하기 쉽지 않을 것이기 때문이다. 우수 학생을 어떻게 선발할 것인가에 대한 문제에만 매달리는 것에서 벗어나, 연구의 품질을 높이고 교육의 수월성을 고취하기 위한 조치들이 이들 대학에서도 도입, 추진되어야 할 것이다.

이러한 변화들은 사실 이미 다른 외국에서 많이 추진되고 있는 것들이다(백성준 외, 2006). 즉 일본, 독일, 미국 등 선진 국가뿐만 아니라 중국 등에서도 고등교육의 국제경쟁력제고를 위해 고등교육체제의 개편, 고등교육 기회확대 및 다양화, 고등교육기관 교육 및 연구에 대한 투자 확대, 고등교육의 질적 수준 향상을 위한 질 관리체제 도입, 고등교육기관 경영 자율성 책무성 제고, 고등교육의 국제화 등의 개혁 정책을 기획·추진하고 있다. 큰 관점에서 우리나라에서 대학 개혁의 기본 방향도 이들과 크게 다르지 않다고 할 것이다.

마지막으로 대학 개혁과 관련하여 고려되어야 하는 점은 대학이 대학을 포함한 교육 시스템의 일부이며, 나아가 교육 시스템을 둘러싼 사회경제 시스템의 일부라는 것이다. 즉 대학의 문제는 교육 시스템의 문제이자, 보다 넓게 사회경제 시스템의 문제이기도 하다. 따라서 대학의 개혁은 한편에서 대학 내부의 개혁이며, 다른 한편에서 대학 외부, 특히 초중등 교육시스템과 나아가 대학 이후 노동시장에서의 개혁도 포함하는 것이어야 한다.

사실 보다 중요한 문제가 대학 이후 노동시장에서의 개혁 문제라고 할 수 있다. 즉 학령기에 대학을 나오지 않아도 이후 직업생활에서 지속적으로 지식을 축적할 수 있는 사회적 시스템이 갖춰진다면 현재와 같이 학령기 진학에 집중된 대학교육 시스템의 파행성을 상당부분 교정할 수 있을 것이다. 이는 지금과 같이 일단 직업생활에 들어가면 모든 배움의 기회가 차단된 채 일에만 매달리는 상황을 벗어나야 한다는 것, 또한 학교만이 아니라 직업생활 과정에서 축적한 다양한 지식과 경험에 대해서도 정당한 사회적 평가가 이뤄져야 한다는 것을 전제로 한다.

제3장 기업의 인재상과 학부교육 혁신방향

1. 기업의 인재상

우리나라 많은 기업인들은 현재 대학의 인재양성교육은 기업에서 필요로 하는 인재 배출과 거리가 있으며, 기업의 과도한 인재양성 비용(시간) 부담을 초래하고 있다고 지적하고 있다. 왜 이렇게 생각하는 것일까? 대학이 정말 문제가 있는 것일까? 이러한 문제들에 대하여 전국 경제인연합회가 실시한 기업 설문조사[1][2][3] 내용을 중심으로 기업의 인재상을 생각해보고 대학교육 부실의 문제점과 혁신방향에 대하여 다음 절에서 개인적인 생각을 피력하고자 한다.

설문조사에 의하면, 기업은 '글로벌 환경아래에서 전문지식과 프로근성을 갖고, 올바른 가치관, 창의와 도전정신으로 조직구성원과 상호 협력하여 맡은바 임무를 완수하는 국제화된 인재'를 필요

---

1) 전국경제인연합회, 2003. 6., "기업의 이공계 인력활용 실태조사"
2) 전국경제인연합회, 2003. 6., "기업의 바람직한 인재상 및 실천과제"
3) 전국경제인연합회, 2003. 6., "기업이 바라는 대학교과과정"

로 한다고 정의(<표 3-1-1>)하였다. 즉, 기업은 전공과 외국어 구사에 대한 실력 뿐 아니라 창의력, 도전정신, 인간성 등 올바른 태도 및 가치관에 대해서도 중요성을 강조하였으며, 또한 기업은 개인보다는 조직 단위로 모든 일이 진행되기 때문에 조직역량과 대인관계가 대단히 중요함에도 불구하고 이에 대한 교육 및 훈련이 부족하다고 지적하고 있는 것이다. 보다 세부적으로 개인역량, Global Awareness, 조직역량, 태도 및 가치관 등 4가지 분야를 지적하였다. 먼저 개인역량으로 기본에 충실하되 폭넓은 교양과 끊임없는 자기개발로 노력하며 변화를 리드하는 프로페셔널이 되어야 한다고 주장하였으며, Global Awareness 측면에서는 국제적 감각과 영어 및 중국어 등 외국어 구사능력을 갖춘 세계인이 되어야 한다고 지적하고 있다. 조직역량에 있어서는 상호존중, 깨끗한 매너로 신용을 지키고 책임을 다하는 예의바른 협력자가 되어야 한다고 지적하였으며, 대인관계 면에서는 인간적이며 올바른 가치관에 중심을 두되 유연한 사고, 창의력, 도전정신과 열정을 가진 성취인이 되어야 한다고 표현하고 있다. 이를 다시 세분화하여 지적한 인재가 갖추어야 할 10가지 소양과 자질을 살펴보면, 첫째 전문지식과 폭넓은 교양으로 무장된 사람, 둘째 국제 감각과 외국어 구사능력을 가진 사람, 셋째 진취적인 사람, 넷째 도전과 성취 의식이 있는 사람, 다섯째 유연한 사고와 창의력을 가진 사람, 여섯째 올바른 가치관을 가진 사람, 일곱째 인간미 있는 사람, 여덟째 책임감이 있는 사람, 아홉째 협력하는 사람, 열 번째 예의바른 사람 등이다. 이들 10가지 소양과 자질에 더하여 대학생 행동지침으로 제시한 10가지는, 첫째 전공 실력을 쌓아라, 둘째 경제 경영 뿐 아니라 다양한 교양을 익혀라, 셋째 외국어 구사 능력을 키워라, 넷째 해외 견문을 넓혀라, 다섯째 '해보자', '해내자'라는 마음자세를 갖추어라, 여섯째 수시로 토론하고 상호 협력하여 결론을 내려라, 일곱째 자신의 소신을 확실히 밝히되 상대방의 의사도 존중하라, 여덟째 자신의 말에 책임을 지고, 예의바르고 올바르게 행동하라, 아홉째 튀는 생각, 엉뚱한 생각을 구체화시키는 연습을 하라, 열 번째 결정된 일에는 적극 협력하고 최선을 다해 성취하라 등이다.

　기업은 **이러한 인재상을 구현하기 위하여** 기존 대학의 교육시스템에서 벗어나 대학의 **교수법**, 커리큘럼, 교육제도 등의 개선이 필요하다고 지적한 바 있다. 특히, 대학의 **교수법**에 있어서는 문제해결능력 배양을 위해 토론식 수업과 문제 중심 **교수법**을 적극 도입할 것을 주문하고 있으며 커리큘럼에 있어서는 올바른 기업관 확립 및 현장감 있는 교육 확산을 위하여 기업체 대표와 기업전문가의 강좌가 필요하고 최신 트랜드와 최신 이론을 반영한 교육이 이루어질 수 있는 커리큘럼 개발, 현장 밀착형 교육제도의 도입이 필요하다고 말하고 있다. 학생들에 대해서는 전공 실력뿐만 아니라 언어 구사능력, 다양한 경험을 축적하고 창의력, 커뮤니케이션 능력 등 기본적 소양과 자질 함양을 요구하였다. 이들 기업의 인재육성에 대한 제안사항을 학생, 대학, 교육제도 측면에서 보다 세분화하여 다시 살펴보자.

　먼저 **학생에 대한 기업의 바람은** 첫째 전공 관련 실력을 배양하라, 둘째 기본적 소양, 자질을 함양하라, 셋째 전략적 취업준비를 하라 등이다. 첫째 항목은 기업이 요구하는 당연한 요구로 받아들여진다. 최근 입학자원의 감소와 대학 재정운영 어려움 차원에서 일부 대학에서 이공계 자질을 갖고 있지 못한 학생이 버젓이 졸업하는 것을 볼 때 당연한 불만이라고 생각된다. 또한 고교 인문계 진학반 학생이 이공계에 교차 지원함으로써 발생하고 있는 수학과 과학 실력의 저하는 입시제도에서 발생하는 학력저하요인이라 할 수 있다. 그리고 두 번째 요구사항은 창의력, 발표력, 과제작성, 커뮤니케이션 능력 배양 등을 위하여 교양서적, 여행, 다양한 경험을 축적할 것을 제안한 것인데, 이는 대학만의 문제가 아니라 개인의 노력과 '초·중·고'로 이어지는 교육과정 전반에서 고민하고 다루어져야 하는 문제라고 생각된다. 다만 대학에서는 교육과정 중에 다양한 교수방법을 개발하여 적용함으로써 일부 긍정적인 효과를 얻을 수 있을 것으로 생각된다. 세 번째 전략적 취업준비를 하라는 내용은 어차피 대학의 교육과정이 다종다양한 기업의 산업추세를 반영할 수 없다는 것을 생각해 본다면 학생 자신이 취업하고 싶은 업종과 기업을 미리 정하고 그 기업이 요구하는 전공과 요구를 만족하도록 노력하는 자세가 필요한 것이다.

    대학에 대한 기업의 바람은 첫째 문제해결 능력 배양, 둘째 교수·학생의 글로벌 감사 함양, 셋째 학생들의 사회·기업경영·관련 주변 환경을 보는 시각 육성, 넷째 기업이 필요로 하는 지식을 보급하기 위하여 현장감 있는 교육 등이다. 첫 번째 문제해결 능력 배양에 대한 요구는 스스로 문제를 정의하고 이를 해결해가는 능력을 가진 인재를 양성해달라는 요구로 사실 쉽지 않은 요구로 판단된다. 실제 대학에서 강의를 하다보면 학생들이 매우 수동적이고, 대학입시의 선택형 답안에 길들여져 있어서 그런지 리포트 및 발표자료 작성, 토론, 발표 등에도 매우 취약함을 느낀다. 이런 학생들을 대학 4년 기간 내에 우수한 인재로 바꿀 수 있을까 고민스러울 때가 많다. 두 번째 문제는 아무리 강조해도 지나치지 않다고 생각된다. 국가의 생존을 위해서는 산업의 글로벌화에 적응해야하고 주변 정치적 역학관계를 극복해야 하는 우리로서는 글로벌 감각을 갖추는 것이 필요한 것이다. 세 번째는 학생 자신의 가치관, 사회상, 자신의 목표 및 방향성을 명확히 하자는 내용으로, 교양교육 활성화, 학생생활지도 강화를 요구하는 내용이다. 부가적으로 기업에 대한 긍정적인 가치관 형성을 위하여 전 학과의 경영, 경제 기초과목을 필수로 이수할 것도 요구하고 있다. 네 번째는 기업이 필요로 하는 현장감 있는 교육, 즉 가장 최근의 산업추세를 습득한 인재를 요구하고 있는데 이를 위하여 기업 대표, 임원, 전문가가 대학의 강좌에 참여할 수 있도록 강좌를 개설해 줄 것과 강의할 의사가 있음을 나타내는 등 기업의 대학교육 참여라는 긍정적인 사고를 갖고 있음을 볼 수 있다.

교육제도에 대한 기업의 바람은 첫째 최신 Trend를 반영한 교육, 둘째 기업 Needs를 적시에 반영할 수 있는 제도와 관련 대학의 육성 등이다. 첫 번째 내용은 급속한 산업변화에 대응한 현장의 요구를 반영해 달라는 내용인데 대학의 고정된 교육과정입장에서 보면 과목의 존폐보다는 유사 교과목에서 이를 반영한 강의가 되었으면 좋겠다는 내용으로 보는 것이 좋을 듯하다. 두 번째는 기업 Needs를 적시에 반영할 수 있는 제도와 관련 대학의 육성을 요구하였는데, 이는 산학협력단과 같이 기업과 대학이 수시로 의사소통할 수 있는 연계망의 형성과 지역대학을 지역기업과 관계성이 높은 방향으로 특성화시키거나 대학이 없는 지역에는 물리적 접근성이 용이하도록 대학을 이전하거나 접근성을 높여 달라는 요구로 받아들여진다.

〈표 3-1-1〉 기업이 바라는 인재상

기업의 인재상	
"글로벌 환경下에서 전문지식과 프로근성을 갖고 올바른 가치관, 창의와 도전정신으로 조직구성원과 상호 협력하여 맡은 바 임무를 완수하는 국제화된 인재"	
◇ 개인역량	기본에 충실하되 폭넓은 교양과 끊임없는 자기개발로 노력하며 변화를 리드하는 프로페셔널
◇ Global Awareness	국제적 감각과 영어 및 중국어 등 외국어 구사능력을 갖춘 세계인
◇ 조직역량	상호존중, 깨끗한 매너로 신용을 지키고 책임을 다하는 예의바른 협력자
◇ 태도 및 가치관	인간적이며 올바른 가치관에 중심을 두되 유연한 사고, 창의력, 도전정신과 열정을 가진 성취인

인재가 되기 위한 10대 소양과 자질

1. 전문지식과 폭넓은 교양으로 무장된 사람
2. 국제 감각과 외국어 구사능력을 가진 사람
3. 진취적인 사람
4. 도전과 성취 의식이 있는 사람
5. 유연한 사고와 창의력을 가진 사람
6. 올바른 가치관을 가진 사람
7. 인간미 있는 사람
8. 책임감이 있는 사람
9. 협력하는 사람
10. 예의바른 사람

대학생의 행동지침

1. 전공 실력을 쌓아라
2. 경제 경영 뿐 아니라 다양한 교양을 익혀라
3. 외국어 구사 능력을 키워라
4. 해외 견문을 넓혀라
5. '해보자', '해내자'라는 마음자세를 갖추어라
6. 수시로 토론하고 상호 협력하여 결론을 내려라
7. 자신의 소신을 확실히 밝히되 상대방의 의사도 존중하라
8. 자신의 말에 책임을 지고, 예의바르고 올바르게 행동하라
9. 튀는 생각, 엉뚱한 생각을 구체화시키는 연습을 하라
10. 결정된 일에는 적극 협력하고 최선을 다해 성취하라

<표 3-1-2> 기업의 인재육성을 위한 제안 사항

대상	기업의 바람	요구/제안 사항
학생	• 필수 실력 배양	• 전공 지식, 언어 구사능력 배양 • 창의력, 발표력, 과제작성, 커뮤니케이션 능력 배양
	• 기본적 소양, 자질 함양	• 교양서적, 여행, 다양한 경험 축적
	• 전략적 취업 준비	• 구체적 업종/ 기업 특성에 맞는 준비 ※ 희망업종/기업에 대한 정확한 정보 수집하고 해당 기업의 요구 조건에 맞게 준비
대학	• 문제해결 능력 배양	• 창의력 중시 연구대학으로 탈바꿈 • 토론식 수업과 문제 중심 교수법 ※ 이공계의 경우, 저학년은 기초이론 중심, 고학년은 문제중심 프로젝트 중심 교육방법 확대 ※ 문제도출, 협상, 프리젠테이션 문제해결 과정 도입(MBA, 美 학부의 유사 과정 벤치마킹)
	• 교수·학생의 글로벌 감각 함양	• 해외 유수대학과 협력, 교환 프로그램 활성화
	• 학생들의 사회, 기업경영, 관련 주변 환경을 보는 시각 육성	• 대학의 교양 교육 활성화 ※ 가치관, 사회상, 자신의 목표 및 방향성 등 • 전학과의 경영, 경제 기초과목 이수(필수화)
	• 현장감 있는 교육(기업이 필요로 하는 지식 보급) ※ '올바른 기업관' 확산(기업현실을 제대로 알리는 사업)	• 기업 대표, 임원, 전문가 강좌 개설 ※ 기업별 강점 있는 분야 강좌개설/특강 ※ 기업일반 및 의사결정과정, 기업 실무 특강 • 기존 교육의 현장 전문가 초청 강의 병행
교육제도	• 최신 Trend, 이론을 반영한 교육	• 새로운 학문 접목 시도
	• 기업 Needs를 적시에 반영할 수 있는 대학 육성	• 대학의 기능 분화, 대학별 전문성 추구 ※ 특성별 전문화·차별화 된 대학 육성 ※ 동시에 순수학문, 응용학문 구분 육성 ※ 이공계의 산학협동 프로그램 개선·운영

2. 기업의 인재상과 공학교육인증 목표의 연관성

본 절에서는 전 절에서 살펴본 기업의 인재상과 기존 대학의 교육과정이 서로 어떻게 매칭이 되고 어떤 부분이 부족한지 상호 연관성을 비교 검토해 보고자 한다. 특히 대학의 교육과정은 공학교육 혁신 차원에서 최근 이슈가 되고 있는 공학교육인증[4]의 입장에서 검토해 보고자 한다. 이를 위하여 우선 공학교육인증에 대하여 개괄적인 내용을 정리하고, 이후 비교 검토하는 것으로 한다.

우리나라에서는 한국공학교육공인원(이하 공인원)이 공학교육인증을 주관하고 있는데, 본 공인원은 '98년 8월에 ABEEK (Accreditation Board for Engineering Education of Korea) 설립위원회가 처음으로 발족되었고, '99년 8월 ABEEK 창립, '00년 6월 교육부에 사단법인으로 등록되어, 이후 많은 평가와 인증을 수행하고 있다. 공인원이 수행하는 공학교육인증은 대학의 공학교육의 발전을 촉진하고 실력과 경쟁력을 갖춘 공학기술 인력을 양성하기 위하여 일정 기준을 정해놓고 공학교육 프로그램에 대하여 민간 차원에서 평가와 인증을 수행하면서 대학교육의 혁신을 유도하는 기능을 하고 있는 것이다. 공인원의 인증을 받기 위하여 학생이 갖추어야 할 기본 성과로서 졸업생들이 <표 3-2-1>의 내용과 같은 능력과 자질을 갖추고 있음을 증명할 수 있어야 한다고 기술하고 있다.

특히 공인원은 이러한 능력과 자질을 갖춘 인재를 육성하기 위

---

[4] http://www.abeek.or.kr

하여 '순환형 자율 개선구조'라고 하는 공학교육모델을 제시하고 있다. 모델의 특징은 첫째로 수요지향 교육체제라는 것이다. 즉 하나의 교육 프로그램을 설치하려면 우선 교육목표(Program Educational Objectives)와 학생들이 졸업 시 갖추어야할 학습성과(Program Outcomes)를 학과의 교수들과 교육수요자 즉 산업체, 졸업생, 지역 사회, 학교설립자 등의 의견을 반영하여 교육목표와 학습 성과를 정한다. 실제로는 교육 수요자중 산업체(고용주) 의견이 가장 중요하다고 지적하고 있다. 둘째로 성과중심 교육체제라는 것이다. 학생에 대한 교육이 끝나면 반드시 학생의 학습결과를 평가하고 이것을 프로그램에서 목표로 하는 학습 성과와 비교한다. 그 결과 목표치에 이르지 못하면 그 원인을 분석하여 교육과정과 교수·학습법을 개선하도록 한 것이다. 이러한 개선활동은 매 학기 또는 매년 주기로 이루어지는 모델이다. 다음 <그림 3-2-2>는 앞에서 설명한 순환형 자율개선 구조 공학교육모델을 실제 공학교육에 적용한 시스템이다. 시스템의 특징은, 첫째로 산업체 또는 현장 졸업생의 의견을 반영하여 프로그램의 교육목표를 정하고, 둘째로 신입생 또는 선입생(편입생, 복학생, 전과생 등)의 수학능력을 평가하여 수준에 맞추어 수용하며, 셋째로 교육목표를 달성하기 위한 교과과정을 정하고 적절한 교수/학습법을 적용하여 학생을 교육하고, 넷째로 프로그램이 배출한 졸업생을 대상으로 교육목표를 얼마나 달성하였는지를 평가한다. 다섯째로 교육목표와 졸업생이 달성한 결과를 비교 평가하여 그 결과를 프로그램 개선에 반영한다는 것 등이다.

〈표 3-2-1〉 인증을 받기 위하여 학생이 갖추어야 할 기본 성과

- 수학, 기초과학, 공학지식과 이론을 응용할 수 있는 능력
- 자료를 이해하고 분석할 수 있는 능력 및 실험을 계획하고 수행할 수 있는 능력
- 요구된 필요조건에 맞추어 시스템, 요소, 공정을 설계할 수 있는 능력
- 복합 학제적 팀의 한 구성원의 역할을 해낼 수 있는 능력
- 공학문제들을 인식하며, 이를 공식화하고 해결할 수 있는 능력
- 직업적, 도덕적인 책임에 대한 인식
- 효과적으로 의사를 전달할 수 있는 능력
- 거시적 관점에서 공학적 해결방안이 끼치는 영향을 이해할 수 있는 능력
- 평생교육에 대한 필요성의 인식과 평생교육에 참여할 수 있는 능력
- 경제, 경영, 환경, 법률 등 시사적 논점들에 대한 기본 지식
- 세계문화에 대한 이해와 국제적으로 협동할 수 있는 능력
- 공학실무에 필요한 기술, 방법, 최신공학도구들을 사용할 수 있는 능력

이러한 활동을 원활하게 진행하기 위하여 공인원은 대학의 공학 및 관련 교육을 위한 교육 프로그램 기준과 지침을 제시하고, 이를 통해 인증 및 자문을 시행함으로써 공학교육의 발전을 촉진하고 실력을 갖춘 공학기술 인력을 배출하는데 기여하고자 하는 것으로, 인증 역할은, 첫째 인증된 프로그램을 이수한 졸업생이 실제 공학 현장에 효과적으로 투입될 수 있는 준비가 되었음을 보증하고, 둘째, 해당 교육 기관이 인증 기준에 부합되는지의 여부와 세분화된 공학교육 프로그램이 인증 기준에 부합되는지의 여부를 식별하며, 셋째 공학교육에 새롭고 혁신적인 방법의 도입을 장려하며, 공학교육 프로그램에 대한 지침을 제공하고 이에 대한 자문에 응한 결과라고 볼 수 있다. 결과적으로 넷째 공학교육의 발전을 촉

진하고 산업과 사회가 필요로 하는 실력을 갖춘 공학 기술 인력을 배출할 수 있도록 기여한다는 것이 공인원의 역할이라고 정의하고 있다. 대학에서는 이러한 인증을 받기 위하여, 프로그램의 교과과정을 운영하는데 충분한 수의 교수와 다양한 전공의 교수로 구성되어야 한다는 것을 역설하고 있으며, 교수진은 학생들에게 현장적응력을 교육할 수 있도록 현장경험과 교육의 질을 개선할 수 있도록 지속적으로 자기계발을 하여야 하며, 교수의 교육개선 활동을 활성화하기 위하여 교수 업적평가에서 교수의 교육활동 평가가 중요하게 반영되어야 한다고 지적하고 있다.

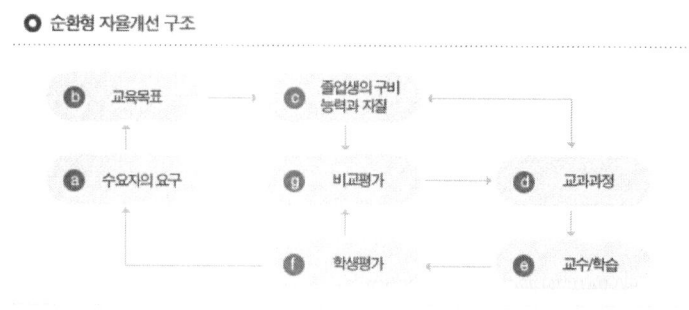

〈그림 3-2-1〉 순환형 자율개선 구조

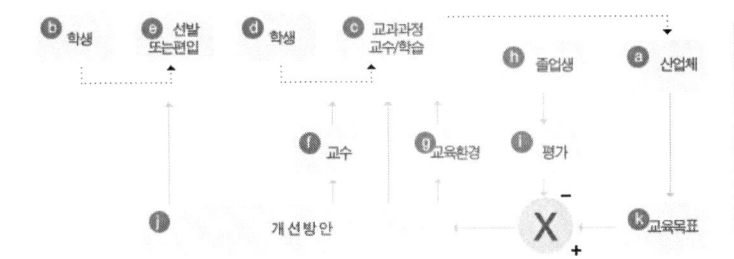

<그림 3-2-2> 공학교육 시스템

　이렇게 공학교육인증은 기존 대학에서 일반적으로 채용하고 있던 교육목표와 시스템에 비하여 인재양성에 대한 보다 구체적 방향을 제시하였고, 교육시스템도 전반적으로 체계화시키는 등의 긍정적인 역할을 수행하고 있다고 평가할 수 있다. 이러한 공학교육인증이 제시한 인재상을 기업이 요구하는 인재상과 상호 연관성을 살펴보도록 하자. <표 3-2-3>은 기업의 인재상에 공학교육인증이 추구하는 인재육성 성과 12가지를 매칭시켜 본 경우이다. 기업의 인재상이 정성적으로 표현되어서인지 공학교육인증이 추구하는 인재육성 성과 항목과 대부분 매칭 되는 것으로 판단된다. 그러나 <표 3-2-4>와 같이 학생, 대학, 교육제도로 세분화하여 지적한 기업의 바람과 요구, 제안사항을 공학교육인증이 추구하는 인재육성의 성과와 매칭 시켜 보면, 대상이 학생인 경우, 학생의 기본적 소양, 자질 함양과 전략적 취업준비 등에서는 일치되는 바가 없으며, 대상이 대학인 경우, 기업인이 참여하는 현장감 있는 교육 분야에

서 해당사항이 없는 것으로 판단되었다. 그리고 교육제도에 있어서도 역시 기업 Needs를 적시에 반영할 수 있는 대학육성이라는 항목에는 해당사항이 없는 것으로 판단되었다. 그러나 이것은 기업인의 참여 및 기업의 Needs반영 시스템을 공학교육인증 세부 운영요령에 규정하고 있음으로 기업의 요구를 대학이 반영하고 있다고 볼 수 있다. 그리고 실제로 기업인 대상의 교과과정 설문조사, 학생 현장실습이나 CEO특강 등 대학 교과과정에 기업과의 연계노력이 지속적으로 이루어지고 있으며 상호간 교류가 증가하고 있는 추세이다.

〈표 3-2-3〉 기업과 공학교육인증이 추구하는 인재상 비교

기업의 인재상 "글로벌 환경下에서 전문지식과 프로근성을 갖고 올바른 가치관, 창의와 도전정신으로 조직구성원과 상호 협력하여 맡은 바 임무를 완수하는 국제화된 인재"		공학교육인증 인재육성 성과
개인역량	기본에 충실하되 폭넓은 교양과 끊임없는 자기계발로 노력하며 변화를 리드하는 프로페셔널	・수학, 기초과학, 공학지식과 이론을 응용할 수 있는 능력 ・자료를 이해하고 분석할 수 있는 능력 및 실험을 계획하고 수행할 수 있는 능력 ・요구된 필요조건에 맞추어 시스템, 요소, 공정을 설계할 수 있는 능력 ・공학문제들을 인식하며, 이를 공식화하고 해결할 수 있는 능력 ・거시적 관점에서 공학적 해결방안이 끼치는 영향을 이해할 수 있는 능력 ・공학실무에 필요한 기술, 방법, 최신 공학도구들을 사용할 수 있는 능력
Global Awareness	국제적 감각과 영어 및 중국어 등 외국어 구사 능력을 갖춘 세계인	・세계문화에 대한 이해와 국제적으로 협동할 수 있는 능력 ・경제, 경영, 환경, 법률 등 시사적 논점들에 대한 기본 지식
조직역량	상호존중, 깨끗한 매너로 신용을 지키고 책임을 다하는 예의바른 협력자	・효과적으로 의사를 전달할 수 있는 능력 ・복합 학제적 팀의 한 구성원의 역할을 해낼 수 있는 능력
태도 및 가치관	인간적이며 올바른 가치관에 중심을 두되 유연한 사고, 창의력, 도전정신과 열정을 가진 성취인	・직업적, 도덕적인 책임에 대한 인식 ・평생교육에 대한 필요성의 인식과 평생교육에 참여할 수 있는 능력

〈표 3-2-4〉 기업과 공학교육인증이 추구하는 인재상 비교

대상	기업의 요구		공학교육인증 인재육성 성과항목											
	기업의 바람	요구/제안 사항	1	2	3	4	5	6	7	8	9	10	11	12
학생	・필수 실력 배양	・전공지식	O	O	O		O		O					O
		・창의력, 발표력, 과제작성, 커뮤니케이션 능력 배양		O	O	O	O		O					
	・기본적 소양, 자질 함양	・교양서적, 여행, 다양한 경험 축적												
	・전략적 취업 준비	・구체적 업종/ 기업 특성에 맞는 준비												
대학	・문제해결 능력 배양	・창의력 중시 연구대학으로 탈바꿈	O	O	O	O			O					
		・토론식 수업과 문제 중심 교수법							O					
	・교수・학생의 글로벌 감각 함양	・해외 유수대학과 협력, 교환 프로그램 활성화											O	
	・학생들의 사회, 기업경영 관련 주변 환경을 보는 시각 육성	・대학의 교양 교육 활성화 ※가치관, 사회상, 자신의 목표 및 방향성 등 ・전공과의 경영, 경제 기초과목 이수(필수화)								O		O		
	・현장감 있는 교육(기업이 필요로 하는 지식 보급)	・기업 대표, 임원, 전문가 강좌 개설 ※기업일반 및 의사결정과정, 기업 실무 특강												
교육제도	・최신 Trend, 이론을 반영한 교육	・새로운 학문 접목 시도					O							
	・기업 Needs를 적시에 반영할 수 있는 대학 육성	・대학의 기능 분화, 대학별 전문성 추구 ※특성별 전문화・차별화 된 대학 육성, 동시에 순수학문, 융합학문 구분 육성 ※이공계의 산학협동 프로그램 개선・운영												

※공학교육 인재육성 성과항목
01. 공학, 기초과학, 공학지식과 이론을 응용할 수 있는 능력
02. 자료를 이해하고 분석할 수 있는 능력 및 실험을 계획하고 수행할 수 있는 능력
03. 요구된 필요조건에 맞추어 시스템, 요소, 공정을 설계할 수 있는 능력
04. 복합 학제적 팀의 한 구성원의 역할을 해낼 수 있는 능력
05. 공학문제들을 인식하며, 이를 공식화하고 해결할 수 있는 능력
06. 직업적, 도덕적인 책임에 대한 인식
07. 효과적으로 의사를 전달할 수 있는 능력
08. 거시적 관점에서 공학적 해결방안이 끼치는 영향을 이해할 수 있는 능력
09. 평생교육에 대한 필요성의 인식과 평생교육에 참여할 수 있는 능력
10. 경제, 경영, 환경, 법률 등 시사적 논점들에 대한 기본 지식
11. 세계문화에 대한 이해와 국제적으로 협동할 수 있는 능력
12. 공학실무에 필요한 기술, 방법, 최신공학도구들을 사용할 수 있는 능력

3. 바람직한 인재상을 구현하기 위한 학부교육의 문제점

<표 3-3-1>은 공학교육인증을 위한 이수조건과 지금까지 수행해 오던 한국산업기술대학교의 졸업이수조건을 비교한 것이다. 졸업이수조건 만을 비교하면 내용상 큰 차이가 없고, 오히려 필자가 소속한 한국산업기술대학교의 일반 졸업이수조건이 기업의 요구에 더 부응한다고 볼 수 있을 것 같다. 그러나 이러한 외형적 비교만으로 공학교육인증이 기존 교육과정과 비교하여 덜 우수하다고 말하는 것은 아니다. 내용적으로 보면 공학교육인증제도가 일반 대학교육과정보다 보다 세밀하게 교육과정을 설계하고 평가하며, 프로그램을 지속적으로 수정해 나가도록 되어 있기 때문에 교육품질 면에서 우수할 수 있기 때문이다. 필자의 의견은 교육현장에서 느끼는 대학교육에 대한 생각은 공학교육인증을 수행한다고 해서 기존의 문제점들이 하루아침에 해결되지 못한다는 것을 주장하고 싶은 것이다. 실제 공학교육인증을 받은 대학의 경우도 기존 커리큘럼, 교육 시스템이나 시설에서 크게 벗어나지 않은 채 인증을 획득하고 있는 것이다. 즉, 지금까지 대학교육이 공학교육인증이 요구하는 목표와 크게 다르지 않다고도 볼 수 있으며, 대학교육의 문제를 근본적으로 조명해 볼 필요가 있음을 의미한다고 생각하는 것이다. 그래서 본 절에서는 대학의 학부교육 시 문제점들을 정리하고 개선방안을 제시해 보고자 한다.

〈표 3-3-1〉 교과과정에 대한 공학교육인증 이수조건과
한국산업기술대학교 졸업 이수조건의 비교

공학교육인증 구분	필수 학점	(졸업)이수구분	학 점
공학소양	18학점 이상	교양교과	교양+공학기초 44학점이상
기초과학(MSC)	30학점 이상	공학기초교과	
공학실무 (설계포함)	60학점 이상 (설계 18학점 이상)	전공교과	62학점 이상
-	-	프로젝트학습군 (프로젝트실습/연구)	8학점 이상
-	-	자유선택교과	26학점 이상
계	108학점 이상	계	140학점 이상

　학생들을 기업의 인재 상에 맞게 교육하기 위하여 우리가 갖고 있는 걸림돌들이 무엇이 있을까? 이러한 문제를 보다 구체적으로 파악하기 위하여 5가지 유형으로 구분하여 살펴보고자 한다. 5가지 유형은 학생, 교수, 대학, 제도, 사회문화 등으로 구분하였다.
　우선, 학생과 관련된 문제점들을 지적해보고자 한다. 필자가 소속한 대학에서도 많은 학생들이 수학의 사인, 코사인 등을 제대로 모르거나 리포트 작성 시 한글로 썼는데 내용은 알기 어려운 암호 같은 보고서를 보기도 한다. 국어의 철자를 잘못 쓰는 경우는 항상 있는 일이라 교수들 사이에서는 "철자가 잘못된 곳은 학생이 쓴 것이고 제대로 된 것은 인터넷에서 카피한 것이다."라는 이야기를

나누기도 한다. 특히 수업시간에 발표를 시켜보면, 말은 시작했는데 자신이 없고 논리가 없으며 말끝이 없다. 이러한 기초자질이 부족한 학생들을 기업이 요구하는 인재로 키울 수 있을까 하는 의문이 들 수밖에 없다. 우수한 인재로 양성되기 위해서는 먼저 기초자질이 우수하여야 하고, 자발적인 노력이 있어야 하며, 전문가들에 의하여 잘 지도되어 바람직한 방향으로 교육되어져야 한다고 생각한다.

그러한 점에서 대학에 입학하는 학생들의 기초자질이 우수한가 라는 질문에 소수 그룹만 그렇다고 대답할 수밖에 없다. **기초자질이란 수학 및 과학과목을 포함한 자발적 문제해결능력, 작문·대화·발표 등 의사표현능력, 능동적인 대인관계 조성능력 등으로** 정의할 수 있는데, 초중고에서 육성되고 있는 인재들 중에서 이러한 항목에서 우수한 자원은 소수에 불과하다는 것이다. 왜 그럴까? 초중고로 이어지는 교육시스템에 문제가 있기 때문이라고 생각한다. 최근에 초등학교에서는 교사수대 학생수비도 줄고 교육방법도 서구화하면서 이러한 기초자질 육성 방법이 많이 개선되었으나, 중학교와 고등학교에 진학하면 다시 문제 맞추기식 입시위주 교육시스템으로 바뀌어 해결의 실마리를 찾지 못하는 것이 현실이다. 특히 배워야 할 과목수가 너무 많아 수학이나 과학 등 핵심과목에 집중하여 스스로 해결할 수 있는 능력을 배양하기 어려움은 물론이고, 국어과목 등에서는 에세이 등 작문 지도가 제대로 시행되지 못하고 있다. 또한, 전반적으로 팀워크 향상 학습, 대화 및 발표능력 배양 수업 등은 꿈도 꾸지 못하는 실정이며, 미술과 음악, 체육 등을 느끼고 즐기는 것이 아니라 입시과목의 하나로 밖에 생각하지 못하게 하는 것이 문제로 지적될 수 있다. 즉, 기초자질은 어려서부터 꾸준하게 교육되어야 함에도 불구하고 초등학교 교육 이후로 단절된 교육제도의 맹점이라고 생각한다. 기초자질 향상과 관련하여 또 다른 문제점으로는 학습능력에 맞는 학습 환경 조성이 미흡하다는 것이다. 선진국에서는 수학과 같은 핵심과목에 대해서는 별도 시간을 내어 선행학습을 시키거나, 학습능력이 떨어지는 학생들은 별도의 멘토 지원 또는 방학기간 중에 캠프를 통하여 보충할 수 있는 기회를 주는 등 개인별 맞춤학습에 노력을 기하고 있으나 우리의 경우 공교육에서는 전무한 것이 현실이며, 사설 학원교육에 의존하고 있는 것이다. 결론적으로 대학이 우수한 인재를 키워내기 위해서는 입학 자원도 우수해야 하며, 이를 위해 초중고에서 대학으로 이어지는 전반적인 교육과정의 혁신 노력이 요구된다고 하겠다.

대학교육과정을 통하여 학생을 기업의 인재 상에 맞게 키워내기 위해서는 교수의 역할이 중요할 수밖에 없다. 이러한 점에서 "우리나라 대학의 교수들은 산업의 변화를 잘 읽어내고, 필요한 내용을 잘 소화하여, 학생들에게 효과적으로 전달하고 있는가?" 라는 질문에 100% 그렇다고 말할 수 없다. 여러 가지 이유로 그렇지 못한 사유가 많기 때문이다. **첫째 현장경험이 없는 교수가 많다는** 것이 문제이다. 요즘에는 현장경험을 중시하여 학위 후 기업경력이 있는 사람을 선호하지만, 꽤 오랫동안 대학원을 갓 졸업한 사람들도 교수가 된 사례가 많다. 물론 이들이 대학에서 많은 산학 연구를 통하여 산업현장의 경험을 습득할 수도 있겠지만, 많은 경우 산업현장의 필요한 부분을 학생들에게 전달하지 못하고 있다고 생각한다. 둘째 산업 현장으로부터 정보를 얻고 경험을 쌓으려는 열정과 제도적 뒷받침이 부족하다는 것이다. 최근에는 대학의 교수가 산업체 현장경험을 할 수 있도록 산업체연수제도 등을 도입하고 있지만 수혜숫자도 적고 기간도 짧아 효과적으로 활용되지 못하는 사례도 발생하고 있다. 특히, 교수평가 시 적용되는 SCI 논문 편수 등으로 실제 기업이 필요로 하는 연구보다는 논문을 위한 연구를 하다 보니 기업에게 도움이 되는 실질적인 연구는 못하게 되고 기업의 현장경험을 교육에 연결할 수 있는 기회가 적은 것이다. 또한 정부에서는 대학으로부터 재정지원 사업을 신청받으면서 SCI 논문수를 평가 잣대로 삼아 대학들이 기업체 경험보다는 SCI 논문 잘 쓰는 교수를 채용하는 등 교수의 기업경험은 더욱 멀어지게 하고 있다. '07년도 정부 부처 모 재정지원 사업에서는 대학의 산학협력이 중요하다는 전문가 의견을 듣고 평가기준에 SCI 논문 수는 그대로 둔 채, 특허실적, 기업체와의 공동연구실적 등을 추가하는 등 교수들의 부담만 가중시킨 사례가 있다. 뿐만 아니라 학생, 교수 등의 논문 참여 실적과 기업 연구비 수주실적을 하나하나 정리하여 제출하도록 하고, 잘못이 발견될 경우에는 사업신청을 받지 않겠다고 하는 등의 문제로 모 대학 모 학과 교수들과 대학원생 모두가 거의 한달 간 모든 연구를 전폐하고 사업계획서 작성과 첨부 서류준비에 매달리는 웃지 못할 일들이 벌어지는 것을 본 적이 있다. 또 다른 모 대학에서는 평가기준에 있는 SCI 논문 수를 늘리기 위하여, SCI로 인정되지만 심사가 없어 논문을 실기 쉬운 국제학술대회에 대거 참가 논문 수에서 매우 우수한 점수를 얻어 사업을 획득하는 어이없는 사례도 있었다. 교육과 연구 활동에 도움이 되라고 지원하는 사업이 교수들의 시간을 매우 비효율적으로 빼앗는 것은 물론이거니와 진정한 교육 및 기업지원과는 거리가 있는 사업이 되고 있다고 생각한다. 그런 사업이라면 왜 대학은 지원하는가라는 질문을 할만하다. 사실 유명 대학은 그런 사업에 떨어지면 홍보효과에 문제가 있어 사력을 다하고, 이름 없는 중소대학은 한 푼이라도 부족한 재정을 메워보고자 비효율을 감수하면서 사력을 다하는 것이다.

대학은 어떤 문제를 갖고 있을까? 이 부분에 있어서는 참으로 할 이야기가 많지만 우선 교육과 관련된 부분만 지적하고자 한다. 첫째 등록금에 의존하는 재정구조 때문에 교수대 학생수비 열악, 교육 및 연구 공간 부족, 실습과목의 교육지원 인력 불가 등이 지적될 수 있으며, 둘째 교육과정 개선노력 미흡, 셋째 교육모델 특성화 아이디어의 부재, 넷째 대학 시설운영의 비효율성, 다섯째 산업체 연계교육의 내실화 미흡 등도 요인으로 지적될 수 있다. 첫째 항목으로 지적한 교수대 학생수비 문제는 오래 전부터 지적되어 온 내용이다. 선진국의 경우 1:20 이내(교육을 중심으로 하는 미국의 University of the Pacific의 경우도 1:14)이지만 우리의 경우는 선임교수대 학생수비가 1:40-50에 이르는 등 두 배 이상인 경우가 대부분이다. 이렇다 보니 개별적인 학생지도가 어렵고, 실습시간에도 팀별 대표자만 장비를 다루고 나머지는 결과만을 참고하여 리포트만 작성하는 등 실습도 부실하게 운영되는 경우가 허다한 것이다. 뿐만 아니라 공간이 부족하기 때문에 실습실을 대학원 연구실로 사용하기도 하고 그나마 좁아, 진행되는 연구과제 또는 논문작업이 끝나고 나면 연구결과물을 치워버려야 하는 등 교육 및 연구공간의 부족현상도 심각하다. 특히 일부 실습의 경우는 이론 강의와 다르게 실습 시 사고위험을 방지하기 위하여 교육 인원을 제한, 분반하여 추가로 강사 등을 배치하여야 하나 재원을 이유로 제대로 지원되지 못하는 사례도 많다. 둘째로 교육과정 개선노력 미흡이란 커리큘럼의 고착화 현상에 대한 것이다. '60년대 설계되어진 커리큘럼이 일부 선택과목만 바뀐 채 운영되는 등 산업의 급속한 변화와는 전혀 관계없이 교육이 이루어지고 있다는 것이다. 특히, 같은 학과라도 지역산업 여건에 따라서는 교육내용이 분명 차이가 날 수 있음에도 불구하고 배우는 내용은 동일한 것이다. 셋째 교육모델 특성화 아이디어 부재의 문제는 기존 대학의 커리큘럼이 다종 다양한 산업변화를 반영할 수 없다면 기존 커리큘럼 교육과정을 보완할 수 있는 새로운 교육모델을 만들어 낼 수 있다고 생각되나 이러한 노력이 미흡해 보인다는 것이다. 넷째 대학 시설운영의 비효율성이란 학기 중에는 강의실이 부족해서 시작시간을 일찍 하거나 늦게까지 수업을 하면서 긴 방학 동안에는 빈 채로 운영하는 등 교육과정과 시설운영의 효과적 사용이 미흡해 보인다. 다섯째 산업체 연계교육의 내실화 미흡이란 산업체 연계교육을 외치면서도 기업의 전문가가 대학에 와서 쉽게 강의할 수 있는 여건을 만들어 주지 못하고 있는 것이다. 예를 들어 오전 강의를 4개월 동안 기업 전문가 보고 하라고 하면 할 수 있겠는가? 또한 저녁시간이라도 대학으로부터 수 시간 떨어져 있는 기업으로부터 4개월간 꼬박 나와서 강의하라고 한다면 그 강의가 충실하게 잘 운영될 수 있겠는가? 하는 문제이다. 실제 기업전문가를 대학에 초빙하여 강의를 듣게 하고 싶다면 2시간씩 4개월(16주) 강의가 아니라 8시간씩 4일 강의를 의뢰하는 것이 더 현명한 방법이라고 생각한다. 그러나 이러한 강좌를 개설하고 학생들에게 학점을 부여할 때는 실제로 강의는 4일간 하지만 교육부에 신고할 때는 4개월간 한 것으로 신고 할 수 밖에 없다. 즉 현실적으로 제도적 뒷받침이 되지 않는 것이다.

제도상 문제는 없을까? 첫째 앞서 서술한 것처럼 인문계고 졸업생이 이공계를 지원하게 함으로써 수학이나 과학과목의 자질미달을 초래한 것도 제도상 문제점으로 지적할 수 있다. 그러나 다양한 방법5)으로 이를 보완할 수 있는 방법이 있으나 이를 제대로 시스템화하고 운영하지 못한 것은 대학의 문제라고 생각한다. 둘째 졸업학점의 축소와 전공학점의 약화에 있다. 국내에서 대학을 졸업하기 위해서는 140학점을 이수하게 하고 있다. 그러나 필수과목의 선택과목화, 부전공제도의 도입, 학부제 시행 등으로 학생들은 학점 취득이 쉬운 과목위주로 듣기 때문에 결과적으로 학생들의 학과별 전공 깊이는 무척 약화되었다. 셋째 공학교육을 담당하는 대학이 기업과 먼 거리에 위치해 있으며, 학생들의 현장체험을 위한 주변 여건이 조성되어 있지 않다는 점도 문제점으로 지적될 수 있다. 공학이라는 것은 실질적인 상품화를 위한 학문으로 교수들의 전문적인 기술이 산업현장과 떨어져서는 그 학문적 효과를 발휘하기 어려운 것이다.

---

5) 미국의 경우, 수학, 기초과학, 읽기 및 쓰기 등의 능력이 부족한 학생을 대상으로 Remedial course (보충과목)를 개설하고 있다. 특정 과목을 듣기 전에 먼저 수강하도록 하고 있는데, 졸업에 필요한 전공 및 교양학점에는 전혀 고려가 되지 않는다. 이것 때문에 4년제 학부과정을 4년 만에 졸업하지 못하게 되는 경우가 많은데 이는 학생이 원하는 전공공부를 하자면 감수해야 하는 부분이다.

사회문화적 측면에서의 문제는 없을까? 생각해 보면 인재를 단순히 육성하는 것도 중요하지만 분야별로 균형 있게 육성하고 적재적소에 배치하며 제 역할을 다 할 수 있도록 환경을 조성하는 것도 매우 중요하다고 생각한다. 그러한 측면에서 사회문화적인 문제점들을 지적해보고자 한다. 첫째 왜 학생 모두가 글로벌 인재가 되기 위하여 전공교육보다 어학교육에 매달려야 하는지 지적하고 싶다. 특히 최근에 대학에 불고 있는 영어강의 붐이다. 영어만 배운다고 글로벌 경쟁력을 갖게 되는 것이 아닌데, 익숙하지 않은 영어강의를 자랑삼아 홍보하는지 이해 할 수 없다. 속된말로 미국에서는 거지도 영어를 사용한다고 한다. 즉, 글로벌화의 중요한 핵심은 기술의 글로벌화에 있고 영어는 부수적인 수단에 해당하는데 주객이 전도된 형상이다. 둘째 기업에서는 30대 후반이나 40대 초반이 되면 왜 엔지니어로 계속 남아 있지 못하고 관리자가 되거나 회사를 나와 다른 업종으로 직업을 바꾸는지 참으로 안타까울 뿐이다. 뿐만 아니라 우리나라 교육에 염증을 느껴 자녀유학으로 시작된 가족 간 이별이 이민을 부추겨 엔지니어 탈출이 지속되고 있음에도 불구하고 새로운 인재육성만을 외친다. 셋째 "글로벌 인재 육성을 외치면서 글로벌화의 다양성은 왜 고려하지 못하는가?" 이는 우리 학문의 미국 편향성이 문제가 있다는 것이다. 국내 대학 해외박사의 90% 이상이 미국박사이며, 유학인구의 대부분이 영미권 국가라는 것은 대부분 아는 사실이다. 사실 필자가 있는 대학에서도 해외박사라면 거의 미국박사다. 이는 다양한 지식 및 사회문화적 교류차원에서 바람직하지 않다고 생각된다. 가능한 전 세계적으로 다양한 국가와 다양한 형태로 교류하는 것이 글로벌화의 다양성을 확보하고 국가의 산업 및 사회문화 경쟁력을 확보하는 길이라고 생각하기 때문이다.

4. 성공적인 대학운영의 조건

공과대학의 성공사례로 평가되고 있는 한국과학기술원6)과 포항공과대학7)의 성공비결은 몇 가지로 요약될 수 있다. **첫째 교수 대 학생비가 타 대학에서 비해 월등히 낮다는** 것이다(2006년 기준으로 과학원의 경우 1:16.8, 포항공대의 경우 1:6), 이러한 환경 구축을 위해 운영비를 국가 또는 민간설립자로부터 지속적으로 지원받고 있거나 재원이 마련되어 있다는 것이다. 둘째 연구와 교육이 동시에 이루어질 수 있는 학생수용공간이 충분하다(포항공대의 경우 1인당 118㎡)는 것이다. 셋째 기술개발을 위한 시설과 연구비가 비교적 충분(한국과학기술원의 경우, 교수 1인당 연구비 2.59억 원 -2005년 기준, 포항공대의 경우 5억 원-2006년 기준)하여 기술개발과 교육이 융화되어 최적의 교육효과를 얻을 수 있다는 것이다. 넷째 연구 또는 기업기반을 갖는 지역에 대학이 위치하고 있다는 것이다. 과학원의 경우에는 대덕연구단지가 있고, 포항공대의 경우에는 포항제철을 기반으로 하는 공업지역 내에 있어 연구 또는 산업화에 대한 연계 또는 지원의지가 항상 강력하다는 것이다. 다섯째 학생들이 교육에 집중할 수 있도록 학자금 지원, 생활비 지원,

---

6) http://www.kaist.ac.kr
7) http://www.postech.ac.kr

전원 기숙사생활, 병역면제 등과 같은 완벽한 학습환경조성이라는 것이다. 이러한 교육비용의 투여와 연구비가 투자되어 두 대학이 성공적인 교육모델로 회자될 수 있다고 생각한다.

특히, 해외의 성공사례로 자주 회자되고 있는 핀란드의 교육정책8)과 헬싱키공대 및 이노폴리과학단지를 예로 들어보자. 핀란드는 1999년 말 교육정책을 마련하면서 대학교육정책에 기술개발과 교육을 혼용하는 것을 명문화하고 있으며, 각 대학은 교육정책에 부응하여 기술개발과 교육이 일체화될 수 있는 환경 및 체계를 갖춰가고 있다. 즉, 대학주변에 기업이 집단화되도록 과학단지(Science Park)를 조성하고, 과학단지 내에 대학을 입주시켜 기업과 대학이 혼연일체가 되어 기술개발에 나서고 있으며, 기술개발을 통해서 교육이 이루어지는 기반을 갖추고 있다. 결과적으로 전술한 국내 대학의 성공사례로서 5가지 성공요인과 해외의 성공사례에서 배울 수 있는 다음 성공요인 2가지를 추가한다면, 국내 공과대학이 직면하고 있는 직접적인 문제에 대한 해답이 될 것으로 판단된다. 그 2가지는 첫째, 정부의 교육정책 및 기업정책에 있어서 그 중심에 항상 대학을 두고 있으며, 대학이 기업과 효과적으로 연계할 수 있도록 연계시스템을 확보하고 있다는 것이다. 즉, 과학단지라고 하는 연계공간과 공간 내에서의 충분한 연계활동을 위한 제도 및 지원을 갖추고 있다는 것이다. 둘째, 대학별 지역별로 특성화하여 집중적인 지원을 아끼지 않는 정부의 기술정책이라고 할 수 있다. 즉, 효과적인 기술정책 자체가 대학의 연구와 맞물려 효과적인 교육을

---

8) 핀란드 교육청, "핀란드의 고등교육정책", 2003

이루어내고 창업을 통한 지역산업의 발전과 국가의 산업경쟁력을 강화하고 있는 것이다.

5. 바람직한 혁신방향

　기업이 원하고, 사회가 원하며, 국가가 원하는 인재를 육성하기 위해서는 교육 전반적인 문제가 상호 어떻게 연계되어 있는지 고민하면서 해결방안을 도출할 필요가 있다. 본 절에서는 앞서 서술한 문제점들을 고려하여 우리가 어떻게 교육혁신을 이루어 갈 것인지 6가지 항목으로 제시하였다. 6가지 항목은 첫째 국가적으로 인적관리 시스템의 균형적 관리 필요, 둘째 입시제도의 자율화를 통한 대학의 특성화, 셋째 대학의 물리적 교육여건과 학생의 학업욕구를 충족시킬 수 있는 지속적인 지원방안마련, 넷째 교수사회의 혁신노력 가속화, 다섯째 산학협력 기반의 교육시스템 구축을 통하여 신산업 조류 대응, 여섯째 글로벌화의 다양성 확보 등이다.
　첫째 국가적으로 인적관리 시스템의 균형저 관리가 필요하다는 의미는 체계적 통계자료의 지속적인 구축이 필요하다는 의미이기도 하다. 현재 교육되고 있는 인재들의 산업별, 지역별, 수준별 분포는 어떠하고, 지역적인 산업수요의 변화는 어떻게 진행되고 있으며, 기술자, 엔지니어, 연구원 등 교육수준별 인적자원의 수요는 어떻게 관리해 나가야 하는지 종합적인 분석과 계획을 세우고 흔들림 없이 추진해 가야하는데 이러한 계획을 세우기에는 통계자료가 매우 부족하고 분석의 전문성도 떨어진다는 것을 느껴왔다. 이러한 문제점과 정책적 판단잘못으로 인해 공고의 부실화, 전문대의 입학자원 위기, 지방 대학원들의 연구력 상실, 기업의 생산 노동직 부족 등에 영향을 미쳐왔다고 생각한다.

둘째 입시제도의 자율화를 통한 대학의 특성화문제는 초중고 교육의 방법론과도 연계되어 있다고 판단된다. 대학입시제도에서 전 과목을 시험보기 때문에 전 과목을 공부해야 하고, 과목별 내신 성적을 단순히 몇 번의 시험으로 결정하다 보니 모든 과목을 과외로 학습하는 학생들이 생겨난 것이다. 만약 대학이 수학, 과학 등 중요과목에 비중을 두고 대학별 인재육성 목표에 맞게 인재평가요소를 가져가게 된다면 학생들의 학업부담은 경감될 것이고 개인은 다양성에 맞게 대학을 지원하게 될 것이다. 물론 유명대학을 가려고 재수, 삼수하는 학생들도 있겠지만 이는 유명대학을 졸업해야 대우받고 출세할 수 있다는 우리 사회 전체의 문제이기 때문에 사회문제는 또 다른 접근 방법으로 해결해 나가야 할 것이다.

셋째 대학의 물리적 교육여건과 학생의 학업욕구를 충족시킬 수 있는 지속적인 지원방안이 마련되어야 한다는 것은 학생들이 안전하고 충분하게 배울 수 있는 실습 및 연구공간이 확보되어야 하고 적절한 수준의 교수대 학생수비를 확보해 나가야 한다는 것이다. 특히 등록금 수입만으로 이를 해결할 수 없다는 것을 고려한다면 국가적으로 재원을 마련하거나 기부금 입학제도 등의 도입을 고려할 필요가 있다고 생각한다. 또한 학생들이 가정환경 때문에 학업을 못하거나 아르바이트를 하면서 학교 교육이 부실해 지는 것을 방지하기 위하여 장학금 제도와 대여제도의 획기적이 확대가 이루어져야 할 것이다.

넷째 교수사회의 혁신노력 가속화는 매우 중요하다고 생각한다. 대학의 제도나 교육 커리큘럼 개선, 기업과의 연계 등은 교수사회가 직접 하지 않으면 해결될 수 없는 일이다. 지금까지는 대학의 문제들이 철밥통을 지키고자 하는 보수적 교수사회 때문이라고 여겨져 왔다. 그러나 앞서 서술한 것처럼 교육 문제는 어느 하나가 지배적 요소로 작용한 것이 아니라 사회문화적인 측면을 포함한 종합적인 문제라는 것을 인정한다면 비난보다는 교수사회의 중심 위치를 인정하고 혁신을 가속화하도록 사기를 북돋우고 힘을 모아주어야 할 것이다.

다섯째 산학협력 기반의 교육 및 연구시스템 구축을 통하여 신산업 조류에 대응하자는 이야기는 이공계에 있어서 매우 중요한 의미를 지니고 있다. 특히 공대의 경우 산업화를 통한 영리 추구의 학문이라는 것을 인식한다면 글로벌 산업의 변화를 읽어내고 산업을 선도하기 위해서 산학이 협력할 수밖에 없는 것이다. 특히 산업의 급변에 맞춰 대학의 시설과 장비가 따라갈 수 없기 때문에 신산업에 있어서 산학협력 기반의 대학교육은 매우 중요한 문제인 것이다. 개인적으로 우리나라가 '97년 외환위기 체제로 들어가게 된 직접적인 원인은 국가 전체적인 경쟁력 약화에 있으나 엔지니어 입장에서는 선진국에 비해 낙후된 원천기술 분야의 과학기술력 및 세계적 경쟁력을 가지는 제품 개발 능력의 부족에도 일부 원인이 있었지 않나 생각된다. 우리나라 기업들이 선진국 및 특히 중국을 비롯한 후발 개발도상국과의 치열한 시장경쟁에서 생존하기 위해서는 기술 및 가격에서 세계적 경쟁력을 갖춰야 한다. 그러한 경쟁력을 갖추기 위하여 선진 외국에 비해 과학기술 분야의 인적 및 물적 자원이 매우 부족한 우리나라는 무엇보다도 효율적인 산·학·연 기술개발 체제를 구축함으로써, 과학기술의 연구개발 주체가 되는 대학 및 정부출연연구소들과 응용제품의 개발 및 판매를 수행하는 기업체와 유기적인 협력체제 구축으로 발전 지향적이고 기술혁신 기반을 위한 동반자 관계를 만들어갈 필요가 있는 것이다.

여섯째 글로벌화의 다양성 확보는 대학교원의 학위수여 국가의 다양화, 학생들의 해외유학국가 다양화와 국내로 유입되는 해외 학생들에 대한 교육환경 조성 등을 주장하고 싶다. 특히 미국 편향적으로 형성되어 있는 국내 인적 구조의 점진적 변화와 영어강의 위주로 편중되어 있는 대학의 글로벌화를 전공 교류를 중심으로 하는 다국적 교류증진 노력으로 전환시킬 필요가 있다고 판단된다.

최근 우리나라 선도 기업들은 창조적 인재 한명이 수십만 명을 먹여 살린다는 모토아래 창조적 인재를 구하기 위하여 전 세계의 인재들을 대상으로 리크루트하고 있다는 신문기사를 종종 접하곤 한다. 정부에서도 이러한 인재를 육성하기 위하여 다양한 정책들을 발표해 왔다. 물론 창조적 인재의 육성이 중요하다. 그러나 우리 사회는 창조적 인재만으로는 운영되지 않는다. 다종다양한 직업에서 다양한 수준의 인재들이 그 분야에서 제대로 역할을 해줄 때 창조적 인재도 빛을 발할 수 있다. 그래서 우리가 인재를 이야기할 때 특정분야의 인재만이 꼭 필요한 것처럼 강조하는 것은 바람직하지 않으며 다양성을 인정하고 조화로운 교육환경을 만들어가도록 노력해야 할 것이다.

제4장 산학협력의 유형과 바람직한 방향

1. 산학협력의 정의와 의의

　산학협력이란 이윤창출이 목적인 기업과 인재양성, 연구개발, 사회봉사를 목적으로 하는 대학이 장단기적인 기간 동안에 상호이익을 위하여 다양한 방법으로 협력하는 것을 의미한다. 보다 광의의 의미로는 연구기관의 범위를 확대하여 정부 또는 민간 출연 연구소와 지방 자치단체 및 중앙정부 등 산업정책을 주관하는 관련 정부기관까지를 포함하여 산학연관 협력이라는 용어를 사용하고 있다.

　우선 "산학협력이 왜 필요하고 중요한가?" 하는 질문에 대해서는 18세기 산업혁명이후로 급속하게 변화하고 있는 세계인구 및 경제규모의 성장과 과학기술발전에서 찾아볼 수 있다. 역사적으로 세계의 인구는 최근 200년 동안 기하급수적으로 증가해 왔으며 이들 세계인구가 생존하기 위한 식량과 생활용품 생산도 과학기술에 기반을 두고 발전하여 왔다. 특히 교통 및 통신수단의 발달과 교역의 증가로 각 나라들의 과학기술은 국가의 경쟁력으로 자리 잡게 되었고, 기술개발의 주축이 되는 기업과 이들 기업에 인재를 배출하는 대학의 관계는 매우 중요한 관계를 맺게 된 것이다. 특히, 최근에는 초기 인재양성에 초점이 맞춰져 있던 산학협력 관계가 기업의 미래 기술경쟁력 확보[1]를 위한 창의적인 인재양성, 첨단 원천기술 공동연구 등으로 이어지고 있다.

최근 세계시장의 동향을 살펴보면, 경제 전쟁을 연상시킬 수 있을 정도이다. 우리나라를 둘러싸고 일본, 중국, 러시아 등 동북아 국제정세를 중심으로 기술혁신의 중요성, 산학협력의 중요성을 살펴보도록 하자. 먼저, 제2의 GDP경제대국인 일본은 전통적으로 제조기술에 기반을 두고 세계시장을 선도하고 있으며, 최근 금융이 아닌 첨단생산제조기술을 바탕으로 제2의 국가도약을 천명한 바 있다. 중국은 전 세계상품을 제조하는 제조공장 역할로서 자리매김하고 있으며, 미국시장의 10%를 차지, 그리고 급성장하는 소비시장으로 세계 경제에 중요한 위치를 점하고 있다. 러시아는 세계 제3의 천연자원 보유국이자 세계 최고 수준의 과학기술수준을 보유하고 있고, 유럽과 동북아를 대륙간 철도로 연결하여 미래 교역의 연결매체역할이 예상된다. 이러한 상황 하에서 한국은 반도체·모바일·디스플레이·게임 등 역동적 제조기술기반의 글로벌 IT한국을 선도하고 있으며, 중국과 일본의 역사적 배경, 지역패권경쟁 등의 틈바구니에서 기술적 중간자의 위치, 유럽과 동북아의 대륙 간 연계 시 일본과의 연계정점 등 다양한 정책변화의 소용돌이에서도

---

[1] 과학기술정책연구원, "기업의 기술전략 변화와 정책시사점", 정책연구 2002-15

경제의 역동성은 강점이 되고 있다. 위협요인으로는 세계의 공장인 중국의 추격, 세계시장수요의 포화 등으로 인해 우리가 주력으로 삼고 있는 산업들의 시장수급상황이 만성적인 공급초과양상을 보이고 있다는 점이다. 이러한 와중에 중국은 78년 개방·개혁을 실시한 이후 연평균 9%이상의 성장을 해오고 있으며, 경제규모 또한 '01년에 세계 6위권인 1.2조불, '20년 기준으로는 약 5조불에 달할 것으로 전망되어 우리나라가 투자주도형 성장전략을 계속하는 것을 불가능하게 만들고 있다. 특히, 우리나라는 고급기술은 일본에 미치지 못하고, 생산제조 경쟁력은 중국에 추격을 당하는 중간자적 위치에 있어, 어느 때 보다도 혁신주도형 경제로의 전환이 요구되는 시기라고 할 수 있다. 그러나 중국의 등장은 세계시장에서의 경쟁자이면서 우리에게는 직접시장 또는 우회시장 창출의 기회요인으로도 작용하고 있다. 즉, 동북아 지역이 세계의 제조기지화가 피할 수 없는 대세임을 인식한다면, 일본·중국과 차별화한 우리나라만의 경제, 기술, 교육정책의 차별화가 요구되는 사항이다.

　이러한 동북아의 현실에서도 볼 수 있듯이 북미, 유럽 등 선진국도 이미 혁신주도형 경제로의 변환을 위하여 오래 전에 대학과 산업을 협력수준에서 벗어나 물리적으로 일체화하려는 전략을 추진하고 있으며, 이것은 기술혁신의 메카로서 대학의 역할과 산학협력의 중요성을 인식하고 있는 것이다. 스웨덴, 핀란드 등 선진 북유럽 강소국 사례[2]를 보자. 스웨덴의 왕립공대는 과학기술단지인 시스타 사이언스 파크 건설에, 살머시공과대학은 린드홀맨 사이언

---

[2] 최홍건·박상철, "2만불 시대의 기술혁신전략", 2003. 9, 도서출판 푸른사상

스 파크 건설에 참여하여 단지 내에 IT 대학을 설립하여 이전하였고, 핀란드 최대의 헬싱키공대(HUT)는 국립기술연구센터(VTT), 국립기술개발청(TEKES) 등과 협력하여 대학과 연구소의 창업기능을 최대한 활용한 오타니에미 사이언스 파크를 건설하는 등 적극적인 산학협력의 물리적 일체화를 시도하고 있다. 많은 사례보고로 잘 알려진 것처럼 미국의 스탠포드는 실리콘밸리 형성에 결정적 역할을 했으며, 지금도 대학 인근에 위치한 실리콘밸리와 연계하여 연구개발, 기술이전·사업화 프로그램을 적극적으로 추진하고 있다.

이와 같이 선진국의 대학은 논문을 위한 연구에서 시장을 선도하는 연구로, 지역적으로 구석진 골짜기에서 기업들이 모여 있는 산업현장으로, 대학의 넓은 땅을 창업공간으로 제공하여 국가 경제 발전의 견인차, 지역산업진흥의 선도자로서의 역할을 수행하고 있다. 즉, 선진국의 대학은 우리나라에서 호칭하는 교육중심, 연구중심대학만의 의미가 아니라 기업의 상품기술 혁신 선도대학, 지역산업발전 진흥대학이라는 산학협력의 핵심위치, 의미 있는 존재가 되었으며, 이러한 대학의 선도적 역할에 기업은 다양한 산학협력의 방법으로 적극적으로 호응하고 있는 것이다.

2. 산학협력의 개념

2.1 산학협력 총괄개략도 및 분류

가. 총괄개략도

산학협력을 분류하고 기술하는 방법에는 다양한 방법이 있으나 본 책에서는 교육, 연구, 기술이전·사업화, 창업, 과학단지조성, 산업클러스터로의 성장 등 대학이 모태가 되어 지역 산업단지로 성장해 가는 산업화과정 순서를 따라 기술하는 것으로 한다. <그림 4-2-1>은 핀란드 오타니에미 과학단지에서 창업지원 네트워크 모델로 최우수 평가를 받은 모델로서 전체 개략도를 국내사정에 맞게 수정하여 표시하였다.

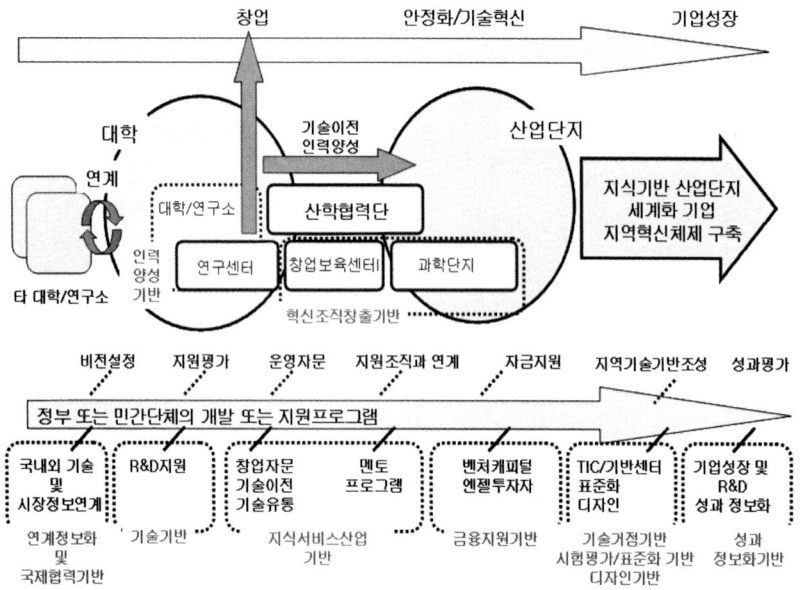

〈그림 4-2-1〉 창업 및 기업지원 네트워크 모델3)

위 모델은 대학을 혁신기술의 원천으로 판단하였으며, 대학에서 혁신 아이디어가 도출되고 이 기술이 발전되어 기업으로의 기술이전 또는 창업이라는 직접적인 사업화를 추진하는 과정에서 창업이 성공적으로 이루어지도록 각종 평가 및 지원제도를 대학에서부터 산업화 성공에 이르기까지 방법적인 면을 일관적으로 보여주고 있다.

그림의 왼쪽영역인 사업화의 초기단계는 국내외 학·연 또는 학·학 간에 시장 및 기술정보 등이 상호 연결되어 새로운 아이디

---

3) 산업자원부, "산업기술혁신 5개년 계획 - 기반조성 - ", 2003. 12.

어가 도출되는 단계를 그림으로 표시한 것이다. 도출된 아이디어는 대학의 연구시설을 기반으로 다양한 주체가 참여하는 연구과제로 수행되고 결과가 우수할 경우에는 기술이전 또는 담당 연구원이 창업하여 직접적인 사업화로의 절차를 밟아 가며, 창업에 참여하지 않는 인력은 고급 기술 인력으로서 기존 기업체에 취업하는 것을 보여주고 있다. 창업과정에서는 창업자문 등이 지원되기도 하고, 대학 내 창업보육센터 등을 활용하기도 한다.

창업기업이 보다 성장하여 규모가 커질 경우, 공간적으로는 과학단지(국내의 경우, 테크노파크와 유사한 의미임)로 옮겨갈 수 있고, 자금 측면에서는 벤처캐피털이나 엔젤투자 등 유치지원이 이루어질 수 있으며, 멘토 프로그램 등 경영자문도 이루어질 수 있음을 보여주고 있다. 그리고 창업초기부터 초기 사업화 성공에 이르는 시기까지는 디자인, 표준화, 시험평가 및 분석, 시작품제작 등 다양한 기업 간 연계 또는 지원기관으로 부터의 기술지원활동이 필요한 것으로 보고 있다. 기업이 더욱 성장하여 사업화 규모의 생산이 이루어지는 단계에서는 판로개척 등의 분야에서 협력이 요구되며 이후에는 국내뿐만 아니라 세계시장으로의 성장을 위하여 국제적인 측면에서의 지원활동이 요구된다고 하겠다.

위 과정의 진행 중에 대학과 기업 간의 연결고리 역할을 하는 것이 대학의 산학협력단이다. 산학협력단은 대학의 별도법인으로서 영리활동을 수행할 수 있는 특징[4][5]이 있다. 그러나 대학과 연결되

---

4) 교육인적자원부, "산학협력단 및 학교기업을 설치·운영하는 사립대학 기관의 효율적인 세무관리에 관한 연구", 2004.9., 정책연구과제 2004-지정-11
5) 교육인적자원부, "산학협력단 중심의 대학 산업재산권 관리 모델 개발 연구", 교육정책연구 2004-특-05

어 있다는 특성상 적극적인 영리활동은 어려운 것으로 판단된다. 다만, 대학 내 특허 및 기술의 이전, 창업보육센터 운영, 테크노파크 보육시설 운영, 대학부지 기업임대, 대학 내 교직원 및 학생창업에 투자 등 대학 및 법인의 안정적 유지에 영향을 미치지 않는 수익활동으로 국한하여 운영하고 있다. 그러나 이러한 영리활동 외에 대학과 기업을 다양한 방법으로 연결할 수 있도록 하는 대학의 창구역할이 더욱 중요한 활동이라고 판단된다. 기업이 기술자문을 받기 위하여 대학의 어떤 사람이 전문가인가 물어올 수 있고, 대학의 시설사용 및 시험분석평가를 의뢰하고자 하는 기업, 대학과 공동연구 또는 수탁연구를 의뢰하고자 하는 경우 등 다양한 접촉의뢰가 있을 수 있음으로 기업과 관련 교수를 원활하게 연결하는 중요한 기능이 산학협력단에 있는 것이다.

나. 산학협력의 분류

본 책에서는 앞서 기술한 것처럼 교육, 연구, 기술이전·사업화, 창업, 과학단지조성, 산업클러스터로의 성장 등 대학이 모태가 되어 지역 산업단지로 성장해 가는 산업화과정 순서를 고려하여 산학협력의 방법을 교육·인재양성, 기술지도·연구개발, 기술이전·사업화, 사회봉사·연계활동 등의 순서로 분류하고 세부적인 산학협력 활동을 대학측면과 기업측면으로 분류하여 기술하고자 한다.

〈표 4-2-1〉 산학협력의 분류

산학협력 유　　형	대학->기업	기업->대학
교　육 인재양성	학부·대학원 인재양성 위탁반 운영 주문식 교육과정 운영 최고경영자과정 기업인 재교육	현장실습·프로젝트 실습 인턴사원제도 겸임교수 CEO특강 교원 기업체 현장연수제도 교육과정 산업추세 반영 실험기자재 기부 장학금 기탁
기술지도 연구개발	기술지도 연구개발(공동, 위탁) 연구센터운영	연구개발(공동, 제작지원) 기업시설제공 연구개발비 지원
기술이전 사 업 화	기술이전(특허, 원천기술) 창업보육센터(BI) 임대운영 테크노파크(TP) 임대운영 대학부지 임대운영	기술료 지급 임대료 지급
사회봉사 연계활동	사회교육원 운영 　-어학, 번역지원 대학시설개방 기업지원센터(기술, 디자인, 경영) 　-지식서비스(특허, 논문, 기술자료 등) 　-시험평가·분석 　-시작품 제작 　-전시회·마케팅 활동 지원 　-포럼·교류회·세미나 개최 　-국제교류 과학단지조성(Science Park조성)	정보·시설사용료 지급 기부금 산업현황제공

<표 4-2-1>에서 분류한 것처럼 교육·인재양성 영역에서는

대학이 기업에 도움을 주는 산학협력 세부 유형으로 대학 본연의 모습인 학부 및 대학원생의 배출로 인한 취업이 있다. 이것은 모든 산학협력에 있어서 가장 중요한 역할이라고 판단되며, 절대 소홀이 되어서는 안 된다고 생각한다. 그 외에 대학이 기업에 도움을 주는 산학협력 세부 유형으로 기업인들을 대상으로 하는 정규교육과정인 위탁반 운영, 비정규 교육과정인 기업인재교육, 기업 경영인들을 대상으로 한 최고경영자과정 등 다양한 프로그램을 운영하고 있다. 기업이 대학에 도움을 주는 산학협력 세부유형으로는 대학의 학부학생을 기업에서 실무 교육하는 현장실습·프로젝트 실습, 인턴사원제도 등이 있으며, 기업 전문가가 대학에 직접 출강하는 방법으로 겸임교수, CEO특강 등이 있다. 이외에도 실무 경험이 부족하거나 새로운 산업추세를 반영하기 위하여 기업에 단기간 근무하는 교원 기업연수 제도 등이 있다. 그리고 실험기자재 기부나 장학금 기탁과 같은 물질적인 도움 외에 대학의 교과과정이 산업추세를 잘 반영하고 있는지 의견을 반영하는 방법 등이 있다.

기술지도·연구개발 영역에서는 대학이 기업에 도움을 주는 산학협력 세부 유형으로 기술지도, 공동연구, 연구센터 운영 등이 있으며, 기업이 대학에 도움을 주는 산학협력 세부유형으로는 연구개발비 지원, 연구개발 제작지원, 공동연구개발, 기업의 시설 공동 활용 등이 이루어지고 있다.

기술이전·사업화 영역에서는 대학이 기업에 도움을 주는 산학협력 세부 유형으로 대학이 보유한 특허나 원천기술을 기술이전하거나 창업보육센터, 테크노파크 등의 공간임대, 대학부지 등의 제공 등이 있다. 기업이 대학에 도움을 주는 유형으로는 기술이전에 대한 기술료 지급, 공간사용에 대한 임대료 지급 등이 있다.

사회봉사·연계활동 영역에서는 대학이 기업에 도움을 주는 산학협력 세부 유형으로 대학이 보유하고 있는 도서관, 체육관, 강당 등의 시설활용 외에 보통 어학원으로 많이 알려져 있는 사회교육원 운영 등이 있으며, 최근 정부사업으로 통하여 많이 활성화 되어 있는 기업지원센터 등이 그것이다. 기업지원센터는 기술, 디자인, 경영 등 다양한 영역에서 기술정보 제공, 시험평가·분석, 시작품 제작, 판촉활동지원, 기술교류, 국제교류 등이 이루어지고 있다.

2.2 유형별 산학협력 개요 및 개선점

"이공계 대학에서 산학협력은 필요한가?"라는 질문에 대한 답은 "그렇다"이다. 순수과학의 경우는 학문적 연구만으로도 충분한 가치가 있지만 엔지니어를 양성하는 공과대학은 가치창출 즉, 경제성을 떠나서는 존재할 수 없다고 생각된다. 인재양성의 목적이 인류의 삶에 기여하는 방법과 경제적 이익을 창출할 수 있는 자질을 가르치는 것이기 때문이다. 따라서 공과대학은 급변하는 산업추세를 적절하게 반영할 수 있어야 하고, 지속적인 사회기여를 만들어내야 하기 때문이다. 이러한 활동을 위하여 산업계와 다양한 방법으로 연계(또는 네트워크)를 형성해왔으며 우리는 이것을 산학협력이라고 총칭한다. 산학협력의 다양한 활동으로는 교육수요조사, 학생 프로젝트 실습·교원 산업체연수·기업인 겸임교수 참여 등의 인적자원교류, 위탁·공동연구, 물적자원 공동활용, 신기술 세미나·포럼 등이 있으며, 대학의 가장 적극적인 산학협력으로는 창업·창업보육센터 운영과 과학기술단지(Science Park) 조성이 있다. 본 장에서는 산학협력의 다양한 활동과 개선점, 바람직한 운영 방안에 대하여 산학협력 세부 유형별로 기술하였다.

가. 교육·인재양성

참여정부 초기에 기업의 현장수요를 반영한 인재를 양성하기 위한 방안으로 신산학협력이라는 제목의 대학 산학협력 증진 정책 방안이 마련된 바 있다. 정부에서는 각종 지원 사업을 만들어냈으며 각 대학들은 사업에 선정되기 위하여 다양한 아이디와 내용을 사업계획서에 담았다. 이들 내용에는 수요자 맞춤형 교육이라는 용어를 많이 사용하였다. 산기대의 경우도 그러한 사업을 수행하기 위하여 사업계획서를 제출한 적이 있다. 그리고 유사한 사업의 다양한 평가에도 참여한 바 있다. 그러나 그때 느낀 것은 같은 용어이지만 많은 사람들이 다르게 의미를 부여하는 것을 보고 나름대로 정리할 필요를 느꼈다. 본 내용은 그 당시 정리하여 두었던 내용을 보완한 것이다. 우선 수요자 맞춤형 교육에서 수요자란 "학생과 기업"을 의미한다는 것은 대부분 공감할 것이다. 즉, 대학은 교육 수요자인 학생에게 올바른 교육과 필요한 지식을 효율적으로 전달하고 완전하게 습득하도록 끊임없이 노력하여야 한다는 것이다. 또한, 교육받은 학생이 졸업 후, 취업하게 될 기업에서 기업이 원하는 활동을 원활하게 하도록 미리 기업이 원하는 인재 상을 파악하여 교육과정에 이식한다는 것을 말한다.

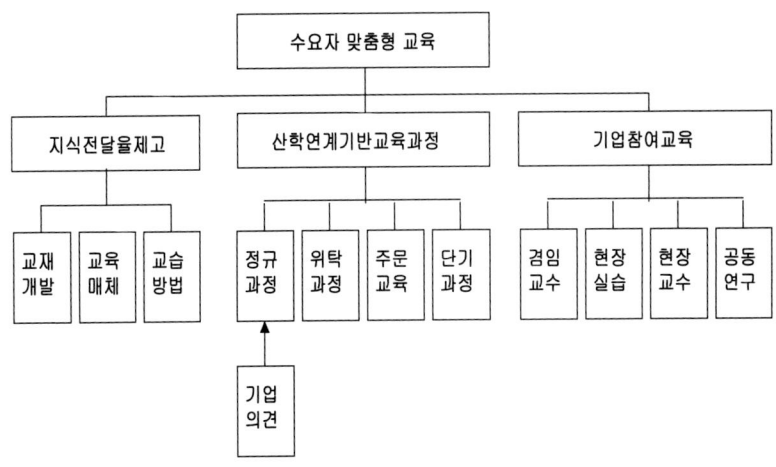

〈그림 4-2-2〉 수요자 맞춤형 교육의 개략도

    이와 같이 수요자 맞춤형교육을 효과적으로 수행하기 위해서는 전체적으로 지식전달율 제고, 산학협력기반 교육과정 도입, 기업참여교육 등의 3가지 부분으로 나누어 볼 수 있다. 첫째, 지식전달율 제고는 학생들에게 가장 중요한 부분 중의 하나로 볼 수 있다. 즉, 수요자인 학생들에게 있어 중요한 것은 가장 최근의 지식을 그리고 지역산업체가 필요로 하는 지식을 100%전달 받도록 하는 것이며, 이것은 교육교재, 교육매체, 교수법에 의하여 결정되어질 수 있다. 특히, 아무리 지식적으로 훌륭한 교수라고 해도 교수법에 문제가 있는 경우에는 학생들에게 도움이 되지 못하기 때문에 "강의평가제도" 등을 통하여 이를 피드백 할 수 있는 기회가 필요한 것이다. 또한, 교육매체에 있어서 최근에는 지식전달의 체감도를 높이기 이하여 OHP, 빔 프로젝터, 영상미디어의 사용, Case Study 프로그램, 과제발표 등 다양한 방법을 활용함은 물론, 강의실내의 교육 외에 도제식교육의 하나로 볼 수 있는 팀워크 기반의 Capstone Design, 졸업작품제도, 졸업작품전시회 등을 통하여 지식전달을 효과적이고 종합적으로 완성하려고 시도하고 있다. 그러나 무엇보다도 가장 중요한 것은 현재의 산업추세를 반영(기업의견 수렴)한 교과목의 선택과 적절한 교재를 선택 또는 개발하여 교육의 효율성을 높이는 것이라고 할 수 있다. 교육의 주체인 대학교수의 노력과 대학당국의 지원활동이 필요한 영역이라고 판단된다.

수요자 맞춤형 교육에서 산학 간 연계기반의 교육은 현장과 밀접하게 연결된 영역이라고 할 수 있다. 즉, 기업이 자신의 회사원을 위탁하여 수업이 이루어지는 "위탁교육"과 기존 학부학생들에게 자신의 회사 취업을 약속하며 특별한 교육과정을 이수시키는 "주문식교육"은 이러한 회사사정을 고려하여 특별한 과정으로 교육되어야 하며 전적으로 산업체 수요를 반영한 교육이라고 할 수 있다. 특히, 학위와 관계없이 이루어지는 "기업인 재교육" 단기교육과정은 그때그때 산업추세를 반영하는 것이라고 볼 수 있는데, 이 과정은 다시 두 가지 형태로 나누어 볼 수 있다. 하나는 정규과정에서 배울 수 없는 가장 최근의 기술 또는 특정기술이며, 또 하나는 예전에 없었던 교육프로그램이지만 최근에는 대학에서 일반화되어진 내용을 현재, 기업인에게 제공하는 교육프로그램일 것이다.

우리나라의 대학교육의 문제점중 하나는 많은 수의 대학교수가 기업경험이 없다는 것에 있다. 그리고 기업경험이 있다고 하더라도 시간이 오래 지나다 보면, 최근 산업흐름에 뒤떨어지기 마련이다. 이러한 문제를 해결하기 위하여 교수의 기업체 "현장연수제도"를 교육인적자원부에서 시행하고 있으나 소수에 그치고 있다. 따라서 직접적인 기업인 참여가 중요한 해결방안이 될 수 있는데 현재는 기업 대표이사 또는 경영진 수준에서 CEO특강이나 겸임교수제도 등을 통하여 이루어지고 있다. 그렇지만 실제 전문 엔지니어가 참여 하는 데는 다소 문제가 있을 수 있다. 기업인이 4개월 정도 소요되는 한 학기동안 매주 강의에 참여하는 데는 시간적 문제가 많으므로, 학기 중이라도 단기간 집중교육에 대한 학점허용 등을 통하여 정말 그 분야의 기술 전문가가 교육에 참여할 수 있는 제도가 도입되어야 할 것이다. 그리고 또 하나 기업참여교육 방법은 현장실습(현장실습은 다소 차이는 있으나 샌드위치제도, 인턴사원제도 등으로 불리기도 함)이 있는데, 이는 고학년이 될 수록 도움이 될 수 있으나 전공에 익숙하지 않은 저학년이 듣게 될 경우 오히려 회사에 폐를 끼치게 되거나 단순한 잡무만 하다보면 학생들의 학습효과 저해뿐만 아니라 이공계에 대한 이미지 악화를 불러올 수 있음으로 조심해서 추진할 필요가 있다고 판단된다. 특히, 대학은 현장실습을 나가는 회사에 대한 구체적인 정보와 학생들이 다녀온 후 교육효과 등을 조사하여 지속적인 현장실습 기업으로 고려하여야 할지 결정하는 과정이 필요하다. 다른 하나의 기업참여 교육제도는 산학연구과제에 학생이 직접 참여하는 것으로 기존에 대학원과정에서는 많이 이루어지고 있으나 학부과정은 이러한 경험을 갖기가 어렵게 되어 있다. 다시 말해서 가장 효과적인 학부교육은 정규과정 외에 대학 내 연구공간에서 대학원생과 같이 산학공동연구과제에 참여하여, 정규강의 외 시간에 과외활동을 효과적으로 활용하여야 하며, 이를 기반으로 테마를 갖고 수시로 기업의 현장을 방문하는 등 체계적인 현장학습과정 등 지도교수와 기업인이 공동 참여하는 공학교육지도가 참 공학교육모델이라고 판단된다.

나. 기술지도 · 연구개발

광의의 의미에서 기술지도라고 하면, 기술관련 전문가가 기업의 제조공정, 또는 상품의 문제점 등에 대하여 의견을 개진하거나 해결점을 찾아주고 기업은 이 활동에 대한 대가를 지불하는 일련의 과정이라고 할 수 있다. 그러나 국내에서는 중소기업청이 수행한 정책프로그램으로 인식되고 있는 것이 일반적이다. 중소기업청에서는 기업이 기술지도를 받고자 하는 전문가를 지정 또는 지정하지 않은 상태로 중소기업청에 의뢰서를 제출하고, 심사하여 지원이 결정되면, 지정한 전문가 또는 전문가를 지정하여 기술지도를 의뢰하고 기술지도 완료 시 기업이 25%, 정부가 75%의 비용을 전문가에게 지원하는 프로그램이다. 보통 10일, 15일, 20일 정도(1개월을 넘지 않는 것이 통념, 일비는 8시간 지도 기준 15만원 수준)의 단기간 지원으로 일비개념 지원에 해당한다. 최근에는 대학에 일정 비용을 지원하여 대학 스스로가 기술지도 아이템을 발굴하고 지원하도록 하는 위탁사업 개념을 도입하고 있다. 이 정책 프로그램과 관계없이 각 대학별로 기업의 애로기술을 무료로 상담해 주는 사업을 추진하고 있는데 중소기업청의 기술지도 사업과 구별하여 애로기술지도 등으로 표현하기도 하고, 기업이 정부 기술지도 사업과 관계없이 6개월 이내, 일정금액(산기대의 경우, 500만원 이내) 이내의 사업을 기술지도라고 정의하기도 하나 대부분의 경우에는 기술지도 일지를 작성하여 제출하는가 하지 않는가에 따라 기술지도와 연구개발과제로 구별한다.

본 사업은 중소기업의 기술적 문제를 단기간에 지원해 준다는 장점 때문에 많은 기업들이 애용해 왔으며, 지원 전문가와 기업의 반응도 긍정적이다. 그러나 기술지원 의뢰서 작성 후 지원결정까지의 소요시간이 다소 길어 단기지원사업의 성격상 문제점으로 지적될 수 있다. 가능한 1주 이내에 결정이 되어 사업지원이 이루어질 필요가 있다. 또한, 지원사업의 성격상 일비 성격으로 지불되고 기술일지를 작성하게 되어 있으며, 기술일지에 매번 기업체 사인을 받게 되어 있다. 특히 주말이나 휴일, 대학 교수의 경우 강의시간이 있는 날에 기술지도가 이루어진 것으로 된 경우에는 기술지도를 인정하지 않는 등 지도비용의 저렴함에 비하여 감사에 대비한 정부 행정 처리의 과도함은 전문가 기술가치의 중요성이나 기업의 기술해결 시급함과는 거리가 있는 등 기술지도의 근본 취지와는 무관하게 느끼는 행정처리라고 지적되고 있다.

연구개발은 다양한 형태로 분류될 수 있다. 기술의 상품성에 따라 기초과학연구와 사업화 과제연구로 나눌 수 있으며, 기간에 따라 단기, 중기, 장기과제 등으로도 나눌 수도 있고, 연구자 또는 연구기관의 숫자에 따라 단독과제, 공동연구과제 등으로도 나눌 수 있다. 재원출처에 따라 기업수탁과제와 정부출연과제 등으로 나뉠 수 있고, 대형 연구사업의 경우, 연구기반 성격보유 여부에 따라 연구센터와 연구단 등의 구분도 가능하다.

상품화 진행단계에 따른 분류에서 가장 초보단계는 성공이 불확실한 물리학이나 화학 등 분야의 미래지향적인 연구를 의미한다.

보통의 경우, 기초과학자들에게 소액으로 탐색연구비를 지원하거나, 보다 연구결과를 현실화시켜 나가는 목적지향형 사업 등이 이에 해당하며, 인류의 미래 생존을 위하여 대규모로 투자하는 선도기술개발 사업은 기반성격을 포함한 지원 사업으로 수행되어지는 경우가 많다. 상품화 진행 중간단계는 공학대학 관계자가 가지고 있는 기술과 아이디어를 복합하여 상품화 가능성을 보여주고, 이후에 사업화 단계로 넘어가도록 유도하는 연구과제 유형이 있다. 상품화 최종단계의 연구는 기업이 제안하는 과제가 대부분으로 기존 제품을 업그레이드 하거나, 시장이 이미 형성되어 있는 분야에 새로운 아이디어로 경쟁 가능한 신제품을 출시하기 위하여 진행하는 연구유형이다.

〈표 4-2-2〉 연구개발과제의 분류와 유형

분류기준	세부유형
상품화 진행단계	기초과학 연구
	사업화 과제 연구
사업기간	단기연구(1년~3년)
	중기연구(4년~5년)
	장기연구(6년 이상)
연구참여 기관수	단독연구
	공동연구
재원출처	기업수탁연구
	정부출연연구
기반성격유무	연구센터
	연구단

사업기간에 따른 연구유형은 단기, 중기, 장기연구 등으로 분류할 수 있고 단기 연구과제는 보통 1년에서 최장 3년까지를, 중기 연구과제는 4년에서 5년까지를, 장기 연구과제는 6년 이상을 의미하고 있다. 보통 1년 정도의 단기과제는 기초과학연구의 탐색연구, 소규모 상품화 과제 등에 적용되며 소규모 상품화 정부출연 정책과제로는 중소기업청에서 주관하고 있는 중소기업 기술혁신사업이나 산학연컨소시엄 사업 등이 이에 해당한다. 4~5년 정도의 중기 과제는 대개 2년 또는 3년을 1단계로 하고 나머지 잔여기간을 2단계로 하여 기업 간, 산학연간 공동연구를 수행하는 기술융합형 연구가 일반적이다. 관련 정책과제로는 산업자원부에서 지원하고 있는 중기거점사업이 있다. 장기연구는 6년 이상의 연구로서 미래지향적 테마를 대상으로 기초원천기술에서 사업화 기술개발까지를 수행하는 연구 사업이다. 대개의 경우 정부의 재원출연으로 시행되며 7년~10년 정도의 기간으로 연구개발이 추진되고 있다.

연구 참여 기관수에 따른 연구유형은 단독연구와 공동연구로 분류될 수 있다. 일반적으로 연구내용의 규모가 크거나 기술융합형의 연구가 요구될 때 공동연구가 이루어진다.

재원출처에 따른 연구유형은 기업의 필요에 의하여 기업이 전액 부담하는 기업수탁연구와 정부가 많은 비중을 출연하는 정부출연연구가 있다.

기반성격 유무에 따른 연구유형은 연구의 진행과정에 고가의 시설투자가 요구되는 경우 시설투자비와 연구수행비용을 복합적으로 산정하여 투자하는 경우를 연구센터 사업이라고 하고, 고가의 시설투자 없이 다양한 연구테마에 대규모의 연구원들이 참여하여 기술융합 연구를 수행하는 경우를 연구단 사업이라고 한다.

국내 연구 활동의 문제점 및 개선점으로는 **첫째 기업의 수탁의뢰가 턱없이 부족하다는 것이다.** 대기업은 대학에 의뢰하지 않고도 충분한 연구능력을 갖고 있어 연구의뢰 가능성이 낮고 국내 중소기업은 경제규모가 영세하여 고액의 연구비 출연 가능성이 낮다는 것이다. 특히 대기업의 경우 연구를 의뢰하는 대상 대학이 상위 몇 개에 국한되어 있고, 연구결과보다는 인재유치를 위한 사전포석에 가깝다고 볼 수 있다. 반면에 중소기업의 경우 연구를 의뢰하고자 할 때는 적은 금액으로 결과가 확실하게 나오는 것을 전제로 하거나, 단기간 연구로 연구결과가 사업과 직결되기를 원하는 경우가 많아 대학에서 부담스러워 하기도 하고 논문작성을 위한 내용으로는 부적합한 경우가 많아 꺼리는 경우도 많은 것으로 알려져 있다. 설사 연구가 진행되었다 하더라도 많은 경우에는 중소기업의 기술 습득 역량이 부족하여 연구결과를 제대로 기업 내로 흡수하지 못하는 사례도 빈번하며 일부의 경우 코스닥 상장을 위한 회사 이력 관리 정도로 활용하기도 한다.

둘째 한정된 정부출연 연구비와 정책 프로그램의 빈번한 변화를 들 수 있다. 기업의 수탁연구 의뢰가 제한되어 있다 보니 대학이나 연구소의 연구자들은 정부출연 연구비에 기댈 수밖에 없는데, 연구자의 규모에 비하여 재원이 현실적으로 작다는 것이다. 특히 정부의 재원은 연구 사업별로 예산이 책정되는데 매년 증가하는 것이 아니라 고정되어 있거나 다른 사업의 출현으로 총예산이 삭감되는 등 사업의 존폐가 빈번하다는데 있다. 빈번한 사업의 변화로 인하여 연구자들이 연구과제 탐색 및 기획에 많은 시간을 소모하는 것도 큰 문제로 지적될 수 있다. 특히 최근에는 대형과제의 출현으로 연구 참여의 기회가 점점 줄어드는 상황이다.

셋째 연구재원의 과학기술 분야별 균형배분과 연구자의 전문화가 필요하다는 것이다. 대부분의 경우 연구자들은 시대적 조류를 쫓아 연구재원이 많은 분야로 연구를 옮겨가는 경향이 있다. 이것은 연구자 자신의 연구를 위하여 어쩔 수 없는 상황이라고 볼 수 있지만 국가적으로는 낭비가 아닐 수 없다. 연구자들의 연구깊이가 낮고 소외분야의 기술은 답보상태가 되는 등 산업의 불균형, 기술의 불균형을 초래하기 때문이다. 산업적으로 보면 시장은 다소 작다고 하더라도 세계시장을 석권하는 산업이 있고, 낙후 산업으로 인식되어 소외되어 있다가 새로운 소재의 개발 등 기술혁신으로 새로운 시장이 형성되어 막대한 매출을 얻는 등 다양한 산업화의 길을 생각한다면 국가 연구정책의 균형적 운영이나 연구자의 연구전문화는 반드시 확보될 필요가 있다고 판단된다.

넷째 중소기업에 대한 연구비 지원 시 기업의 성장단계별 지원전략[6]이 필요하다는 것이다. 보통의 경우 기업에 대한 연구비 지원시 기업규모와 연구비 규모를 연계하는 규정은 따로 없다. 그리고 국내의 경우는 어느 정도 수준의 기업이 연구비를 지원받았을 때 경제적 성과가 좋다는 통계데이터도 없다. 그러나 북유럽 사례에 의하면 매출액이 일정 규모의 경우에 연구비를 지원받았을 때 경제적 성과가 좋다는 데이터를 기준으로 기업선정을 고려하고 있

---

[6] 박철우 외, "R&D 투자효율화를 위한 성과지표 개발", 2004.4, 한국산업기술평가원

다는 자료가 있다. 우리나라의 경우도 필자에 의하여 기업의 성장과 R&D지원체계를 연계하여 기술혁신기업을 선별하여 지원할 수 있도록 하는 제도를 도입하자고 제안한 바 있다. <그림 4-2-3>은 정부 R&D자금의 집행 전략도를 개괄적으로 표현한 것이다.

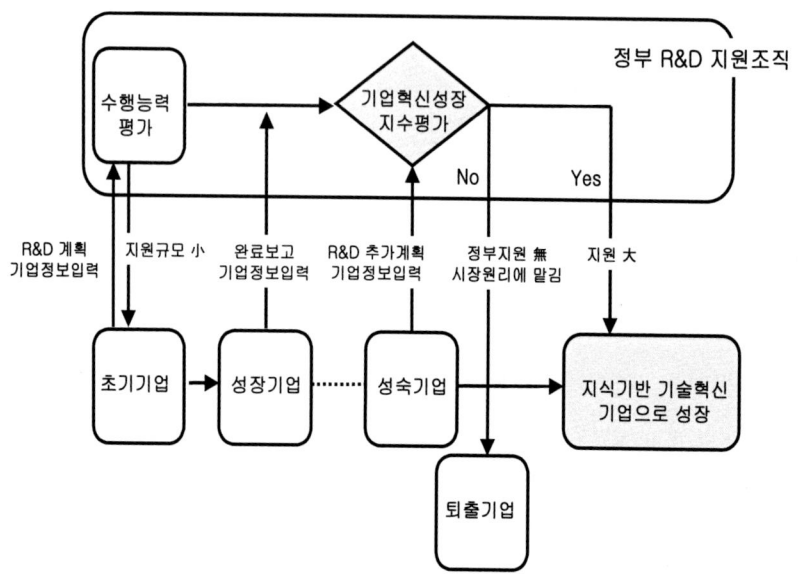

〈그림 4-2-3 〉 정부 R&D자금의 집행 전략도

다섯째 정부 연구사업의 재원·운영 통합 관리시스템 도입이 요구되어진다. 정부 연구비 예산의 경우 중앙정부의 담당부서에 따라 개별 취합하여 부처별로 집계하는 형태를 취하고 있다. 그리고 신사업의 개발 및 예산의 확보가 개인의 평가기준이 되어 진급에 영향을 미치는 등 소관업무 위주에 관심을 갖다보니 산업간 배려,

사업간 연계, 기존 사업의 운영미숙 개선 등 통합적인 고뇌와 고찰이 미진한 것이 현실이다. 이를 개선하기 위하여 과학기술부에 기술혁신본부를 신설하고 재원·운영 통합 관리시스템을 도입하고 있으나 대형사업의 예산위주로 운영이 될 뿐 실제 연구 활동에 대한 직접적인 고려는 더욱 어려워진 것이 문제로 지적될 수 있다.

여섯째 정부 연구사업의 실패사례에 대한 소개와 바람직한 연구운영 방법 등 연구자 편의 증진 및 연구자에 대한 사기진작과 격려가 필요하다. 많은 연구수행자들이 겪는 어려움 중의 하나는 규정에 맞지 않게 사용된 예산을 회수당하는 경우이다. 보통의 경우 연구책임자 등 대학교수의 경우 연구비 예산에서 인건비도 지불받지 않는 상황에서 그러한 처방을 받으면 황당하기 그지없다. 물론 연구비를 규정에 맞게 사용하는 것이 우선되어야 하겠지만 많은 사람들이 겪는 사례라면 왜 그러한 일이 생기는지 규정을 보다 세밀하게 보완하거나 실패사례를 책자로 작성하여 홍보하는 등 연구자에게 불이익이 돌아가지 않도록 세심하게 노력할 필요가 있다는 것이다. 실제로 연구자들을 우리나라의 과학기술과 경제증진에 앞장서고 있는 전사이며 이들을 위한 세심한 배려가 필요하다는 생각을 가졌으면 한다. 필자 역시 연구자중 한 사람이지만 현재 가지고 있는 생각은 국가 경쟁개발의 주역이라는 생각보다는 국가 연구비를 축내는 잠재적 범죄자, 미래의 감사대상으로 전락할까봐 걱정하는 소심한 엔지니어에 불과한 것이다.

일곱째 정부 연구비 지원 방법이 행정편의적인 측면이 있다는 것이다. 대개의 경우 연구비는 사업기간 총 금액을 한꺼번에 지불하는 것이 아니라 1년 단위로 지급되고 있다. 그런데 보고서는 마감일 전 1달 전에 보고하게끔 되어 있고, 다음 해 연구비는 차년 시작일로부터 1개월에서 3개월은 되어야 지급되고 있다. 어떤 경우에는 6개월까지 지연되는 것을 본 적이 있다. 이렇게 항상 몇 개월의 연구비 공백이 발생하는 것이다. 이는 정부의 예산집행과도 관계가 있고 평가나 협약에 따른 서류처리 관계도 있다. 그러나 이러한 연구비 공백의 중요한 요인은 예산처리 감사에 필요한 서류절차를 위한 것이라고 밖에 볼 수 없을 것 같다. 우리는 서로에게 너무나 신뢰감이 적은 것 같다. 목표로 하는 일의 성공여부 보다는 마지막에 예산집행의 완벽성이 더욱 요구되는 사회이기 때문일 것이다.

다. 기술이전·사업화[7][8]

세계적으로 기술사업화가 기업과 국가경쟁력을 좌우하는 기술혁신의 중요한 요소로 평가되는 가운데 기술이전·거래 및 사업화에 대한 일반인의 관심도 점차 증가하고 있다. 국내에서도 기술이전촉진법의 제정 이후 많은 대학 및 연구소가 기술이전을 주요업무로 인식하기 시작하였으며 기술거래 및 평가를 주된 비즈니스로 취급하는 민간기술거래기관 및 기술거래사도 다수 탄생하였다. 또한, 정부는 기술사업화와 관련된 제도개선과 함께 다양한 지원 프로그램을 개발하여 공급하고 있다. 그러나 이러한 중요성 인식에도 불구하고 아직까지 우리의 대학 및 연구소는 연구성과에 대한 지

---

[7] 국가균형발전위원회, "혁신의 선순환구조 형성방안", 2004. 12.
[8] 국가균형발전위원회, "혁신 주도형 경제발전 모델에 관한 연구", 2004. 12.

적재산권 확보, 보유 지적재산권의 산업계 이전 및 창업, 기술료의 수입과 관리 등 기술이전활동이 부진한 실정이다. 또한 기업은 정부의 기술개발 지원시책 등에 힘입어 기술개발 능력은 많이 향상되었으나 개발된 기술의 활용 및 필요기술의 외부조달에 대한 인식은 다소 부족한 실정이다. 한편, 민간 기술거래기관들은 기술거래만으로는 회사의 경영이 곤란하다는 판단아래 기술의 중개·알선에 다소 소극적인 자세를 보이는 가운데 시장이 확대되기를 기대하고 있었다.

교육인적자원부에서는 이러한 시장의 흐름에 발맞춰 대학의 연구 활동을 통해 얻어진 성과물을 산업계로 원활히 이전하기 위하여 각종 제도 및 법령 정비작업을 추진하였다. 그 결과, 2003년 4월 27일 '산업교육진흥 및 산학협력촉진에 관한 법률'이 개정되었고, 2003년 하반기부터 2004년에 이르기까지 전문대학을 포함한 전국의 국공립 대학 및 사립대학에 산학협력단(법인)이 설립되기에 이르렀다. 뿐만 아니라 정부 각 부처에서 산학협력의 중요성을 인식하고 산학협력 촉진을 위한 여러 가지 정책을 시행하고 있지만, 관련기관들이 각자 제 역할을 수행하기까지는 상당한 시간이 소요될 것으로 생각된다. 즉, 지적재산권과 관련된 산학협력에 대한 운영방법, 운영규정, 운영세칙 등의 확립이 미진하여 직무발명, 보상기준, 권리배분, 이전경비, 양성화 등에 대한 표준화된 기준을 마련한 대학이 많지 않다. 특히 이러한 사안은 서로간의 이해관계가 첨예하게 대립되는 부분이라 사례마다 경우의 수가 너무 많고 입장이 서로 달라서 분쟁의 소지가 늘 내포되어 있다. 따라서 이러한 분쟁의 소지를 없애고, 설립되어진 산학협력단의 적극적 활동을 통한 산학협력 활동촉진을 위하여 특허·기술이전·사업화에 대한 정량적인 내부규정 제정이 필요하고 일부 국립대학들이 나서서 이러한 권리규정9)을 연구한 바 있다.

실제 기술거래란 특허, 실용신안, 의장, 반도체배치설계, 기술이 집적된 자본재, 소프트웨어, 제조비법, 노하우 등 지적재산인 기술이 양도, 실시권 허여, 기술지도 등의 방법을 통하여 기술보유자와 수요자간에 거래되는 행위를 말하는 것으로 상식적으로 알고 있는 것보다 다양하다. 기술거래에는 기술매매, 라이센싱, M&A 등의 방식이 있는데 이들의 특징은 다음과 같다. 먼저 기술매매는 기술의 포괄적 지배권을 대가를 받고 매입자에게 양도하는 방식으로 기술의 보유자가 직접 사업화하기 곤란하거나 실시권의 허여역량 부족, R&D비용을 조기에 회수하고자 하는 경우에 적합하다. 라이센싱은 기술의 소유권은 유지하되 타인에게 일정한 조건으로 기술의 실시와 사용을 허락하는 방식으로써 전용실시권, 통상실시권, 상호실시권, 재실시권으로 구분된다. M&A는 기술, 인력, 관련설비 및 기타 자산을 일괄 매매하는 방식으로 기술개발속도 또는 기술변화의 정도가 빠르거나 제품수명주기가 짧아 신속한 대응이 필요한 경우에 적합하다. 그리고 마지막으로 기술을 자본, 경영, 노하우 등과 함께 이전하는 방식이 있는데 이는 기술수요자의 기술소화 능력이 부족하거나 고도의 첨단기술일 경우에 주로 채택한다. 이상과 같은 기술거래는 복잡한 과정과 절차를 통해 이루어지는 작업으로 고도의 전문적인 지식을 요구한다. 기술공급자는 본인의 기술이 적절한 대

---

9) 교육인적자원부, "산학협력단 중심의 대학 산업재산권 관리 모델 개발 연구", 교육정책연구 2004-특-05

가를 받고 이전될 수 있도록 기술가치를 평가하고 기술의 수요자를 탐색하는 등의 노력이 필요하다. 반면 기술수요자는 기술도입의 필요성 분석, 기술사업화 전략의 수립, 도입한 기술의 권리확보 등에 신중을 기하여야 한다.

이러한 복잡한 기술거래 과정 때문에 일부에서는 기술이전·사업화의 가장 빠른 방법은 창업이라고 말하기도 한다. 대학이나 연구소의 담당 연구자가 연구결과를 직접 사업화하는 과정인 것이다. 초기에 창업아이템을 기반으로 사업을 기획하고 나면 이를 실현할 수 있는 공간문제가 닥친다. 사실 단순한 공간문제가 아니라 연구개발을 위한 시설이나 사업화를 위한 자문 등도 함께 필요하게 된다. 이러한 문제 때문에 중소기업청에서는 대학이나 연구소에 창업보육센터(Business Incubator) 건축비를 지원하고 창업기업이 입주할 수 있도록 지원해 왔다. 이는 도움이 필요한 창업기업이 대학이나 연구소의 시설과 인력을 공급받을 수 있도록 환경을 조성하자는 차원에서 매우 훌륭한 프로그램으로 생각된다. 그러나 사업운영상 몇 가지 아쉬운 점이 있었다. 첫째 적은 규모의 창업보육센터를 너무 많이 만들었다는 것이다. 어떻게 보면 대학마다 거의 있다고 보면 될 것 같고, 규모는 20-40m^2 정도 면적의 사무실이 10실에서 20실 정도라고 보면 될 것 같다. 이러한 규모에 창업보육센터 매니저를 두게끔 강제하다보니 사실상 임대료 수익보다 인건비와 관리비가 더 들어가는 적자운영이 될 수밖에 없다. 대학 입장에서는 대학 내에 건물이 들어서기 때문에 반드시 사업을 획득하고자 했으나, 운영상으로는 적자이기 때문에 기존 직원이나 교원을 겸직시키는 등 사실상 창업보육기업 직원이 전문적이지 못하게 된 것이다.

결론적으로 숫자는 줄이고 규모는 늘려서 경제적 규모가 되도록 설계할 필요가 있었다는 것이다. 둘째 선정 시 대학 또는 지역의 창업 가능성을 심각하게 고려하지 못했다는 점이다. 사실 대학 내 창업은 손으로 꼽을 정도로 적다. 그래서 대부분 외부 입주자가 많은데 입주자를 선정하다보면 지식기반형 사업이 아니라 기존 산업에 이미 존재하는 사업인 경우도 많다. 이를 알면서도 공실로 둘 수 없기 때문에 입주를 허용하기도 한다. 즉 대학의 연구 활동이 활발한 곳이거나 외부입주자 수요가 많은 지역에라도 설치하였다면 보다 성장가능성이 높은 창업기업을 입주시킬 수 있었을 것이다. 셋째 산업자원부가 수행한 기술혁신센터(TIC)나 테크노파크 등과의 사업연계를 고려하지 못했었다. 사업의 선후를 따져보면 창업보육센터 사업이 테크노파크 사업보다 먼저 시작된 것으로 알고 있다. 그런 점에서 보면 테크노파크 사업과의 연계를 미리 생각하기는 어려웠을 것으로 생각된다. 그러나 기술혁신센터(TIC)는 비슷한 시기에 시작되어 대학의 연구결과를 기업에 기술이전하거나 창업을 유도하게끔 한 사업으로 보육센터사업과 함께 연계되어 사업이 운영되었더라면 보다 효과적인 창업보육이 이루어졌을 것으로 생각된다. 최근에는 대학마다 개별적으로 TIC와 보육센터를 연계시킨 곳도 있고, 지역 테크노파크와 창업보육센터 간에도 연계관계를 맺고 있지만 기관 간 협조일 뿐이지 기업정보 공유와 지원사업의 공동수행 등 물리적인 연계는 아직도 어려운 실정이다. 넷째 창업보육센터의 역할정의의 확대와 유연한 운영이 필요했었다. 실제로 창업보육센터에 입주하기 위해서는 창업하였거나 창업계획서를 제출하여야 한다. 그러나 대학마다 있는 보육센터가 있고 테크노파크가 거점별로 있는 상황에서는 사업가능성이 높은 대학 연구실 입주를 지원하고 면적도 기존 수준보다는 보다 넓은 면적을 지원할 수 있도록 했다면 어떠했을까 생각해본다. 다섯째 보육센터 초기에 창업보육센터별로 산업별 특성화를 추진했다면 대학의 특성화와 맞물려 확대될 수 있는 계기가 되었을 것인데 하는 아쉬움을 느낀다.

라. 사회봉사

대학은 3가지 기능이 있다고 한다. 그것은 인재양성, 연구개발, 사회봉사이다. 이 가운데 사회봉사라는 의미는 대학 전체로서의 의미 또는 학생 및 교수 개인의 의미 등 다양한 해석이 가능하다. 본 절에서는 산학협력의 관점에서 기업에게 필요한 사항을 위주로 기술하고자 한다. 보통 기업들이 대학을 찾는 이유로는 정규교육, 연구개발 협력 등이 있지만 이외에도 도서관, 운동장 등 대학 일반시설을 사용하는 외에도 어학교육 등을 위하여 많이 찾는 사회교육원 또는 어학원 등이 있으며 최근에는 정부지원에 의하여 많이 설립되어 있는 기업지원센터 등이 있다.

기업지원센터는 산업자원부의 지역기술혁신센터(TIC), 산학연 공동연구 기반구축센터, 과학기술부가 추진했던 지역연구센터(RRC), 지역 균형발전 사업으로 시행되고 있는 지역혁신센터(RIC) 사업 등 다양한 형태로 추진된 바 있는데, 본 절에서는 이들을 통칭하여 기업지원센터로 기술하고자 한다. 이 들 기업지원센터가 다양한 기업지원을 시행하고 있다. 우선 지식서비스를 들 수 있다. 특히, 논문,

기술자료 검색 등이 그것이며 포럼, 교류회, 세미나 등을 통한 정보교류 활동도 사업의 범주에 속한다. 기술적인 면에서는 기업의 사업화 연구 초기단계에 대학의 첨단장비를 활용할 수 있는 장비공동활용, 시작품제작, 시험평가·분석 등의 연계활동도 이루어지고 있다. 이외에도 지역사업으로 많이 수행되고 있는 활동으로 디자인지원, 경영지원, 전시회개최, 판촉활동지원 등 다양한 지원서비스가 진행되고 있다. 그러나 이러한 기업지원서비스가 대학과 기업에 긍정적인 측면이 있으나 아쉬운 점도 많이 남기고 있다. 우선 첫째로 예산의 영속성이 없어 전문성에 한계가 있다는 것이다. 선정 시에 일정기간 지원협약이 이루어지고 이후에도 기술지원센터를 유지하는 것을 기본으로 하다 보니 지원이 종료되고 난 뒤를 걱정할 수밖에 없고, 따라서 전문 직원 또는 연구원을 정식직원으로 채용할 수 없는 등 센터의 전문성을 확보하기 어려운 것이 문제이다. 이를 극복하기 위하여 센터를 기반으로 창업하여 지식기반 서비스업으로의 발전을 시도하려고 해도 정부지원 사업의 성격상 허용하지 않는 것도 문제이다. 즉, 운영요령이 감사를 고려하여 '마땅히' 정직되어 있는 것이 문제로 지적될 수 있다. 그래서 대부분의 센터가 정식지원대신 계약직으로 채용하거나 대학원생 또는 참여 교수가 직접 활동을 하다 보니 신분 불안에 따른 이직 등 전문성이 결여되거나 수업결손 등의 문제가 나타나고 있는 것이다. 둘째로 지나친 수익성 강조로 인하여 공익성이 훼손되거나 사업이 왜곡된다는 것이다. 사업의 평가방법에는 사업운영요령과 사업자가 제시한 다양한 목표에 대하여 달성정도를 평가하는 것이 보통이지만 사업운영요령에서 제시하고 있는 수익성 조항이 지원센터 운영에 상당한 영향을 미치고 있다. 평가 시 수익성을 강조하게 되면 사업자는 원래의 고유 목적에서 벗어나 수익을 실현할 수 있는 방법으로 사업궤도를 수정해 나가는 것이다. 결과적으로 사업자가 가진 아이디어가 왜곡되는 것이 문제로 지적될 수 있다. 실제 사업의 공익성 측면 때문에 수익을 많이 실현하기 어려움에도 불구하고 이러한 평가 때문에 사업이 왜곡되거나 유사업종의 기업 활동에 영향을 미치기 보다는 사업자의 고유아이디어를 실현하도록 사업평가 항목의 조정이 요구된다. 셋째로 참여교수의 기업지원서비스 시간할애로 인하여 대학교육의 부실화 가능성이 있다는 것이다. 앞서 서술한 것처럼 기업지원센터의 영속성 및 전문성 문제로 인하여 참여교수의 직접적인 기업 연계활동시간이 많다보니 대학교육의 부실로 연결될 가능성이 높다는 것이다. 이러한 문제를 해결하기 위해서는 사업의 직접 수행보다는 관련 지식기반서비스업과의 연계활동을 촉진시키거나 센터 자체의 지식기반서비스업 창업을 허용하는 등의 대책이 필요하다. 그렇지만 무엇보다도 사업을 수행하는 대학당국이나 사업수행자 자신이 교육과 사업 모두 부실화가 되지 않도록 양쪽 모두 조절할 수 있어야 할 것이다. 넷째로 정교하게 설계되어지지 못한 사업은 단순히 재원배분 위주의 사업으로 전락할 수 있음으로 프로그램 설계와 사업자 선정에 신중을 기할 필요가 있다. 일부 지역사업으로 수행되었던 기업지원센터의 경우 기업지원 명목으로 구매품을 구입하여 주거나 시작품제작비 등을 무상으로 지원하는 등 기업지원이라는 사업실적을 달성하기 위하여 무리한 사업집행들이 있었던 것이 사실이다. 그러나 이러한 무상지원은 관련 기업 간 정당한 거래에 악영향을 미칠 수 있을 뿐만 아니라 기업으로 하여금 정부지원에 대한 막연한 기대감을 갖게 할 수 있는 부정적 요인이 될 수 있다.

마. 연계활동

앞서 전술한 것처럼, 공과대학은 산업추세와 인적자원 수요의 변화를 읽어내고 교육과정에 반영할 필요가 있다. 이를 위해서는 기업과 긴밀한 관계가 필요하며, 이러한 관계를 위한 활동도 연계라고 할 수 있다. 본 절에서는 보다 넓은 의미에서 연계를 정의하고, 대학 및 대학과 관련된 조직들에 대한 다양한 연계활동을 분류하여 정리하여 보았다. 현재, 우리나라는 요소투입형 경제구조에서 지식기반기술이 산업을 주도하는 혁신주도형 경제로 도약하기 위하여 산학연관 긴밀한 협력을 장려하고 있으며 산학연관 협력은 연계를 기반으로 혁신활동을 효과적으로 진행하는 것을 의미한다. 이때, 연계(network)라고 하는 것은 지역적으로 산재하고 있는 물적자원, 인적자원, 정보 및 기술자원을 효과적으로 공유하는 것으로 정의될 수 있으며, 혁신(innovation)이라고 하는 것은 연계를 기반으로 상호 경제적, 정신적, 사회적 가치를 창출하는 활동으로 정의할 수 있다. 따라서 연계는 혁신을 위하여 필수불가결한 요건이라고 할 수 있으며, 연계의 목표는 미래 가치 창출을 위한 무형의 인프라조성(사회적 자본)에 있다고 하겠다.

혁신주체별 연계활동에 대하여 살펴보면, 연계라고 하는 것은 산학연관 각자의 입장에서 수행하여야 할 공통적인 것과 상호 차별화된 활동으로 나뉠 수 있고, 일률적으로 동일한 잣대로 활동을 강요당해서는 아니 되며, 자발적인 마음으로 자기 강점을 중심으로 활동될 때 그 효과가 배가될 수 있다고 판단된다. 이러한 점을 고려하여 연계활동을 위한 주요 혁신주체를 분류하고 혁신주체별 상호 연계대상, 연계수단, 연계목표를 구체적으로 제안하고자 한다. 혁신주체의 분류에는 정부에서 지원하고 있는 사업 중 최소단위로 판단되는 연구실(산학협력실, LOE, NRL 등)이 있다. 연구실은 교수 1인 또는 2인 이내의 실험실을 대상으로 지원하는 사업으로 학부생이 중심이 되고 중소기업청이 지원하고 있는 산학협력실 사업이 있으며, 석박사 과정이 중심이 되고 산업자원부가 지원하고 있는 최우수연구실(LOE) 사업, 과기부에서 지원해 오던 국가지정연구실(NRL) 사업 등이 있는데, 이들 연구실은 인적자원 교육을 기반으로 가장 원초적인 연구기반을 확보하도록 지원하는 사업에 해당하며, 연계대상별로 연계수단과 연계목표는 <표 4-2-3>과 같이 기술할 수 있다.

<표 4-2-3> 주체별 연계활동 분류

주체분류		주요연계대상	연계수단	연계목표
연구실		연구실	학회, 세미나, 상호방문, 학술정보	기술정보공유, 공동과제도출
		기업	연구과제, 취업, 실습, 기업인교육, 연구원 교류	미래기술확보, 인적자원, 혁신역량강화
센터(TIC, RIS, RIC, RRC, DIC, 산학연공동기반구축센터)		기업	장비, 정보, 연구과제, 교육, 기술교류회	기업혁신유도
		센터	기술융합교류, 장비공유 및 보완, 기업정보 공유	장비활용보완, 상호보완지원체계(기술, 디자인, 마케팅), 융합기술과제 도출
조합/협회		기업	협의회	제도개선과제, 공동이익사업 도출
		센터	업무협약, 사업참여	회원사 지원통한 기업혁신
		정부/지자체	제도개선·기업현황 보고서, 산관협의회	회원사 이익대변
기업		기업	조합/협회 참여, 기술교류회, 기업인클럽, 공동연구과제	기업간 협력, 기업활동 장애요소해결
테크노파크	전략기획단	지역혁신주체	지역혁신협의회, 지역혁신포럼, 공청회	지역발전비전, 전략산업도출 지역문제해결
	넷 브로커	지역 내 센터	센터협의회, 기업현황조사	TP 및 지역 내 기업정보공유 통합지원체계 구축
		TP내 기업	TP공간, 지역 기술/경영/금융지원 인프라, 정부R&D자원 기술교류회, 경영인클럽	창업기업육성, TP특성화 및 차별화
		지역 내 기업	지역 기술/경영/금융지원 인프라, 정부R&D자원 기술교류회, 경영인클럽	기업혁신유도, 지역진흥
클러스터사업단		TP	TP졸업기업정보교류회(TP-산단공교류회)	창업기업육성, 지역진흥
		기업	지역 기술/경영/금융지원 인프라, 정부R&D자원 기술교류회, 경영인클럽	기업혁신유도, 지역진흥
		연구단위 LAB.	연구교류회, 정부R&D자원	기업혁신유도, 지역진흥
정부	산자부	산업기술평가원	정부 정책프로그램별 조정협의회	정책프로그램 완결성 보완(수행자 고충완화, 재원효율성제고, 평가방법 보완통한 성과제고 등)
	지자체	전략기획단	기획보고서, 지역혁신협의회, **지역혁신포럼**, 공청회	지역발전비전, 전략산업도출 및 보완 지역문제해결 및 지역진흥

정부가 지원하고 있는 사업 중 10명 내외의 교수 또는 연구원이 참여하는 센터사업에는 기업지원에 중점을 두고 있는 TIC, RIS, RIC, DIC, 산학연공동연구기반구축사업과 혁신주체의 역량강화에 중점을 두고 있는 RRC, SRC, ERC 등이 있는 등 이들 센터는 저마다 다소 다른 특성을 갖고 있으나 기본적인 것은 센터를 중심으로 기업과의 연계가 강조되고 있다. 현재, 이들 사업의 연계대상은 기업과 다른 센터가 될 수 있으며, 무엇보다도 센터를 중심으로 한 기업과의 연계가 강조되어야 할 것이며, 센터 간 연계 시 동일산업 분야에 있어서는 장비활용적인 측면 또는 기업지원을 위한 보완적인 측면에서 연계가 이루어져야 하며, 타산업간의 경우에는 기술융합적인 관점 또는 지원의 종합적 체계 완성의 입장에서 사업지원이 이루어져야 할 것으로 판단된다. 즉, 예를 들어 생물 산업과 나노산업의 경우에는 기술융합을 위한 공동과제도출 등의 방법이 주효할 것이며, 기술 분야와 디자인 및 마케팅 분야의 센터 간 연계 시에는 한 기업에 대한 종합지원체계를 완성한다는 의미로 연계가 이루어지는 것이 바람직할 것이다. 그리고 활동의 효율성 및 기업혁신적인 측면에서 기존 센터 간 연계사업은 종합지원체계를 완성하는 쪽으로 사업이 진행될 필요가 있다고 판단된다. (기술융합의 경우에는 기본적으로 최소 연구실단위의 교류를 통하여 이루어지는 것이 일반적임)

현재, 우리나라에서 시행되고 있는 테크노파크 사업의 기능은 크게 3가지로 진행되고 있다. 첫째 전략산업기획단 운영, 둘째 TP 내 창업보육기능, 셋째 지역기업지원을 통한 지역진흥 등으로 요약될 수 있다. 외국의 경우에는 확실한 산업지원 미션을 가진 두 번째 기능이 대부분이지만 우리의 경우에는 테크노파크를 광역단위의 종합기술지원 기관정도로 인식하고 있어 많은 활동이 복잡하게 진행되고 있다. 이중에서 전략산업기획단의 활동은 배제하고 TP의 고유기능인 네트워크 브로커 활동을 중심으로 연계사업을 기술하고자 한다. 네트워크 브로커의 활동에 있어서도 크게는 T:P내 기업지원활동과 지역 내 기업지원활동을 나눌 수 있는데, 기본적으로 TP내 기업지원활동이 중심이 되어야 할 것이며, 지역 내 기업지원활동도 TP를 졸업한 기업을 대상으로 이루어지는 것이 바람직할 것으로 판단된다. 그리고 지역 내 센터와의 연계활동은 TP내 기업을 지원하기 위하여 센터와 기업을 연결하는 역할을 수행하기 위하여 혁신인프라 구축차원에서 진행되어야 할 것이다. 그리고 TP의 네트워크 브로커 기능에 가장 중요한 활동은 기술센터뿐만 아니라 기술거래, 디자인, 마케팅, 조세/법율, 엔젤투자/금융 등 다양한 기업지원기관과의 연계활동으로 확대하여 해석되어질 필요가 있다.

3. 바람직한 산학협력의 방향

국내 대학들은 현재, 어느 대학이나 비슷한 학과, 비슷한 커리큘럼을 갖고 있으며, 따라서 학생들은 단순히 사회적인 평가기준에 따라 줄서기 식의 입학형태를 보여주고 있다. 이는 학문의 다양성과 산업기술현장에서의 다양한 욕구를 가로막는 교육체제임을 부인할 수 없으며 대학의 보수적인 성향 및 비 특성화를 보여주는 것이다. 이러한 체제를 변화시켜 대학이 산학협력을 기반으로 국가 경제 진흥의 중추적 역할을 할 수 있도록 하기 위하여 다음과 같은 노력이 요구되어진다.

첫째, 대학의 공학교육은 산업추세를 반영한 교육체제로 변화해야 한다. 기존의 정형화된 교육커리큘럼을 현실에 맞게 조정할 필요가 있으며, 현장감 넘치는 교육을 위하여 교수가 스스로 산업현장에서 부딪히고 배워서 현장 체험적인 내용을 학생들에게 가르칠 수 있는 자세변화가 요구된다. 특히, 이공계 대학의 수요자 맞춤형교육을 효과적으로 수행하기 위해서는 지식전달율 제고, 산학협력기반 교육과정 도입, 기업참여교육 등의 3가지 요소가 충족 되어야 하며, 이를 위하여 공학교육 체제는 새로운 산업추세를 교과과정에 반영하고 산업계로부터 인재양성에 대한 개선점을 지속적으로 피드백 받는 시스템 구축이 필요하다.

둘째, 대학에서의 이공계 학부학생은 수요자 맞춤형 교육을 받아야 한다. 이것은 대학원 중심대학(연구중심대학)과 학부중심대학(교육중심대학) 등의 구별이 필요하지 않으며, 어떠한 논리에서도 학부교육은 현장 중심적으로 이루어져 졸업과 동시에 쓸 만한 인재로 배출 되어질 필요가 있다는 것이다. 이러한 교육 사례의 하나로 대학에서 연구개발 과제에 학생들을 참여시켜 가장 최근의 산업현장 기술을 습득할 수 있는 교육모델이 필요하며, 대학원 과정은 첨단 장기 연구과제 참여를 통하여, 학부과정은 단기 기업지원 과제 참여를 통한 현장기술교육 기회가 만들어 질 필요가 있다.

셋째, 정부는 대학의 변화를 유도할 수 있도록 획일적인 대학

평가기준을 바꿔야 하며, 대학이 자율적으로 의사결정 할 수 있는 권한을 주어야 한다. 평가방법의 경우도 정부주도형보다는 민간중심으로 이루어질 필요가 있다.

　　넷째, 대학에서의 이공계는 산업현장과 떨어질 수 없는 밀접한 관계를 갖고 있음으로 물리적 연계 분위기 조성이 요구된다. 교육적 측면에서 연구개발은 교과서화 되어 있지 않은 지식기반 첨단산업을 배울 수 있는 유일한 교육수단이라는 것을 인식하여야 하며, 이를 위하여 가능하다면, 이공계 대학이 기존 기업밀집지역으로 이전 또는 분교를 설치하거나 주변에 기업이 집단화되도록 과학단지(Science Park)를 조성시켜 기업과 대학이 혼연일체가 되어 기술개발과 교육을 효과적으로 수행할 수 있도록 물리적인 산학협력 시스템 완성이 필요하다. 정부, 기업 및 대학당국은 이를 효과적으로 수행하기 위하여 연구 공간 및 시설의 확충에 충분하고도 지속적인 투자방안을 마련할 필요가 있다.

　　다섯째, 기업경쟁력 강화와 지역산업진흥을 촉진하기 위한 지속적이고 효율적인 지원체계가 마련되어야 한다. 이것은 연구개발비 재원의 과학기술 및 산업기술 분야별 균형배분과 기업의 성장단계별 지원제도의 정비를 통하여 연구자의 전문화와 경제적 성과를 고려한 효율적인 기술혁신정책 시행이 필요하다는 의미이다. 또한, 선진국에서 시행되고 있는 과학단지(Science Park조성) 성장전략에서 볼 수 있듯이 대학이나 연구소의 원천기술이 사업화하여 경제적 진흥으로 성과가 나타날 때까지 지원하고 모니터링 할 수 있는 산학협력에 대한 전방위 지원체계가 마련되어야 할 것이다.

제5장 현장실습의 문제점과 개선점

1. 현장실습의 문제점

　산학협력기반의 수요자 맞춤형 교육의 일환으로 시행되고 있는 현장실습(현장실습은 다소 차이는 있으나 프로젝트 실습, 샌드위치 제도, 인턴사원제도 등으로 불리기도 함)은 대학 재학 중인 학생이 기업의 현장에서 직접 일하면서 대학에서 배웠던 학문의 실용성을 검증하고, 대학에서 배우지 못했던 전문화되고 세분화된 산업분야 현장의 실무를 직접 배우는 등 대학교육과 기업의 인재상과의 차이를 줄여보고자 만들어진 프로그램으로 정의할 수 있다. 그러나 본 프로그램은 좋은 취지에도 불구하고 대학이나 기업으로부터 많은 문제점을 지적받고 있는데, 실제로 오래전에 교육인적자원부의 지침으로 필수과목으로 시행되었다가 폐지된 전례가 있으며, 최근에 산학협력의 중요성이 부각되면서 대학자율로 채용하고 있으나 여전히 현장실습의 효과와 운영에 부정적인 측면이 지적되고 있다. 필자는 본 절에서 이러한 문제의 원인과 개선방안에 대하여 개인적인 의견을 종합적으로 기술하고자 한다.

우선 현장실습의 문제점에 대하여 학생측면, 대학측면, 기업측면으로 나누어 기술하고자 한다. 학생측면의 문제점으로는 첫째 현장실습에 임하는 학생들의 전공수준이 떨어진다는 것이다. 일부에서는 1학년 여름방학 때부터 현장실습을 가는 경우가 있으나 일반적으로 대학생들이 2학년 정도는 되어야 전공과목을 공부하는 것을 고려한다면 전공 경험이 없는 상태로 기업에 가기 때문에 기업에서는 마땅히 맡길 업무가 없고 대개의 경우 잡무만 하다오는 경우가 많다는 것이다. 이는 현장실습 시기 설정의 문제에서 야기된다고 하겠다. 즉, 최소한 전공과목을 일부 이수한 2학년 말이나 3학년 1학기 이후에 현장실습을 가야만 전공에 대한 이해도도 있고, 관련분야에 대한 관심도도 높아질 수 있다고 판단된다. 둘째 현장실습을 가는 학생들의 동기부여 요인이 약하다는 것이다. 대학에서 현장실습을 수강신청하고 등록금을 지불한 뒤 근무는 기업에서 하게 되면서 단순히 기업에서 배운다는 생각보다는 졸업을 위해 학점을 이수한다는 생각이 지배적인 것으로 판단된다. 특히 일부 기업은 일정액의 급여를 지급하는 사례도 있으나 대부분의 경우 무상으로 일을 시키기 때문에 학생들이 기업에서 열심히 일할 수 있는 당근이 없는 것이다. 또한 기업관리가 제대로 되지 않다보니 학생입장에서 전공이 일치하지 않거나 학생들이 선호할 만큼 우수한 기업이 아닌 경우가 많아 취업연계를 통한 학생들의 열정적인 의지를 끌어내기에도 부족한 것이 많아 보인다. 셋째 4년 만에 졸업해야 한다는 의식이다. 사실 핀란드의 경우에는 4년제 학·석사 통합과정의 경우 3학년 정도 마친 뒤 기업에서 1년 정도 현장실습을 경험하고 다시 2-3년이 지나서야 졸업하는 것을 당연하게 여기고 있으며, 미국 University of the Pacific 의 경우도 현장실습과 유사한 Co-op 과정을 필수로 하여 학사과정을 5년제로 유지하고 있다. 핀란드의 경우는 학비를 국가에서 지원하기 때문에 오래 걸린다고 하더라도 학생들이 크게 불만이 없을 것으로 판단되나 사립대학교인 University of the Pacific은 학비가 높은데도 불구하고 학생들은 Co-op을 당연한 것으로 느끼는 것을 보면 우리 학생들의 경우는 너무 조급한 측면이 있고 대학의 학사관리는 너무 느슨한 측면이 있다고 생각된다.

대학측면의 문제점으로는 **첫째 현장실습학생 숫자의 과다문제 해결능력이 미흡하다**는 것이다. 거의 모든 대학의 경우 대상학생 숫자가 기본적으로 많은 것이 가장 큰 문제이지만 대학당국은 현장실습 대상 숫자를 효과적으로 관리하는 부분에 있어서도 문제점을 노출하고 있다. 일단 현장실습과목을 설정하면서 전공과목을 제대로 이수하지 못한 저학년(1, 2학년)을 포함하는 경우가 많다는 것이다. 이렇게 되면 몇 개 학년에서 동시에 현장실습을 가게 되면서 기업 발굴 등에도 애로사항을 겪게 될 수밖에 없는 것이다. 또한 이미 현장경험이 많은 야간 직장인 학생에게도 동일하게 현장실습을 요구하는 등 현장실습을 대체할 프로그램 개발에도 소홀한 부분이 있다. 이는 야간학생들에게 현장실습은 단순히 학점거래에 불과할 수 있는 것이다. 둘째 현장실습 기간설정에 실패요인이 있다. 이는 보통 현장실습의 경우 여름, 겨울방학 기간을 이용하는 경우가 많은데 기간이 짧아 기업에서 특정업무에 참여하기에는 어려운 측면이 있다는 것이다. 특히 이러한 짧은 실습을 여러 번 나누어

가다보니 기업이 달라지거나 같은 기업이라도 연속성이 결여되어 제대로 된 기업경험을 하기 어렵다는 점이다. 이런 이유 때문에 기업도 현장실습 학생을 받지 않으려고 하고, 귀찮게 여기게 되는 것이다. 셋째 4학년 2학기 현장실습은 현장에서의 기업경험을 대학에서 수정 보완할 시간이 없는 사실상 학사포기에 해당한다. 현장실습은 학생들로 하여금 기업에서의 경험을 바탕으로 진로를 다시 생각하게 하는 긍정적인 요인이 있는데 4학년 2학기 실습은 이러한 기회가 없는 사실상 취업에 해당하는 것이다. 즉, 실제 140학점만으로 졸업하게 되어 있는 현재의 실정에서 많은 학점이 현장실습 명목으로 따로 떨어져 나감으로서 실제 전공과목 이수를 약화시키는 요인이 될 수 있다. 넷째 대학의 학생 및 기업 관리 체제의 미흡을 들 수 있다. 대학당국은 학생이 현장실습을 가기 전에 현장실습에 대한 충분한 설명 및 상담(기업윤리, 기업정보, 학습목표 설정 등), 학생과 기업의 상호 관심영역 및 요구를 일치시킬 수 있는 매칭과정, 현장실습 과정의 모니터링, 평가 및 설문, 우수기업 발굴 및 현장실습 프로그램의 개선 등의 과정이 체계화되고 관리되어야 하나 이러한 시스템을 갖추고 제대로 운영하는 곳이 거의 없다고 판단된다. 설사 있다고 하더라도 제대로 관리되지 못하는 이유는 열악한 교수대 학생수비, 현장실습 대상학생의 과다, 짧은 현장실습 과정의 빈번한 수행, 관리 전담직원의 부재 등에 있다고 판단된다. 다섯째 현장실습을 수행하는 학생보험 및 등록금 문제가 있다. 학교입장으로는 학점을 부여하고 보험을 가입해야하는 등의 입장에서 등록금을 받지 않을 수 없으나 학생들의 입장에서는 대학에서 배우는 것이 아니라 기업에 근무하는데 해당학점 만큼 등록금을 지불해야하는가? 라는 항의에 시달리기도 한다. 그러나 이것은 대학이 학생들이 현장실습에 만족할 만큼 좋은 기업을 발굴하고 관리하지 못하는데서 오는 문제일 수도 있고 실습기간이 짧아 기업이 학생들을 기업의 직원으로 여기고 임금을 지불하는 등의 문화가 확산되지 못하는데서 발생하는 문제일 수도 있다고 판단된다.

기업측면에서 보면 **첫째 우리나라의 기업은 현장실습교육에 대한 기업의 사회적 책임에 대한 공감대가 형성되어 있지 않다**는 것이다. 실제로 기업들은 대학이 기업이 요구하는 인재를 만들어내지 못하고 있다고 지적하고 있으나 역으로 기업들의 대학교육에 대한 역할은 정말 미미한 것이 현실이다. 일부 유명대학에 재원을 기부하는 경우를 제외하고 기업의 교육 참여는 거의 없다고 생각된다. 일부 인턴쉽 제도를 수행하는 기업도 사회적 기여측면 보다는 단순히 우수인재 유치를 위한 일환으로 여겨지고 있다. 둘째 학생지도가 가능한 우수 중소기업이 양적으로 많지 않은 것도 문제로 지적될 수 있다. 많은 현장실습 자리를 만들기 위해서는 대기업뿐만 아니라 다양한 중소기업들의 참여가 필요한데 실제 학생이 참여하여 기업의 전문가가 함께 일하면서 교육적 효과를 줄 수 있는 우수 중소기업은 그리 많지 않다는 것이 우리의 현실이다. 기타 문제로는 대학주변에 기업이 없는 경우 실습이 어렵거나 타 지역의 경우 출퇴근 등의 문제가 야기되어 현실적으로 적용이 어려운 대학도 있다는 것이다. 사실 이러한 문제는 실습기간이 기업에 도움이 될 만큼 길어 기업이 현장실습동안에 임금을 지불할 수 있는 경우가 된다면 해결될 수 있으나 현재까지는 학사문제, 기업의 실습에 대한 인식결여 등으로 어려워 보인다.

2. 현장실습의 개선점

"어떻게 하면 현장실습을 효과적으로 운영할 수 있을까?" 하는 문제는 위의 개별적 문제들을 상호 연관성을 생각하면서 종합적으로 해결할 수밖에 없다고 판단된다. 우선 학생측면에서 전공학습이 어느 정도 수준이 되고, 현장실습 후 수정보완 시간을 가질 수 있는 3학년과 4학년 1학기 사이가 적정하며, 기간 측면에서는 1회 현장실습을 6개월에서 9개월 정도가 적정한 것으로 판단된다. 그리고 직장경험이 있는 야간학생의 경우는 현장실습 과정을 면제하고 타 과목 또는 특별 프로그램을 개발하여 수강할 수 있도록 대처할 필요가 있다. 이렇게 되면 현장실습 대상 학생숫자가 줄고 빈도가 줄어들어 열악한 교수대 학생수비 상황에서 학생상담 및 지도가 한결 수월해지고 학생 희망과 기업요구를 보다 쉽게 매칭 시킬 수 있을 것으로 판단된다.

학생 불만과 기업의 욕구를 충족시킬 수 있는 또 다른 방법은 현장실습 외에 기업경험을 가질 수 있는 제도를 다양화하는 것이다. 예를 들어 첫째 학부 4학년생이 대학원 연구실에서 1년간 참여하면서 산학연구과제에 참여하는 등의 방법 등은 이웃 일본에서도 시행하고 있는 제도인데 대학원중심대학의 경우 학부교육을 위해 고려할 만한 제도로 판단된다. 둘째 지역 주변에 기업이 없는 대학의 경우 교수별로 관리되어지고 학년별로 흩어져 있는 실습실을 공장형 실습실 등으로 개편하고 실습과목은 통합하여 일정기간 연속적이고 집중적으로 운영하며, 단기간씩 다수의 기업전문가가 참여하는 체계를 도입한다면 현장실습과 유사한 효과를 얻지 않을까 판단된다. 셋째 학부생을 대학원생처럼 연구실 생활을 하면서 산학연구과제에 학부생들이 참여하도록 하는 것이다. 다시 말해서 학부생을 정규과정 외에 대학 내 연구공간에서 대학원생과 같이 산학공동연구과제에 참여하여, 정규강의 외 시간에 과외활동을 효과적으로 활용하여야 하며, 이를 기반으로 테마를 갖고 수시로 기업의 현장을 방문하는 등 지도교수와 기업인이 공동 참여하는 공학교육 지도 과정을 대학 내에 도입한다면 어떨까 생각해본다.

제6장 新공학교육! 엔지니어링 하우스를 꿈꾸며…

1. 신생대학에서 교수가 되다

　필자가 엘지산전 중앙 연구소에서 근무하다가 한국산업기술대학교(이하 산기대로 명명)로 옮겨오게 된 시기가 1999년 8월이었다. 1999년은 1997년 하반기에 시작된 외환위기가 전 산업의 구조조정을 통하여 위기를 벗어나는 시기였던 만큼, 대학들도 학생들의 취업에 많은 관심을 갖고 학생지도에 정성을 기울이고 있었던 시기였다.
　산기대의 경우는 신생대학으로 그 당시 최고학년이 2학년이었다. 그래서인지 교원들이 학생교육에 대한 애착이 남달랐던 것 같다. 그러한 열정 외에도 학교 설립시기에 산기대는 몇 가지 특징적인 제도를 시험적으로 도입하고 있었다. 그것은 복선형 입학제도와 4학기제도였는데, 복선형 입학제도는 우리나라의 교육자원 흐름을 크게 두 가지로 형성해보자는 취지였다. 공업고 졸업생 및 엔지니어로서 직장이 있는 사람은 4년제 산기대로, 인문계 졸업생은 일반대학으로 진학시키자는 내용이었다. 4학기제도는 1년을 4학기로 나누어 8주씩 수업을 하게 함으로써 다양한 과목의 설치와 실험실습의 유연성을 가능하게 하자는 취지였다. 이러한 산기대의 제도는 필자가 교수로 임용되고 난 뒤, 큰 변화를 겪었다.

우선 산기대의 가장 중대한 체제변화 중의 하나는 4학기제에서 2학기제로 바꾼 것이다. 설립초기에 시행되었던 4학기제의 취지는 2학기제가 긴 여름 및 겨울방학과 각종 대학행사로 인해 수업손실이 과다하다고 판단하였기 때문이었다. 반면에 4학기제는 많은 수의 과목설치가 용이하기 때문에 다양한 실험실습과목 배정의 유연성과 저학년에서 기초과목을 수강한 후 고학년에서 다양한 분야의 기술교육 등을 통한 심화전공제도를 받을 수 있는 등의 장점이 있다고 판단하였다. 그러나 시행결과 교재개발 및 활용, 학점교류 등 타 대학과의 연계성이나 다른 학사 일정으로 인한 강사초빙에 대한 제한이 있었고, 중요한 것은 짧은 기간 안에 많은 내용을 소화하다보니 학부 학생들의 교과목에 대한 이해도가 떨어지는 단점이 있었다. 뿐만 아니라 다른 대학에서는 1년에 행정처리가 2회 있다고 하면, 우리대학은 동일한 행정절차가 4번이나 이루어지게 됨으로써 교직원의 시간손실도 만만치 않았다는 것과 방학기간이 짧다보니 교원의 연구 및 자기계발 기회도 현실적으로 어려웠던 것도 큰 이유였다.

두 번째 큰 변화는 복선형제도의 궤도 수정이었다. 수정 전에는 공업고 졸업생들이 다양한 특기전형으로 비교적 쉽게 들어올 수 있었다고 생각된다. 그러나 산기대는 사립대학이기 때문에 등록금이 국립에 비해 비싸고 역사도 짧아 우수 학생들의 지원이 적고 수준도 만족스럽지 못했다. 일반적으로 타 대학의 경우도 3%내에서 공업계 졸업생을 정원 외로 뽑을 수 있었고, 직장인을 위한 다양한 입학전형도 산기대만의 것은 아니었다. 결과적으로 엔지니어로 성장시킬 수 있는 우수자원 확보가 현실적으로 어려웠다. 따라서 공업계 졸업자에게 유리했던 지원 조항 들을 일부 강화함으로써 자원수준을 끌어 올리는 제도를 도입하게 되었다. 그 결과 공업계보다 일반계 고교 졸업자가 50%를 상회하게 되었다. 이러한 입학자원의 변화는 대학 교과과정의 변화를 가져왔다. 제도변화의 전까지는 학생들이 실험실습에 거부감이 없었으나 인문계 고교 졸업생의 경우 이론에 친숙하고 실험실습은 멀리 하는 문제가 발생하였다. 특히, 전공필수학점의 축소와 함께 전공 이외의 다양한 교과목을 포함 140학점만을 이수하면 졸업하는 교육체계 안에서는 장시간의 인내와 많은 기술적 체험을 요구하는 공학교육을 충분히 달성할 수 없는 현실적인 문제가 대두되어 교과과정에 있어 큰 변화를 갖게 되었다. 입학자원의 변화이후 산기대 교과과정은 짧은 기간 동안 많은 과목을 강의하는 것이 아니라, 과외활동을 장려하여 학생 스스로 익히는 학습과 기업과의 연계기반위에서 현장체험을 갖게 하자는 취지로 프로젝트 실습제도의 도입 등이 그것이었다.

　　이러한 변화의 흐름 속에서 필자는 신생대학의 신임교수로서 대학에서의 교육을 어떻게 하여야 할지 많은 고민을 하게 되었다. 특히 산기대의 경우는 주간반과 야간반이 있었는데, 주간반의 경우에는 다른 여타대학과 다르지 않았다. 그러나 야간반의 경우는 내 나이보다 학생들 50% 이상이 나이가 많은 직장인이어서 다소 긴장

했던 것으로 기억이 된다. 특히 나이 많은 사장님들이 많아 수업분위기가 무척 진지했고 수학은 약했지만 리포트는 깔끔하게 잘 제출하는 등 수업태도는 훌륭하였다. 그래서 보다 더 수업준비도 철저히 하고 더욱 많은 것을 전달하기 위하여 정성을 기울였고 이러한 노력이 학생들로부터 호응을 얻어냈고 산기대 교수로서의 자리매김도 성공적으로 하게 되었다.

2. Company in school

신임교수로 임용된 처음부터 엔지니어링 하우스 개념을 제안한 것은 아니었다. 전임강사 타이틀을 단 초보 교육자로서 강단에 서다보니 대학교육의 문제점들이 하나둘 눈에 들어오게 되었고 이들을 해결할 수 있는 방법도 한계가 있다는 것을 알게 되었다. 먼저 다양하게 느꼈던 대학의 문제점부터 기술해 보고자 한다.

먼저 재원의 한계가 보였다. 실험실습을 제대로 하려고 하면 돈이 많이 든다. 기업의 기술력에 따라가려면 새장비도 사야하고, 경험 있는 실습보조 직원도 채용해야 하고, 실습 소모재료비도 매년 지불해야 하며, 충분한 공간도 확보되어야 한다. 기존 등록금만으로는 한계가 있었다. 필자가 신임교수로 임용된 그때나 지금이나 산기대 등록금은 대학 인건비와 시설유지비, 최소한의 교육실습비용을 지불하고 나면 바닥이 난다. 대학설립 및 유지에 필요한 법인 수익용자산, 교지, 교사, 학생 기숙사 등의 확보는 공과대학만으로 구성된 산기대에서 등록금만으로는 충당하기 어려운 것이 현실이다.

또 하나의 재원과 연계된 문제는 교직원 확보 문제였다. 지금도 산기대의 직원은 타 국립대학에 비하여 1/3도 채 되지 않고, 교원도 전임교원 기준으로 교육부 규정보다 여전히 부족하여 선진국 대학의 경우 교수:학생비가 1:10~20 정도인데, 우리의 경우는 사실상 1:40~50 수준에 이르는 상황이다. 예산 때문이다. 이러한 인원문제는 이론 강의 보다는 실험실습에서 크게 나타난다. 학생들을 1:1로 지도할 수 없는 상황이 되는 것이다. 예를 들어 타 대학의 경우, 일부 실험실습의 경우 경험 있는 직원이 배치되나 우리대학은 실험실습 준비 및 교육, 뒤처리까지 교수가 모두 담당해야 한다. 그러다보니 실험실습 시 안전사고의 위험까지 노출되어 있다. 이것에 더하여 또 다른 문제는 실습기자재가 최신형으로 좋다고 하더라도 실험기자재의 수보다 학생 수가 많다보니 학생별로 충분히 실습이 이루어지지 못한다는 것이다. 이러한 상황에서 4학기 제도에서 2학기제도로 변경 후 나타난 실습과 관련된 큰 문제점 중의 하나가 실습과목의 축소에 따른 실습내용의 부실화였다. 따로 나뉘어 있던 실습과목이 합쳐지거나 이론+실습 과목으로 전환되면서 실습시간이 절대적으로 줄었고, 이론+실습 복합과목의 경우 실습 분위기가 조성되지 못한다는 단점이 발견되었다.

특히 복선형제도 정책의 전환으로 인문계 고교 졸업생들이 대거 입학하면서 실무능력 배양을 위하여 도입한 프로젝트실습[1](기업현장실습)제도도 많은 교육적 문제점들이 발견되었다. 산기대의 경우 전 학년이 프로젝트 실습을 갈 수 있고, 8학점을 필수로 이수해야만 졸업할 수 있는데, 실제로 일부 학생의 경우는 16학점까지

---

[1] 프로젝트 실습의 정의 : 현장실습이라고도 함. 대학과 연계되어진 기업에 학생을 일정기간 근무하게 하면서 기업 전담 전문가로부터 전공 관련 실무를 전수받는 제도

도 이수하고 있다. 졸업학점인 140학점에서 최대 실습학점을 빼면 학교에서 124학점만 이수하면 된다는 이야기다. 프로젝트실습의 교육적 효과가 100% 훌륭하다면 문제가 없으나 프로젝트 실습의 교육적 효과가 불만족스럽기 때문이다. 문제점으로 저학년이 프로젝트 실습과목을 이수하는 경우는 효과가 적다는 것이다. 1~2학년의 경우 아직 전공교과목을 제대로 이수하지 못한 경우가 대부분이기 때문에 프로젝트 실습을 위하여 기업으로 갔을 때 잡무에 종사하여 전공과 관련된 교육적 효과를 얻기가 어렵다는 것이 첫 번째 이유이다. 두 번째는 "학생교육을 위한 기업의 문화가 제대로 되어 있는가?" 하는 문제이다. 대부분 중소기업으로 프로젝트 실습을 가게 되는데 기업의 열악한 상황 때문에 제대로 된 지도를 받지 못할 뿐만 아니라 서류만 등록되어 있고 근무하지 않아도 된다고 하는 경우도 많다는 것이다. 대학당국은 너무나 많은 학생들이 실습을 가기 때문에 이러한 교육부실을 감지하고 지도하기 어렵다는 것이다. 사실상 지도가 불가능하다는 것이다. 산기대의 경우는 공단 내에 대학이 있어 실습 가능하고 가까운 많은 기업이 있으며, 기업 발굴, 학생배치, 기업과의 교육협약, 교육 지도비 지불, 근무일지 및 지도일지 작성, 기업 및 학생 설문조사, 지도교수 기업방문지도성적, 기업인이 부여하는 현장교수 성적부여, 최종 지도교수 성적부여 등 다양한 제도와 성적처리 방법을 고안하여 시행하고 있지만 교수대 학생비의 열악성과 규모 있는 중소기업의 발굴이 어렵기 때문에 학생설문 등을 고려한 정성적인 판단으로 "50% 이내 인원의 경우만 유효한 교육과 지도를 받고 있지 않을까?" 판단했으며, "대학 내 교육과 기업에서의 경험을 대학이 통제 가능한 방법은 없을까?" 고민하는 계기가 되었다.

　이러한 대학 내 문제점과 함께, 나이 많은 직장인 야간 학생들과 상담하면서 보다 발전적인 방법을 제안 받았다. 그것은 대부분 4년 수업만으로는 기업에 취업하는 것과 기업에서 인정받는 것이 매우 힘들 것이기 때문에 "대학에서 학생들이 기업에서 실제로 사용하는 다양한 '툴'들을 배울 수 있도록 하면 좋겠다."라는 이야기를 들었다. 그렇지만 어떻게 해야 할지에 대해서는 구체적인 아이디어가 없었다. 그래서 졸업 후 기계설계 엔지니어로 취업하고 싶어 하는 2학년 학생들을 중심으로 5명 정도를 뽑아 3차원 조각기 설계제작팀을 우선 구성했다. 팀은 직장을 그만두고 온 친구들로 구성되었는데 주로 가공분야에 종사하다가 설계분야로 전환하기 위한 친구들이었다. 구성된 팀을 내 개인연구실과 학부학생 실습실에 일부 공간을 할애하여 설계와 제작을 진행하였다. 비용은 100% 개인 비용으로 지불하였는데, 얼마 되지 않은 전임강사 급여에서 갹출하다보니 생활은 조금 궁핍할 수밖에 없었던 것 같다. 프로젝트 수주가 간절했지만 대학에 간지 얼마 되지 않았고, 신생대학에 교수 연구실, 대학원생도 없는 상황에서 프로젝트를 추진하는 것은 불가능해 보였다. 그렇게 1년 6개월 정도를 학생들과 함께 했다. 학점을 주는 수업 외에 방과 후에 설계와 기계제작을 배우는 것을 학생들은 무척 좋아했다. 그런 과정을 통하여 완성된 기계가 움직이던 날 학생들이 그렇게 좋아할 수 없었다. 그리고 그러한 성취감이 자신감을 갖게 하였다.

　학생들과의 첫 번째 작품이 완성된 즈음에, 처음으로 기업으로부터 6개월짜리 단기 프로젝트를 수주하였다. 자동차 알루미늄 휠을 자동으로 연마하는 장치였는데, 대학주변에 있는 산업단지 내 기업으로부터 연구비를 받게 된 것이다. 기계의 구성이 조각기와 비슷하였기 때문에 역시 5명의 학부 학생들이 참여하였고, 보다 정교한 부분은 대학주변의 다른 기계 제작업체의 도움으로 완성하게 되었다. 대학원생도 없는 상황에서 프로젝트를 원만하게 수행한 것이다. 이때부터 프로젝트 수행의 자신감을 얻게 되었다. "아 이렇게 학부생을 참여시키고, 산업단지 기업의 전문가를 잘 연결하면 되는구나!" 하는 자신감은 "Company in School"이라는 개념의 연구실을 만들어내게 되었다. 대학 내 실습실에 공간을 확보하여 수명의 학부생을 정주시켰고 기계제작과 관련된 기업의 사장님들과 교분을 쌓아갔다. 그러던 와중에 그 당시 대학총장님이 대학 내 실습실을 점검하게 되었다. 워낙 깔끔한 성격이시라 실습실이 잘 정돈되어 있어야 했는데 학생들이 있는 실습실에는 기계제작하는 도중이라 지저분했던 모양이다. 그리고 학생들을 위하여 만들어준 칸막이와 책상이 눈에 거슬렸던 모양이다. 그래서 실습실을 제대로 관리하라는 지시를 내리신 것이다. 숨겨진 의미는 원상 복구하라는 지시인 것이었다. 이렇게 학생들과 함께 한 "Company in School"은 막을 내렸다. 대학에서 느끼는 첫 번째 아쉬움이었다.

3. 엔지니어링 하우스의 시작

"Company in School"은 접었지만 내 머릿속에는 "교육은 그렇게 하는 거야!"라는 생각이 떠나지 않았다. 그렇게 큰 사건 없이 6

개월이 지났다. 대학 내에서는 기숙사 문제가 발생했다. 현재, 수용인원이 230명 정도인데 기존에도 부족한 상황에서 입학정원이 2배로 증원이 되면 틀림없이 문제가 생긴다는 이야기와 기숙사 지을 재원을 정부로 부터 확보해보라는 총장님의 지시였다. 그러나 산업자원부와 생산기술연구원 교육센터가 출연하여 설립한 공공기관이지만 사립 산업대학으로 분류된 산기대의 기숙사에 정부가 재원을 줄 명분이 없었던 것이다. "어떻게 하면 그 명분을 만들 수 있을까?" 모두 고민하고 있던 상황이었다. 그때 나는 "Company in School"을 설명하는 자료와 함께 아이디어를 제시하였다. "산기대는 산업단지 내에 있습니다. 그리고 학생들은 서울에 많고 학교에 오가는데 하루 3~4시간을 소비하고 있습니다. 단지 내 중소기업들의 독신 직원도 대학근처 오피스텔에서 묵고 있습니다. 소비되는 시간은 생산적인 시간으로 바꿀 필요가 있고, 지역 중소기업들의 직원은 우리 입학자원이고 학생입니다. 그들이 편안하게 학습할 수 있는 기회를 주어야 합니다. 이를 위해서는 대학 내 학부학생과 기업이 함께할 수 있는 교육, 연구공간이 필요하고 이를 지원하는 기숙사가 필요합니다."라고 제안하였다. 제안된 아이디어는 100% 수용되었다. 사업제안서는 제출되었고, 정부와의 명분싸움이 지속되었다. 결국 중소기업지원과 관련된 부분에 대하여 일부 재정지원을 얻어냈고, 제안교육모델은 대학의 고유교육모델로 발전되었고, 기숙사를 포함한 교육 및 산학협력 공간은 2007년 3월 완공되었으며, 건물 전체의 최종 명칭은 기술혁신프라자(TIP)로 명명되었다. 어쨌든 "Company in School"로 시작된 제안 교육모델은 중간에 "엔지니어링 하우스"라는 용어로 변경되어 자리매김하게 되었다.

그리고 초기에 거칠게 설계되어진 엔지니어링 하우스 제도는 교육, 연구, 산학 등을 조화롭게 융합하는 제도로 발전되게 되었다. 건물이 완공되기 전에 엔지니어링 하우스가 시험적으로 운영되었는데 공식적으로는 2003년 12월에 필자가 직접 운영하는 "정밀가공 엔지니어링 하우스"가 설립되었고 추가적으로 수십 개의 엔지니어링 하우스가 뒤를 따랐다.

공식적으로 엔지니어링 하우스는 학부 3, 4학년에게 대학원 석사과정과 같이 대학 내 정해진 정주공간을 부여하고, 교수의 산학 공동연구과제에 참여시키며, 기업의 전문 엔지니어로부터 현장체험적인 교육을 받는 신개념 산학일체형 교육제도이다. 본 프로그램의 특징으로 기업은 대학교수가 운영하는 공간에 직접 입주하고 연구에 참여하여 새로운 상품개발과 국내외적인 기술정보를 획득하며, 기업이 필요로 하는 첨단장비를 지원받는 등 중소기업 연계형 산학협력제도를 시행한다는 것이다. 2007년 1월 기준으로 60개의 엔지니어링 하우스가 개설되어 있으며 지역 중소기업 500여개가 연계되어지고, 매년 600여명의 학생이 기업기반 교육시스템을 경험하게 되었다. 이 엔지니어링 하우스의 상섬은 학부생을 대학원생과 같이 교육한다는 점과 기업과의 네트워크를 시공간에 무관하게 수행한다는 것과 특히, 기존 대학에서 교수에게 개별적, 일방적으로 주어지던 공간 활용 전략과는 다르게 대학 내 공간의 효율적 사용과 제도의 지속성을 위하여 2~3명의 교수가 함께 운영하면서 기술적 연계를 도모하며, 일정한 산학협력 실적 유지와 비용을 부담하도록 제도화했다는 것이다.

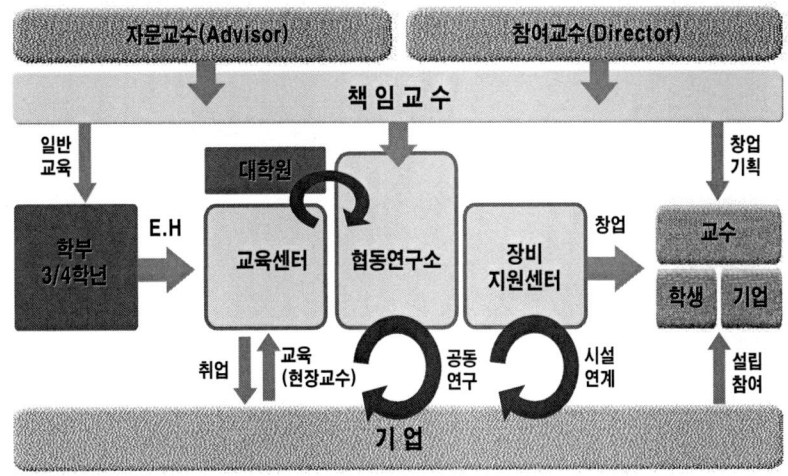

〈그림 6-4-1〉 엔지니어링 하우스 제도의 개념도

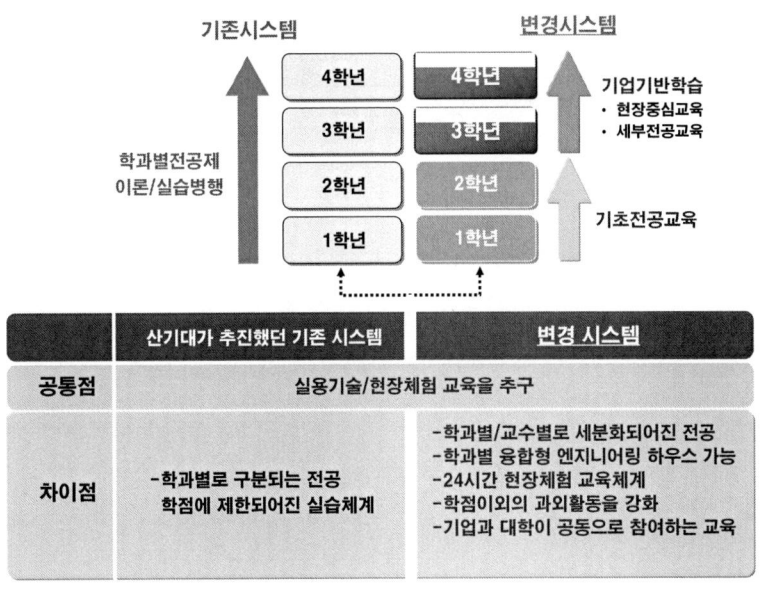

〈그림 6-4-2〉 기존 교육제도와의 차별성

4. 엔지니어링 하우스의 완성

제도적으로 완성된 엔지니어링 하우스는 <그림 6-4-1>과 같이 대학의 교수, 학생, 기업간에 교육센터, 협동연구소, 기업지원센터 등으로 연계되어 있는 물리적 공간을 의미하며, 엔지니어링 하우스 내 교육센터에서는 <그림 6-4-2> 및 <그림 6-4-3>과 같이 학부 2학년 겨울방학부터 4학년 2학기까지 2년간 8단계(여름 및 겨울방학을 학기로 간주)에 걸쳐 세부전공분야(학과별 세부 취업업종과 연계)에 대한 체계적인 현장교육을 제도에 참여하고 있는 기업의 전문가로부터 세미나 형태로 학습 받게 되고, 학생들은 이러한 세미나 학습이외에 하우스 내에서의 자율학습, 선배로부터의 1:1 지도학습, 동문선배와의 네트워크 등을 통한 교육도 전체 교육과정이 노리는 효과이기도 한다.(이러한 활동을 지원하기 위하여 기숙사도 교육의 개념으로 생각하여 엔지니어링 하우스 교육에 참여하는 모든 학생들을 전원 입소시키는 것을 원칙으로 하고 있다.) 이렇게 교육되어진 학생은 기업으로 자연스럽게 취업이 유도되는 제도이다. 기업은 현장교수로서 역할만 하는 것이 아니라 협동연구소를 통해서 대학의 교수와 기업 간에 공동연구 활동을 하게 되고 이러한 과정에서 기업지원센터의 첨단장비를 24시간 공동 활용하게 되어 기술혁신을 가속시킬 수 있는 제도이다. 엔지니어링 하우스 당 기업과의 공동연구과제는 항시 3~4개 정도가 유지될 수 있도록 하고 있으며, 한 연구과제당 기본적으로 3~5명의 학부생이 참여하여 상품개발 경험을 가질 수 있도록 하고 있다. 이러한 연구과제의 지속적 유지를 위하여 연간 연구비 수주액이 기준 이하인 경우, 공간임대료를 지불하도록 하는 제도를 도입하여 연구개발을 촉진하고자 설계 하였으나 현재는 연구비 수주액과 상관없이 공간임대료만 지불하게 되었다. 뿐만 아니라 연구개발 시 3, 6, 12개월 등 엔지니어링 하우스 공간 내에 기업인이 공동으로 연구하고 지낼 수 있는 공간을 제공하는 것도 실질적으로 산학협력을 유지하고자 하는 의도였다.

또한, 엔지니어링 하우스에는 안식년 및 보직 등으로 교육 및 연구의 흐름이 단절되지 않도록 2~3명의 교수가 참여하고, 1인당 10개정도의 기업을 고려하여 엔지니어링 하우스에는 20~30개 기업의 연계가 항시 이루어지고 있도록 하고 있으며, 학생들도 한 엔지니어링 하우스 규모별로 10~20명 정도의 학부인원이 교육받을 수 있는 체제로 운영되고 있다. 특히, 원천기술 확보에 약한 산업대의 약점을 보완하기 위하여 엔지니어링 하우스별로 연구중심대학의 관련교수 또는 관련분야 전문 연구기관의 연구원을 자문교수로 선정하여 연구된 원천기술들이 산업단지 기업들로 연계되어 사업화 될 수 있도록 네트워크 브로커로서의 역할을 산업대 정체성중 하나로 추진하고 있다. 그리고 엔지니어링 하우스의 교육센터는 산업흐름의 변화 및 기업의 요구에 따라 8단계 학습과정을 변화시킬 수 있도록 하여 교육과정이 유연한 체제로 운영되고 있는 것도 다종다양한 중소기업 인력지원 모델로 적합하다고 주장할 수 있는 이유이다. 특히, <그림 6-4-4>에서처럼 일반 교육과정이 산업별 공통사항이라면 엔지니어링 하우스 제도를 통하여 이루어지는 교육은 특정산업분야 교육을 받고 있는 것으로 볼 수 있다. 즉, 엔지니어링 하우스 제도는 기존 산업의 급격한 산업변화를 교육에 반영할 수 있는 깊이 있는 교육이라고 할 수 있으며, 기존 교육과 보완관계를 이루게 되는 것이다.

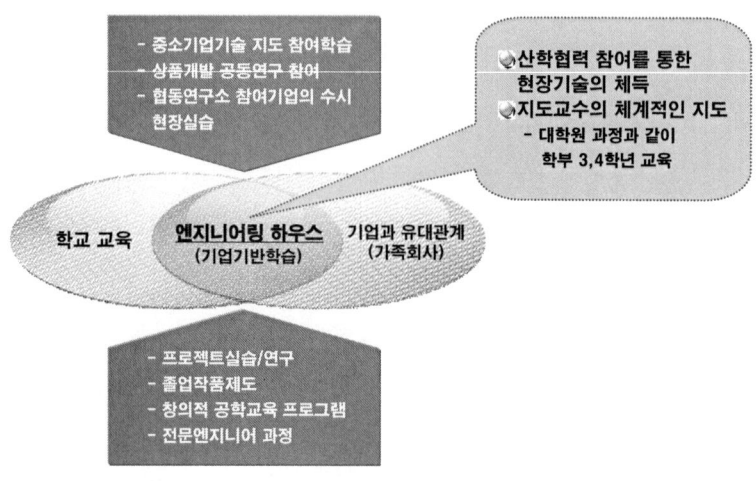

〈그림 6-4-3〉 기존 교육제도와의 차별성

이렇게 산기대는 중소기업에서 수로 필요로 하는 학부 및 석사 인력에 대한 현장 체험적이고 산업흐름을 반영한 세부전공심화 교육, 단기간에 사업화할 수 있는 연구개발, 대학의 총체적 역량을 24시간 개방하여 기업을 지원하는 체제 운영 등을 산업대학의 정체성으로 규정하고, 추진하는 등 산학협력 기반의 교육모델로 자리매김하게 되었다.

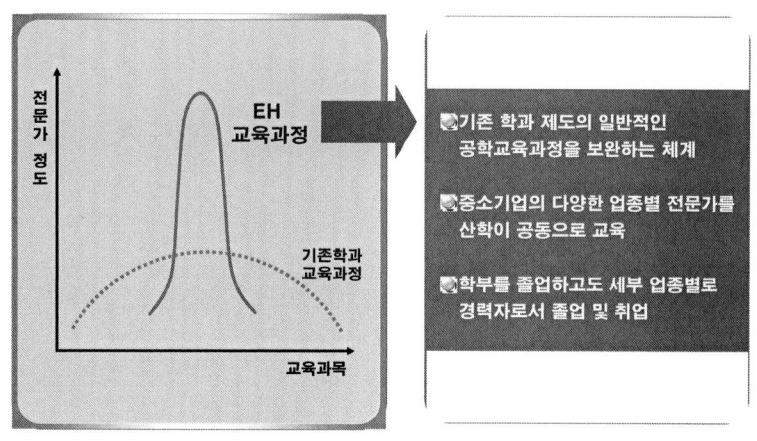

〈그림 6-4-4〉 기존 교육제도와의 차별성

5. 산업대학교의 정체성과 엔지니어링 하우스

사실 엔지니어링 하우스를 설계하면서 저자가 소속한 산업대학교의 정체성에 대한 많은 고민을 하였다. 대부분 대학들의 교육시스템이 연구중심대학교라고 하는 서울대학교와 거의 대동소이하기 때문이다. 만들어진 학과명도 가르치는 과목도 거의 동일하고, 수행하는 연구테마도 비슷비슷하다. 머리가 똑똑한 학생도 수학의 사인, 코사인도 모르는 친구도 같은 책으로 같은 내용을 공부한다. 대학이 특성화되어있지 못하다는 이야기이다. 그렇기 때문에 우리나라의 대학은 서열화 될 수밖에 없고 특성화될 필요가 있다고 생각되었다. 이러한 고민을 정리하기 위하여 <그림 6-4-5>와 <그림 6-4-6>을 그려보았다. 이를 바탕으로 개인적으로 내가 소속한 대학교가 지향해야할 목표를 나름대로 분류하였다. 우선 산업계가 필요로 하는 인적자원 영역은 <그림 6-4-5>에서 볼 수 있는 것처럼 고교에서 대학원까지의 정규과정과 미취업자 및 기존 산업인력의 재교육 분야로 규정할 수 있으며, 이중 대학은 학부와 대학원 그리고 기업인 재교육참여가 될 것이다. 이 과정에서 대학은 산업, 지역 및 국제추세를 실시간으로 반영하는 체제 위에서 정규과정에 대한 프로그램 계발이 필요할 것이다.

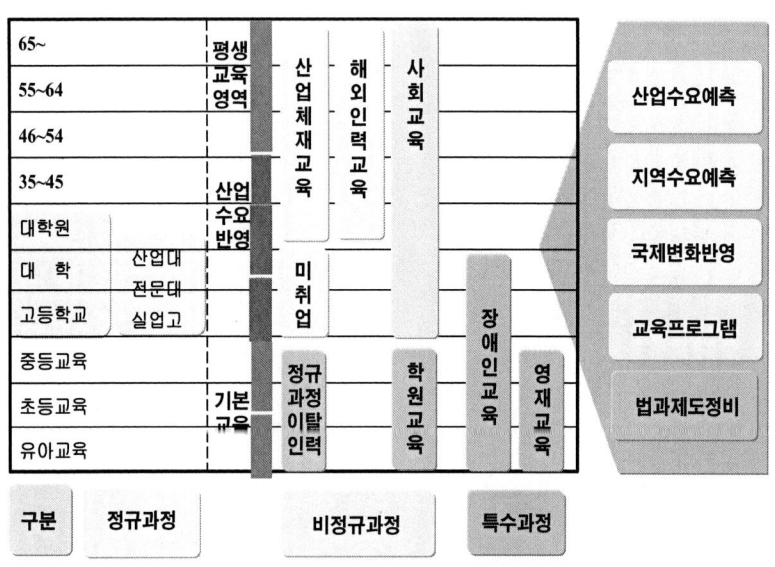

〈그림 6-4-5〉 인적자원 분류 및 산업수요 반영영역

인적자원분류	생산Tech.	생산Eng.	설계Eng.	실용 R&D E.	선도 R&D E.	기초학문 S.
교육기관분류	실업고	전문대	산업대학교		일반대학교	
섹터연구목표		단기교육	3년 이하	5년 이하	10년 이하	10년 이상
인적자원 배출목표지역		지역중심		국내중심	세계중심	
학위과정분류		전문학사	학사	산업 석/박사	공학계통 석/박사	자연계통 석/박사
		직업 중심대	산학협력중심대학		대학원 중심대학	

〈그림 6-4-6〉 인적자원 분류

대학이 관심을 갖는 인적자원 영역을 보다 세밀하게 나눠보면, 생산 Eng., 설계 Eng., 실용 R&D Eng., 선도 R&D Eng., 기초학문 Scientist 등으로 나눌 수 있는데 산업대학교의 경우는 학부가 중심이 되는 설계 Eng.와 일부 대학원생인 실용 R&D Eng.를 양성목표로 하는 것이 바람직한 것으로 판단하였다. 특히, 대학에서 지향하는 연구목표를 인적자원 양성 목표에 맞게 5년 이하의 중·단기 과제 위주가 적정하다고 판단하였으며 산업추세는 지역산업과 국내중심의 인적자원 네트워크가 필요하다고 판단하였다. 정리하면, 연구중심을 지향하는 일반대학의 경우, 이과계열을 중심으로 하는 원천기술개발 및 공학계열을 중심으로 하는 차세대 선도기술개발 등 연구소를 기반으로 하는 미래지향적인 연구과정속에서 석·박사 위주의 교육체제 지향하고, 산업대학은 <그림 6-4-7>과 같이 지역을 기반으로 기업과 밀접한 연계를 통한 상품개발 및 상품개발을 기반으로 하는 학사·석사 위주의 실용기술교육체제 및 공업고·기능대·전문대 등과의 인적자원 연계제도 등의 도입을 통하여 중소기업이 지식기반 기업으로 전환할 수 있도록 하는 지역 교육기관으로서의 역할이 중요하다고 판단한 것이다.

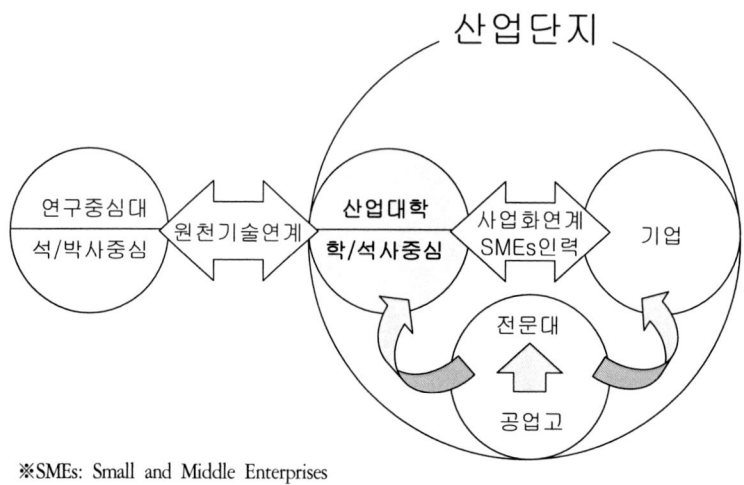

※SMEs: Small and Middle Enterprises

〈그림 6-4-7〉 산업대학의 네트워크 정체성

필자는 이러한 산업대학으로서의 정체성을 확고히 펼쳐 나가기 위하여 엔지니어링 하우스 제도가 중요한 역할을 수행할 것으로 판단하며 앞으로도 지속적으로 엔지니어링 하우스의 문제점들을 보완하여 엔지니어링 하우스가 산업대학교 교육의 고유모델로 발전할 수 있도록 지속적으로 노력할 것이다.

제7장 Univ. of the Pacific[1]에서의 Cooperative (Co-op) Education

1. 미국에서의 Co-op Education

　Co-op Education이란 학생들이 공대 학부 과정 중에 일정한 기간 동안 산업체에서 전공에 관계되는 프로젝트에 참여하면서 일정 수준의 보수도 받고 졸업에 필요한 학점을 취득하는 교육제도이다. Co-op을 통해 취득하는 학점은 학교에서 전공과목을 수강하고 취득하게 되는 학점과는 별개이다. 예를 들면, University of the Pacific(이하 UOP)의 기계공학 학부과정에서는 졸업할 때 전공과 교양과목에서 최소 129학점이 필요하고 이 외에도 또 일 년 동안 (봄, 여름, 가을 학기) 산업체에서 현장실습을 통해 50학점의 co-op 학점을 취득해야 졸업이 가능한 것이다. 기계공학을 포함하여 UOP의 공과대학 학부과정은 co-op이 필수인 5년제이다.
　1906년에 신시내티대학 (University of Cincinnati)에서 시작된

---

[1] http://www.uop.edu

co-op education은 대학과 기업과의 성공적인 산학협동 사례이다. 공대 졸업생의 95%정도가 산업체에 취업하는 미국 실정을 볼 때 연구 목적이 아닌 학부 공학교육을 위한 co-op 제도는 공대 학생들로 하여금 학교에서 배운 지식이 실제로 현장에서 어떻게 쓰이는지 직접 경험을 하게 된다. 하지만 미국에서의 대부분 공과대학에서 co-op은 선택이고 co-op이 필수인 대학은 8개 대학에 불과하다. 이는 co-op을 필수로 하면 졸업이 그만큼 늦어지기 때문에 대다수의 대학이 필수가 아닌 학생이 졸업을 늦추면서 본인의 선택으로 이 프로그램에 참여하는 것이다. 실제로 co-op이 필수가 아닌 위스콘신대학 (University of Wisconsin-Madison)의 경우 4년제 공대학부를 졸업하는데 co-op없이 평균 9.6학기가 걸리고 co-op을 하면 더 오래 걸린다는 보고[2]가 있다. Co-op이 필수인 대학들은 여름방학을 이용한 단기 인턴십(internship) 정도가 아니고 최소한 한 학기 정도는 산업체에서 co-op을 통해 실제경험을 거쳐야하기 때문에 4.5년제 혹은 5년제 학부과정이다. 하지만 UOP의 경우에 졸업하는 학생들은 대부분이 co-op을 포함하여 5년 만에 졸업을 하는데 일부는 5.5년 내지는 6년 만에 졸업하는 경우도 있다. 4년제 공대 학부와는 달리 co-op이 필수인 5년제 학부에서는 co-op에서 돌아오는 학생들을 위해 여름 학기에도 몇몇 전공과목들을 강의하기 때문에 co-op에서 돌아온 학생이 아닐지라도 여름학기를 이용해 모자라는 학점을 채울 수가 있어서 제 때에 졸업을 할 수가 있는 것이다. 학생들이 co-op을 하는 중에도 학비를 보통 때 내던 것의 반을 내야 하는데

---

[2] University of Wisconsin-Madison College of Engineering Perspective, Vol. 31, NO. 2, Winter 2005

이는 정부에서 받는 학비융자나 각종 장학금들을 계속 받으려면 풀타임(full-time) 학생 신분을 유지해야하기 때문이다. 이래서 학생이 co-op을 마치고 여름학기에 복귀를 하면 학비를 따로 더 내지 않고 14학점까지 택할 수 있다. 가을과 봄 학기 두 번 co-op을 하니까 두 번의 여름학기에 28학점까지 딸 수 있는 것이다. 이처럼 이론상 졸업이 늦어질 수 있음에도 불구하고 학생들이 co-op이 필수인 대학에 진학하는 것은 다음과 같은 장점이 있기 때문이다. 첫째 학교에서 배우는 공학이론이 실제 산업현장에서 어떻게 쓰여 지는지 또는 이론과 실제에서 어떤 점이 다른지 이해하는데 도움이 된다. 둘째 학교에서는 기본개념을 이해하는 데에 중점을 두고 실제 현장에서 쓰이는 첨단 장비를 co-op을 통해 경험을 쌓을 수 있다. 셋째 실제 현장에서 다른 엔지니어와 함께 문제 해결하는 경험을 할 수 있다. 넷째 다른 학교에서 온 co-op 학생 및 현장에서의 동료들과 의견 교환 및 프로젝트에 관한 발표를 통해 의견발표 능력을 발전시킬 수 있다. 다섯째 학교를 졸업하고 따로 교육이 필요 없이 현장에서 바로 일 할 수 있는 엔지니어로 전환이 빠르다. 여섯째 때로는 학생들이 자기 전공 분야에서 무엇을 하는지 모르는 경우가 많은데 co-op 경험을 통해 진로 방향을 분명히 정할 수 있다. 또한 원하는 분야에서 필요로 하는 과목을 학교로 돌아가서 선택하여 공부를 더 깊이 할 수 있다. 일곱째 co-op에서 받는 보수로 학비를 벌 수 있다.

 Co-op에 관계되는 회사는 서류심사와 인터뷰를 통해 고용 결정을 하게 되고 회사 엔지니어·매니저로 하여금 현재 진행되는 프로젝트 혹은 새로운 프로젝트에 co-op 학생이 참여하여 좋은 교육을 받도록 훈련을 시키는 멘토(mentor) 역할을 하게 한다. 이 멘토는 학생들이 각자 목표를 세우는 것을 도와주고 co-op이 끝나면 학생에 대한 평가를 하게 된다. 이와 같은 평가 과정을 통해 산업체가 직접 공학교육에 참여하게 되는 것이다. 더군다나 co-op 학생을 고용하는 기업체에서는 다음과 같은 혜택이 있어서, 아직 졸업도 하지 않은 학생을 일정한 보수를 지불하면서 고용을 하는 것이다. 첫째 서류 심사와 인터뷰를 통해 아직 졸업하지 않은 우수한 학생들 명단을 확보할 수 있다. 둘째 실제로 학생들로 하여금 프로젝트에 참여시켜서 일손을 좀 덜 수 있고 회사 내의 전문가를 전략적으로 더 중요한 분야에 전담토록 할 수 있다. 셋째 많은 회사에서 co-op을 하나의 장기간에 걸친 인터뷰 과정으로 쓰고 있다. 일을 시켜봐서 정작 일을 잘하고 또 co-op하고 있는 회사 일에 흥미를 갖고 있는 학생을 졸업하면 일단 검증이 된 정식 직원으로 고용할 수 있는 기회가 있어서이다. 넷째 학생들이 co-op을 마치고 학교로 돌아가면 각자의 경험을 여러 사람하고 공유하게 되는데 co-op에서 배운 것이 많고 유익하면 자동적으로 회사 광고의 효과도 기대 할 수 있다. 다섯째 명문대를 나왔다고 명문이 아닌 학교 출신보다 현장 일을 더 잘 하는 것은 아니다. 또한 명문대 출신 중에는 직장에 대한 애정이 없을 수도 있어서 몇 년 안에 그만두는 경우도 많은데 이에 대한 회사의 손실이 크다. 하지만 co-op을 이용하면 고용에 필요한 경비와 재교육 비용을 절감할 수 있고 회사에 꼭 필요한 인력을 확보할 수 있다는 장점을 갖고 있는 것이다. 그러나 미국에서 co-op이 졸업 필수인 대학은 8개에 불과하고 각 대학의 co-op프로그램은 괄호안의 web 사이트들에서 자세한 정보를 찾을 수 있다. 본 책에서는 주로 UOP의 공과대학 기계과에서 5년제 커리큘럼에 대하여 어떠한 방식으로 co-op을 운영하는지를 자세하게 설명하려고 한다.

① University of Cincinnati in Ohio (http://www.uc.edu/propractice/)
② Drexel University in Pennsylvania (http://www.drexel.edu/scdc/)
③ Kettering University in Michigan (http://www.kettering.edu/Co-op)
④ University of Detroit-Mercy in Michigan
 (http://www.udmercy.edu/catalog/undergrad01-03/coop.html)
⑤ Rochester Institute of Technology in New York
 (http://www.rit.edu/~964www/Visitor/prospective/CooperativeEducation.htm)
⑥ Northeastern Universityin Massachusetts
 (http://www.coop.neu.edu/students/coop_student_handbook.pdf),
⑦ University of Louisville in Kentucky (http://www.louisville.edu/speed/coop/)
⑧ University of the Pacific in California (http://web.pacific.edu/x15819.xml).

2. University of the Pacific

UOP는 사립대학으로 1851년에 설립되었으며, 캘리포니아에서 제일 오래된 대학이다. 고풍스런 건축과 관리 덕분으로 우리에게 익숙한 인디아나 존스 영화에서 주연배우인 Harrison Ford가 강의하고 나오는 장면이 UOP에서 촬영된 바 있다. 대학은 샌프란시스코(San Francisco)나 실리콘 밸리(Silicon Valley)에서 자동차로 1시간30분 걸리는 거리에 위치하고 인구 30만의 스톡튼(Stockton)에 있다.

〈그림 7-2-1〉 Yahoo Map of Stockton, CA

U.S. News and World Report에서 매년 조사 발표하는 America's Best Colleges 2008에 UOP는 미국 전체 4,000여개의 대학 중 96위로 우수한 대학에 속한다. 대학은 3개의 캠퍼스로 나뉘어 있는데 치과대학은 샌프란시스코에 또 법과대학은 새크라멘토(Sacramento)에 있고 주요 캠퍼스는 스톡튼에 있다. 전체 학생 수는 6,200명 정도인데 스톡튼 캠퍼스엔 4,600 명, 법대에는 1,100명, 그리고 치대에는 500명이 있고, 여학생 대 남학생의 비율은 6:4 정도이다. 학생들은 9개의 단과대학에서 80개 이상의 전공을 선택할 수 있다.

① College of the Pacific (liberal arts and science)
② School of International Studies
③ School of Engineering and Computer Science
④ Conservatory of Music
⑤ Eberhardt School of Business
⑥ Benerd School of Education
⑦ Thomas J. Long School of Pharmacy and Health Sciences
⑧ Arthur A. Dugoni School of Dentistry
⑨ McGeorge School Of Law

3. Co-op Eduction of School of Engineering and Computer Science at University of the Pacific

UOP에서의 공학교육은 1924년에 College of the Pacific내에서 일반 공학(general engineering)으로 시작이 되었다. 1957년에 새 단과대학인 공과대학(School of Engineering)이 생기면서 전기공학, 토목공학, 공업경영의 학사과정으로 College of the Pacific에서 옮겨 나왔다. 1971년 가을에 토목공학과 전기공학 학사과정이 Engineering Council of Professional Development (ECPD)로부터 공학인증을 받았다. ECPD가 지금의 Accreditation Board for Engineering and Technology (ABET)이다. 이와 같은 해인 1971년부터 공과대학에서는 co-op을 졸업 필

수로 정하였다. 현재는 공대에 기계공학과(mechanical engineering), 전기공학과(electrical engineering), 컴퓨터공학과(computer enginering), 토목공학과(civil engineering), 응용물리학과(engineering physics), 공업경영학과(engineering management), 그리고 생명공학과(bio-engineering)의 학부과정이 있는데 생명공학과를 제외한 모든 프로그램은 ABET으로부터 인증을 받았다. 대학원은 없고 학부만 있는 학부교육중심대학이다. 2002년에 전산학(computer science) 프로그램이 공대로 합병이 되었으며 현재 공대 재학생수는 480명 정도이고 교수대 학생 비율은 1:14이다.

Co-op이 졸업 필수로 되기 직전에는 공대 학생 수가 줄어 들고 있었으나, 1971년에 co-op을 졸업필수로 하면서 일 년 만에 학생 수가 두 배로 증가하였다. 지금은 전체 공대학생수의 75%가 co-op 프로그램 때문에 UOP에 진학한다고 한다.

12개월에 걸친 두 번의 co-op을 하는 동안 전공과 회사에 따라 다르지만 학생들은 시간당 $15-25 정도의 보수도 받는다. 매 학기마다 70명 정도의 학생이 co-op으로 회사에 나가있으며 이를 관리하기위해 따로 co-op전담 부서가 공대 안에 있다. 이 부서에서는 공대 필수과목인 ENGR25 Professional Practice(7.5절 참조)라는 일 학점짜리 과목을 담당하고 있기도 하다. 학기 중간에 50개 정도의 회사에서 학교를 방문하여 필요한 co-op학생들을 인터뷰를 거쳐서 채용을 한다.

비자 문제로 외국 유학생에게는 이 co-op이 졸업 필수가 아니고 선택이며 미국 시민권을 갖고 있는 학생에게는 co-op이 필수이기 때문에 학교에서 co-op 기회를 보장하고 있다. 산업체에서 co-op 인터뷰를 위해 캠퍼스를 방문했을 때 각 학과의 교수들이 점심을 같이 하면서 공학교육을 비롯하여 장비 기증 등의 대화를 나누며 직접 간접적으로 공학교육에 참여할 수도 있는 것이다. 일단 한 학생이 co-op학생으로 한 회사에서 고용 제안을 받으면 다른 학생들에게도 여러 기회를 주기위해 48시간 안에 회사 측에서 일을 할 것이지 아닌지 결정을 해 주어야 한다. 일단 학생이 고용 제안에 거부를 하면 그 회사에서는 다른 학생에게 다시 고용 제안을 하게 되는 것이다. 실제로 모든 학생들이 졸업 직전에 하는 취업 과정을 학생으로서 두 번씩 경험을 하는 것이다.

〈그림 7-3-1〉 UOP co-op office인 Baun Hall

〈그림 7-3-2〉 Posted Campus Co-op Interview Schedule

이 co-op을 통해 얻은 지식과 기술이 장차 진로결정을 하는데 결정적 역할을 한다. 예를 들어 한 학생은 Lawrence Livermore National Lab.에서 첫 번째 co-op을 했는데 이곳은 주로 연구만하는 곳이다. 이 학생은 연구개발쪽에는 전혀 흥미가 없어서 두 번째 co-op은 식품회사인 General Mills의 생산 공장에서 경험을 쌓고 졸업 후에는 General Motors (GM)에 취직했다. 이와 같이 co-op을 통해서 각자 흥미 있는 분야를 찾아서 학교에 돌아 온 후에는 그 방향에 관계되는 선택과목을 공부를 하게 된다. 이러한 과정을 거치면서 co-op은 실속 있는 공학교육을 하게 되고 또 학생들로 하여금 이론과 실제를 연결해주는 학교 교육에 충실하게끔 자극을 줄 수 있는 것이다.

UOP 공대에서는 기존의 co-op 프로그램을 조금 더 발전시킨 International Engineering Co-op Program (IECP)을 만들어서 학생들로 하여금 일본과 독일에서 경험을 쌓게 하고 있다. IECP에 참여하고 싶은 학생은 독일의 경우에는 일 년 동안 독일어 과목을 수강해야 하고 일본의 경우에는 봄 학기와 여름 학기동안 일본어는 물론 문화 교육을 받아야 한다. 이 교육을 위해 공대에서는 지역 일본인이 담당하도록 하고 있다. IECP는 6개월 동안 독일이나 일본의 기업체에서 일을 하면서 학생들로 하여금 글로벌 경제 사회에서 남들보다 한걸음 앞서 나갈 수 있는 기초를 쌓을 기회를 주는 것이다. 실제로 기초 언어와 문화 교육을 받았지만 다른 나라에서 여러 가지 어려움을 겪고 난 후에 좀 더 다른 문화와 영어가 서투른 외국인을 동료나 무역상대자 내지는 경쟁자로서 상대하는 방법이 우월감이 아닌 상호이해가 우선이라는 것을 깨달을 수도 있는 것이다.

4. Co-op이 필수인 5년제 교육과정

UOP의 공과대학은 학부과정이 co-op을 필수로 하는 5년제 과정임을 앞서 언급했다. 여기에서는 기계공학 학부 과정을 한번 자세히 보기로 하자.

입학하여 처음 2년 동안에는 수학, 물리, 화학 등의 기초과학 과목과 교양과목, 또 기본 공학과목에 집중하게 되어있다. 이는 마지막 3년 동안 수강해야하는 대부분의 기계공학 전공과목들이 기초과목들을 선수과목(pre-requisite)으로 하고 있기 때문이다. 모든 신입생들은 오리엔테이션 때 영어 읽기 및 쓰기와 수학시험을 본다. 이 시험 결과에 따라 학생들의 수준에 맞는 과목을 듣게 되는 것이다. 만약 적정 수준이 아닐 때에는 remedial[3] 과목을 먼저 들어야 그 다음단계로 올라 갈 수 있다. 하지만 remedial 과목을 들어서 얻은 학점은 졸업에 필요한 학점과는 상관이 없다. 이는 미국에서는 학군마다 고등학교 교과과정이 달라서 어떤 학생은 공대에 입학을 했는데도 삼각 함수 등을 배우지 않은 학생들도 있기 때문에 이 과정이 꼭 필요한 것이다. 3학년이 되면 어느 정도 기초 공학을 배운 상태가 되어 첫 번째 co-op을 봄 학기동안 하게 된다. Co-op을 마치면 여름 학기 중에 학교에 돌아와서 다시 과목을 듣게 된다. Pre-requisite 문제와 학생들이 co-op 때문에 듣지 못한 전공 필수과목과 선택과목 때문에 각 학과에서는 학생들로 하여금 가을 학기 과목을 수강하는데 꼭 필요한 강좌를 열어야만 한다. 이 때문에 각 학과에서 최소한 한 교수는 9개월이 아닌 11개월 계약으로 하고 있다. 두 번째 co-op은 4학년을 마치고 여름방학과 가을학기 중에 하게 된다. 이때는 학생들은 첫 번째와 같은 회사에 가야하는 것은 아니다. 또 General Mills같은 회사는 학생들로 하여금 좀 더 다양한 경험을 쌓으라고 두 번의 co-op중 한 번만 고용하는 것을 원칙으로 하고 있다. Table 1에서 볼 수 있는 자세한 교과 과정은 co-op을 필수로 하는 기계과의 학습계획서의 한 예이다. 기계공학 학사가 되기 위해서는 최소한 129학점의 필수 과목과 선택 과목을 통해 따

---

[3] 특정과목(영어읽기 및 쓰기, 수학 등)에 대한 능력이 일정 수준 미달일 때 졸업학점과 관계없이 수강해야만 하는 과목, 다른 과목과 마찬가지로 등록금을 지불해야 한다.

고 별도로 50학점에 해당하는 일 년 동안의 co-op 학점을 이수해야 한다.

5. ENGR 25 Professional Practice Seminar

공대 필수 과목 중에 Professional Practice Seminar가 있는데 UOP catalog[4]) 을 보면 아래와 같이 기술되어 있다. 이 과목은 첫 번째 co-op을 가기 전에 들어야하는데 co-op이 선택인 유학생도 필수 과목이다. 학생들은 회사에서 일하는데 필요한 윤리 등을 배우고 외부강사를 모셔와 time management skill 등을 교육 받고 또 모의 인터뷰도 하면서 실제로 있을 인터뷰에 대비하기도 한다. 또 co-op에서 돌아온 학생들로부터 여러 경험담을 들으면서 간접 경험도 하게 된다.

> "ENGR 25. Professional Practice Seminar (1)
> This course is designed to prepare students for the Cooperative Education experience. Presentations from representatives of industry, government, education and former Co-op students. Also covers topics in engineering ethics, professionalism, time management. Mock interviewing.
> Prerequisite: permission of the instructor required (Spring, Fall)."

---

4) University of the Pacific Catalog:
　　http://www.pacific.edu/registrar/documents/UPacific-06-07%20Catalog.pdf

6. Co-op Site Visit

봄 학기나 가을 학기가 시작하고 나서 co-op에 관한 첫 번째 행사는 "return co-op student meeting"이다. 이 행사의 가장 중요한 목적은 ABET인증을 위해 co-op assessment를 하는 것이다. Co-op에서 돌아 온 학생들이 함께 모여서 서로의 경험을 발표하게 하고 또 각 프로그램마다 따로 모여서 학교에서 배운 지식이 얼마만큼 도움이 되었는지 아니면 학교에서 배우지 않았지만 프로젝트를 수행하는데 꼭 필요한 지식이나 기술은 있었는지를 알아 볼 수 있는 것이다. 이는 ABEEK이나 ABET에서 요구하는 continuous quality improvement의 중요한 자료인 것이다. 이 과정 중에 co-op을 마치면서 이 학생들을 관리해 오던 mentor/manager의 설문조사 결과도 학생들과 함께 공유할 수도 있는 것이다. 학생들은 co-op을 마치면 최종 보고서를 작성해야 학점을 받게 된다. 이 보고서에는 co-op 중에 학생들이 어떠한 프로젝트에 참여했는지를 자세히 기록하게 된다.

⟨표 7-6-1⟩ A Sample Mechanical Engineering Study Plan

	FALL COURSE TITLE	SPRING COURSE TITLE	SUMMER COURSE TITLE
1st Year (Freshman)	Math 51 [4] Calculus I Engr 10 [1] Dean's Seminar Engr 15 [3] Engineering Graphics Pacs 1 [4] Pacific Seminar 1 General Education [3-4]	Math 53 [4] Calculus II Phys 53 [5] Physics I Chem 25 [5] General Chemistry Pacs 2 [4] Pacific Seminar 2	
2nd Year (Sophomore)	Math 55 [4] *Calculus III* Phys 55 [5] *Physics II* Engr 122 [3] *Thermodynamics I* Ecpe 41,41L [4] *Electrical Circuits*	Math 57 [4] *Differential Equations* Engr 20 [3] *Statics* Engr 45 [4] *Materials Science* Mech 19 [3] *Computer Apps in ME* Engr 25 [1] *Professional Practice*	Engr 120 [3] *Dynamics* (spr., sum.) General Education [3-4]
3rd Year (Junior)	Mech 100 [4] *Manufacturing* Civl 130 [4] *Fluid Mechanics* Engr 121 [4] *Mechanics of Materials* Engineering Elective [3-4]	First Co-op Period	Engl 105 [4] *Technical Writing* General Education [3-4]
4th Year. (1th Year Senior)	Mech 110 [3] *Instrumentation* Mech 129 [3] *Vibrations* Mech 140 [3] *Senior Design I* Mech 157 [3] *Thermodynamics II* Mech 120 [3] *Machine Design I*	Mech 125 [3] *Machine Design II* Mech 141 [3] *Senior Design II* Mech 150 [3] *Heat Transfer* Engineering Elective [3-4] Math/Science Elective [4]	Second Co-op Period
5th Yr. (2nd Year Senior)	Second Co-op Period	Mech 175 [4] *Systems and Controls* Engr 30 [3] *Engr. Ethics & Soc.* (G.E. II-B) Pacs 3 [3] *Pacific Seminar 3*	

이 모임의 다음 행사는 campus co-op interview를 하기 위해 기업체들이 학교에 와서 학생들을 인터뷰를 통해 필요한 학생을 고용하는 것이다. Co-op은 교수나 co-op office에서 학생을 임의로 회사를 지정하여 보내는 것이 아니다. 회사에서는 학생을 인터뷰하기 전에 학생이 어떠한 과제에 참여하게 될지를 co-op office에 job description을 보내면 co-op office에서는 학생들에게 공고를 하고 관심이 있는 학생은 co-op office에 이력서를 제출하게 된다. 학생들의 이력서를 희망 회사에 미리 보내서 회사에서는 서류 심사를 campus interview 전에 하게 된다. 학생들은 interview 신청을 하고 campus interview를 받게 되는 것이다. 이때에는 회사에는 원하는 전공에 따라 교수들은 점심을 같이 하면서 공학교육에 관한 의견 교환을 할 수 있다. Campus co-op interview는 약 3주 동안에 걸쳐서 이루어지고 co-op 전담 직원은 현재 co-op을 하고 있는 학생들을 방문하게 된다. 실제로 학생들이 하게 되어 있는 프로젝트를 하는지 학생과 mentor/manager와의 면담을 통해 확인도 하고 또 다른 문제점이 있는지도 알아보는 것이다. 예를 들어 회사에서 co-op 학생들을 단순 작업만 시키면 이를 시정하도록 의뢰 하는 것이다.

〈그림 7-5-1〉 Sign-up sheet for lunch with co-op interviewers

Faculty Host Sign Up Sheet

Companies Coming on Campus for Fall 2007 Interviews

Company	Majors	Dates Interviewing	Faculty
Central Contra Costa Sanitary	CE, BE	Monday, October 1	
Pathway Medical	ME, BE	Monday, October 1	
Dept of Water Resources	CE, EE, Ephy	Tuesday, October 2	
Frito Lay	ME, Emgt	Tuesday, October 2	
General Mills	ME, Emgt, EE, Ephy	Tuesday, October 2	
Shaw Group	CE, BE, ME,	Tuesday, October 2	
Carollo	CE, ME, EE	Wednesday, Oct 3	
E & J Gallo	ME, Emgt	Wednesday, Oct 3	
O'Dell Engr	CE	Wednesday, Oct 3	
E & J Gallo - coming a 2nd day	ME, Emgt	Thursday, Oct 4	
Lee & Ro	CE, EE	Thursday, Oct 4	
Siegfried	CE	Thursday, Oct 4	
MWH	CE	Thursday, Oct 4	
Fall Holiday		Friday, October 5	NO SCHOOL
CH2M Hill	CE, ME, EE	Monday, October 8	
Chevron	ME, EE	Monday, October 8	Chi-Wook
KSN	CE	Monday, October 8	
TMW	CE, Emgt	Monday, October 8	
Diamond Foods	ME, Emgt, EE, Ephy	Tuesday, October 9	
Spinal Kinetics	ME, BE	Tuesday, October 9	Chi-Wook
CDM	CE, Emgt, EE	Tuesday, October 9	
City of Lathrop	CE	Wednesday, October 10	
Condor	CE	Wednesday, October 10	
Consol	EE, Emgt	Wednesday, October 10	
DSS	CE	Thursday, October 11	
Mountain House CSD	CE, ME	Thursday, October 11	
Parker Hannifin	ME, EE	Thursday, October 11	Chi-Wook
Aisin	ME, EE	Friday, October 12	
Dfine	ME, BE	Friday, October 12	
HDR	CE, Emgt	Friday, October 12	
Nolte	CE	Monday, October 15	
Haeger	ME, Emgt	Monday, October 15	
S.J. Co Public Works	CE	Monday, October 15	
Kinematic	ME, Emgt, EE	Monday, October 15	Chi-Wook
Ecologic	CE	Tuesday, October 16	
NUMMI	ME, EE	Tuesday, October 16	
Granite	CE	Wednesday, October 17	
Bechtel-Nevada	Ephy, EE, Emgt	Thursday, October 18	
Kennedy Jenks	CE	Thursday, October 18	

7. The Co-op Program Assessment for ABET Accreditation

7.6.1 교육목표 (Program Educational Objectives)

ABET Criterion 2[5])에서는 공학인증을 원하는 프로그램은 고유의 교육목표[6])를 갖고 있어야 한다고 정하고 있다. ("Each engineering program for which an institution seeks accreditation or reaccreditation must have the Program Educational Objectives in place.") 이에 준하여 UOP 기계공학과는 재학생, 졸업생, Industrial Advisory Board, co-op employer 등 프로그램 관련자로부터 의견을 종합하여 아래와 같이 교육목표를 정하고 있고, 이것은 University Catalog에 명시되어 있다.

> Program Educational Objectives for the Mechanical Engineering Program
> Mechanical Engineering graduates will demonstrate:
> competency in their engineering careers and profession;
> adaptability to changes in science and technology;
> awareness of humanistic and societal issues;
> and the ability to communicate on technical and non-technical levels.

---

5) 2006-2007 Criteria for Accrediting Engineering Programs: http://www.abet.org/Linked%20Documents-UPDATE/Criteria%20and%20PP/E001%2006-07%20EAC%20Criteria%205-25-06-06.pdf

6) Program Educational Objectives : Program educational objectives are broad statement that describe the career and professional that the program is preparing graduates to achive.

Students who are U.S. citizens are required to possess one year of engineering work experience by participating in the co-op program. The Mechanical Engineering program strives to meet standards established by the Accreditation Board for Engineering and Technology (ABET).

7.6.2 Program Outcomes[7]

기계공학이라는 프로그램에서 교육목표를 달성하고 있는지를 확인 하는 방법으로 크게 세 가지 분야로 outcome을 분류하였다: (1) 지식(knowledge) 분야, (2) 기술(skills) 분야, 그리고 (3) quality 분야. 이 세 가지 분야를 중심으로 총 26개의 outcome으로 다음과 같이 세분화 하였다.

첫 번째인 지식분야는 "Knowledge which our graduates should have and be able to apply"로 정의를 내렸고 아래와 같이 13개의 항목이 있다:

· Fundamentals of mathematics
· Basic physics and chemistry
· Engineering mechanics, fluids & solids
· Energy systems
· Engineering materials and manufacturing
· Fundamentals of electrical science, instruments, controls

---

7) Program Outcomes : Program outcomes are narrower statements that describe what students that describe what students are expected to know and be able to do by the time of graduation. These relate to the knowledge, skills, and behaviors that students acquire in their matriculation through the program.

- Computational procedures & programming
- Principles of analysis—decomposition of systems into their constituent parts
- Principles of design—consideration of technical and non-technical criteria
- Experimentation
- Basic tenets of professional behavior
- The individual and society
- Human heritage

  두 번째인 기술 분야는 "Skills our graduates should have and be able to practice"을 의미하며 7개의 항목을 정하였고 아래와 같은 항목으로 구성되어 있다.

- Fundamentals of mathematics
- Basic physics and chemistry
- Engineering mechanics, fluids & solids
- Written
- Oral
- Graphical
- Computer Use
- Employment Preparation
- Team Building
- Safety

  마지막으로 Qualities는 "our graduates should have"을 의미하며 아

래와 같은 항목으로 구성되어 있다.

- Curiosity, creativity
- Ethical behavior
- Respect for colleagues
- Appreciation for the role of science and technology, both historically and currently
- A sense of social and environmental responsibility and of the needs of others
- Appreciation for lifelong learning in technical and non-technical areas

이 26개의 outcome을 교육목표와 비교하면 다음의 표와 같다.

〈표 7-6-2〉 Outcome과 교육목표와의 비교

Program Outcomes	Program Educational Objectives
1. Fundamentals of mathematics 2. Basic physics and chemistry 3. Engineering mechanics, fluids & solids 4. Energy systems 5. Engineering materials and manufacturing 6. Fundamentals of electrical science, instruments, controls 7. Computational procedures & programming 8. Principles of analysis decomposition of systems into their constituent parts 9. Principles of design consideration of technical and non-technical criteria 10. Experimentation	competency in their engineering careers and profession; adaptability to changes in science and technology;
11. Basic tenets of professional behavior	adaptability to changes in science and technology;

제7장 Univ. of the Pacific에서의 Cooperative (Co-op) Education

		awareness of humanistic and societal issues; ability to communicate on tech. & non-tech. levels
12. The individual and society		adaptability to changes in science and technology; awareness of humanistic and societal issues;
13. Human heritage		awareness of humanistic and societal issues;
14. Written 15. Oral 16. Graphical 17. Computer Use		adaptability to changes in science and technology; awareness of humanistic and societal issues; ability to communicate on tech & non-tech. levels;
18. Employment preparation		ability to communicate on tech. & non-tech. levels
19. Team building		adaptability to changes in science and technology; awareness of humanistic and societal issues;
20. Safety		competency in their engineering careers and profession; adaptability to changes in science and technology;
21. Creativity/curiosity		competency in their engineering careers and profession;
22. Ethical behavior 23. Respect for colleagues		awareness of humanistic and societal issues;
24. An appreciation for the role of science, engineering and technology, both historically and currently 25. A sense of social and environmental responsibility and the needs of others		adaptability to changes in science and technology; awareness of humanistic and societal issues;
26. Appreciation for lifelong learning in technical and non-technical areas		competency in their engineering careers and profession; adaptability to changes in science and technology; awareness of humanistic and societal issues;

7.6.3 프로그램 outcome 성취도를 평가하는 방법

프로그램 outcome 성취도를 평가하는 방법에는 다음과 같이 여러 가지가 있다. 첫째 교수회의가 있다. 교수회의 일지는 기계과 사무실과 온라인으로 보관한다. 교수회의에서는 program과 assessment[8] 개선 방법에 대해 의견교환을 한 내용이 된다. 둘째 교수와 학생들과의 모임이 있다. 이 모임은 매 학기말에 진행되며 재학생과 교수와의 대화를 통해 학생들의 의견을 듣고 과목이나 program을 개선한다. 셋째 Co-op Employer Evaluations, 넷째 Co-op Student Exit Interviews, 다섯째 Industrial Review of Senior Projects가 있다. 이것은 졸업생, industrial advisory member 등을 학교로 초빙하여 졸업을 앞둔 학생들의 졸업 작품을 전시하고 이들로 하여금 outcome 성취도를 평가하도록 하는 것이다. 여섯째 Feedback from Industrial Advisors, 일곱째 졸업생들의 Assessment 등으로 평가되어진다. 여기에서는 co-op을 통한 outcome 평가 방법인 Co-op Employer Evaluations과 Co-op Student Exit Interviews를 중점적으로 다루기로 하겠다.

7.6.4 Employer Evaluations of Co-op Students

학생이 co-op을 마치게 되면 학생을 지도했던 mentor/manager가 다음과 같은 질문을 통해 ABET Criterion 3 (a)−(k)를 기본으로 학

---

[8] Assessment : Assessment is one or more processes that identify, collect, and prepare data to evaluate the achievement of program outcomes and program educational objectives.

생·program에 대해 평가를 하게 된다:

(a) Ability to apply knowledge of math, science, and/or engineering
1. Very Weak
2. Unsatisfactory
3. Satisfactory
4. Very Good
5. Outstanding

(b1) Ability to design and conduct experiments
1. Very Weak
2. Unsatisfactory
3. Satisfactory
4. Very Good
5. Outstanding

(b2) Ability to analyze and interpret data
1. Very Weak
2. Unsatisfactory
3. Satisfactory
4. Very Good
5. Outstanding

(c) Ability to design a system, component, or process to meet desired needs
1. Very Weak
2. Unsatisfactory
3. Satisfactory
4. Very Good
5. Outstanding

(d) Ability to function on teams
1. Works poorly with others
2. Has difficulty working with others
3. Gets along satisfactorily
4. Works well with others
5. Exceptionally well-accepted

(e) Ability to identify, formulate, and solve engineering and/or technical problems

1. Very Weak
2. Unsatisfactory
3. Satisfactory
4. Very Good
5. Outstanding

(f) Demonstrates an understanding of professional ethical responsibility
1. Poor
2. Needs improvement
3. Adequate
4. Above average
5. Exceptional

(g1) Written Communication
1. Needs significant improvement
2. Needs improvement
3. Usually satisfactory
4. Very good, understandable
5. Clear and concise

(g2) Oral Communication
1. Needs significant improvement
2. Needs improvement
3. Usually satisfactory
4. Very good, understandable
5. Clear and concise

(h) Demonstrates an understanding of the impact of their engineering and/or technical work on society
1. Poor
2. Needs improvement
3. Adequate
4. Above average
5. Exceptional

(i) Ability to learn
1. Very slow to learn
2. Rather slow to learn
3. Average in learning

4. Learns readily
5. Learns very quickly

(j) Knowledge of contemporary issues related to engineering and/or technical practice
1. Poor
2. Needs improvement
3. Adequate
4. Above average
5. Exceptional

(k) Ability to use professional techniques and skills, and modern technical tools
1. Very Weak
2. Unsatisfactory
3. Satisfactory
4. Very Good
5. Outstanding

(l) Attitude and motivation
1. Uninterested and unmotivated
2. Somewhat indifferent
3. Average in diligence and interest
4. Very interested and industrious
5. Outstanding in enthusiasm

(m) Quality of Work
1. Very Poor
2. Below Average
3. Average
4. Very Good
5. Excellent

(n) Judgement
1. Consistently uses poor judgement
2. Often uses poor judgement
3. Usually makes the right decision
4. Above average in making decisions
5. Exceptionally mature

(o) Dependability
1. Undependable
2. Sometimes neglectful or careless
3. Usually dependable
4. Above average in dependability
5. Completely dependable

(p1) Attendance
1. Irregular
2. Regular

(p2) Punctuality
1. Irregular
2. Regular

이외에도 서술형 질문으로 assessment를 하기도 한다.

i.		What were this student's technical strengths and technical weaknesses?
ii.		What were this student's overall strengths and weaknesses?
iii.		What traits may help or hinder this student's advancement?
iv.		In what capacity did the student work on teams? Were They multi-disciplinary?
v.		Did the student work on projects that could impact global society? If so, what were these projects?
vi.		What self-improvement activities did the student participate in while employed with your company? How much initiative did the student demonstrate by pursuing these activities?
vii.		Other Comments: (please use additional sheets if necessary)
viii.		Has this report been discussed with the student? Yes/No
ix.		May the student use this report as a reference? Yes/No

<표 7-6-3>의 표는 2005년에 받은 Co-op Employer Evaluations 사례를 보여주고 있다.

〈표 7-6-3〉 Co-op Employer Evaluations 사례

2005 Employer Evals
Sp-Sp/Su-Su

STUDENT	COMPANY	TERM/S	SUPERVISOR
Conzelmann, Chad	Haeger Inc.	SU	
Goldsmith, Daniel	Haeger Inc.	SU	
Jordan, Nicholas	E & J Gallo Winery	SP	Rick Keller
King, Allison	General Electric	SP, SU	
Kucher, Sergey	Parker-Hannifin Racor	SP	Robert Hamilton
*Le, Tu Hai	Montgomery Watson H.	SP	Jack Olsborn
Lee, Janice	City of Palo Alto	SU	Matt Raschke
Mateleski, Michael	E & J Gallo Winery	SP, SU	
McNary, Sean	LLNL	SP	Perry Bell
Roelle, Dustin	Cisco	SP	Marty Florian
Zurbrick, William	Diamond of California	SP	Matt Hasselbach
			Average

Key: 1=unsatisfactory, 5=outstanding

a. Ability to apply knowledge of math, science, and/or engineering	b1. Ability to design & conduct experiments	b2. Ability to analyze & interpret data	c. Ability to design a system, component, or process to meet desired needs	d. Ability to function on teams. (old-relations)	e. Ability to identify, formulate, & solve engineering &/or technical problems	f. Demonstrates an understanding of professional ethical responsibility	g1. Written Communication	g2. Oral Communication	h. Demonstrates an understanding of the impact of their engineering &/or technical work on society
4	4	4	4	4	5		4	4	3
4		4		5	4	4	5	5	3
4				4			4	5	
4		4	4	5	4	5	5	5	5
4	4	4	4	4	4	3	4	4	3
4	4	4	4	5	4	5	4	4	5
4	4	4	5	3	4	3	4	5	3
4.00	4.00	4.00	4.20	4.29	4.17	4.00	4.29	4.57	3.67

i. Ability to learn	j. Knowledge of contemporary issues related to engineering and/or technical practice	k. Ability to use professional techniques & skills, & modern technical work on society.	l. Attitude & motivation	m. Quality of work	n. Judgement	o. Dependability	Average	p1. Attendance	p2. Punctuality	Overall Performance
5	4	4	5	4	4	4	4.29	5	5	4.5
										4
5	3	5	4	5	4	5	4.43	5	5	4
3		3					3.80			
4	4	5	5	4	4	5	4.43	5	5	4
5	5	4	4	4	4	5	4.43	5	5	4
5	5	4	3	4	5	4	4.29	5	5	4
5	4	5	5	4	4	4	4.43	5	5	4
##	4.17	4.29	4.33	4.17	4.17	4.50	4.31	5.00	5.00	4.07

7.6.5 Co-op Student Exit Interviews

매 학기 초에 그룹 co-op exit interview를 한다. 주로 점심시간을 이용하는데 co-op에서 돌아온 학생은 참석해야만 co-op학점을 취득할 수 있다. Co-op담당 부서에서는 이때 많은 피자를 준비하여 점심을 먹으며 하게 된다. 처음 30분은 전체가 모여서 하고 그 다음 30분은 각 전공별로 인터뷰를 한다. 이때에는 interview guidelines을 이용하는데 이 또한 ABET Criterion 3 (a)-(k)에 기본을 두고 있다. 여기에서는 2006년 1월26일에 했던 exit interview 내용과 guidelines을 아래에 소개 하였다.

먼저 전체 기계공학과, 토목공학과, 생명공학과, 공업경영학과가 함께 모여 인터뷰한 내용을 아래에 보였다.

i. How did co-op influence your thinking about your discipline?
A BioE student thought that he needed more chemistry.

Co-op helped a C.E.student reconcile whether or not he wanted to work in the design or construction area.

A student who did a co-op in Japan described how the culture was different.

One student mentioned how a project engineer he met described how his engineering degree helped him to get his job.

ii. How did co-op help you reflect on your own abilities?

One student felt that he was less productive using a computer, and would rather work with his hands.

A higher level of tolerance was learned by a student on an international co-op.

Confidence increased for one student, who stated that he learned a lot by simply watching others.

Some students did not want to pursue government or factory work after their co-op.

iii. How did co-op enhance your ability to work in groups?

A CAD expert with a technical background worked with one Pacific Engineering student, who found this collaboration to be beneficial.

An M.E. student on a co-op in Japan learned to work with other engineers from Korea despite the language barriers.

A Pacific BioE student found that he was more prepared to work on equipment in a biological laboratory than other people at the facility who had straight biology backgrounds.

iv. What ethical dilemmas did students experience?

A BioE student discussed how he saw that frogs used at his co-op had to be killed every time eggs were extracted for research purpose.

A C.E. student describe how he was asked to extract only some "good" results obtained from an experimental process that took place over a 5 month period. He handled the situation by forwarding the data sets to his Supervisor.

다음 필자가 소속한 기계공학과의 전공별 co-op exit interview 사례를 아래에 보였다.

The following Mechanical Engineering students were present at the meeting:

Name	Co-op Employer
Daniel Vizcaino (D.V.)	Stanley Electric
Eller Torres (E.T.)	Central Contra Costa Sanitation District
Adrian Hernandez (A.H.)	Gaf Materials
Jess Edwards (J.E.)	Valimet
Logan Tucker (L.T.)	Alaska Land Development Service
Stephen Morse (S.M.)	Japan Solderless Terminals

1. Increased your motivation for pursuing your chosen discipline?

D.V.—more studious;

E.T.—did more civil work, but found that he didn't want to stay in the civil area;

2. Increased the depth and breadth of your technical knowledge? (For example, increased technical knowledge in a specific area of engineering, such as in programming languages, CAD design, etc.) [ABET a. an ability to apply knowledge of mathematics, science, and engineering]
A.H.—developed AutoCAD drawings for hot oil lines; learned pipe layout techniques;
D.V.—utilized SolidWorks and a little AutoCAD for developing drawings for Stanley Electric;
S.M.—used Japanese version of CadPack & Cosmos to develop drawings for connectors; also utilized GDT;
D.V.—learned MS Access;
J.E.—Used a data acquisition system called Canary Labs, which is a less expensive alternative to National Instruments products such as LabView;
L.T.—Used Datech Dataloggers;

3. Increased your understanding of the basic tenets of professional behavior. (For example, arriving on time, dress code, appropriate conversation, etc.)
E.T. and L.T.—both saw that the conduct was more professional in the office, and less professional in the construction field;

4. Improved your written, oral, and graphical communication skills? (For example, through technical articles, group presentations, CAD work, etc.) [ABET g. an ability to communicate effectively]
A.H.—made presentation about his work on hot oil lines using powerpoint and received feedback;

E.T.—gave a presentation to the general manager;

S.M.—gave presentation about new technology in English for a general manager, who re-presented the talk in Germany.

5. Improved your team-building skills? (For example, in the areas of leadership, conflict resolution, respect for colleagues, etc.) [ABET d. an ability to function on multi-disciplinary teams]

L.T.—worked as a team member of an asphalt crew;

D.V.—did on-site measurements of motor bases with a sales manager, and served as the technical expert;

6. Improved your project-management skills? (For example client serving skills, networking, connection with the marketplace, etc.)

E.T.—supervised a geotechnical crew that tested soil samples, and had to make sure that they were drilling the proper areas;

D.V.—as a side part of his job he worked with an engineer to add a new room to the facility, and had to work with another engineer to meet deadlines;

7. Improved your critical thinking skills? (For example, your skill at introspection, self-assessment, integrative ability, etc.)

D.V.—learned to keep copies of drawings that people gave to him;

8. Improved your laboratory skills? (For example, your skill at performing routine experimental procedures, analysis, and interpretation of data, reporting of results, etc.) [ABET b. an ability to design and conduct experiments, as well as to analyze and interpret data]

J.E.—worked in lab to sort metal power, test gases, etc.;

J.E.—although Canary Labs was used to gather data, he found that information was still primarily recorded on paper with some records kept on computers;

S.M.—worked in lab a little; used a Scanning Electron Microscope; worked in a lab mixing resin.

9. Increased your awareness of proper ethical behavior in the workplace? (ABET f. an understanding of professional andethical responsibility) [ABET h. the broad education necessary to understand the impact of engineering solutions in a global and societal context]

J.T.—sometimes found it difficult to work with people who were friends of his supervisor;

S.M.—had to pass certain tests, and learned to understand "accepted practice;"

10. Increased your understanding of the practice of your chosen discipline and what it entails? (ABET c. an ability to design a system, component, or process to meet desired needs) [ABET e. an ability to identify, formulate, and solve engineering problems] [ABET k. an ability to use the techniques, skills, and modern engineering tools necessary for engineering practice]

L.T.—utilized infrared asphalt heaters in his work, but learned that some industry people did not really care about the influence of the heaters on the chemistry of the asphalt; industry people only cared about the stress levels;

E.T.—learned that engineering as a whole is quite different than

working-out HW problems; learned that he had to do the whole process by himself instead of just solving a HW problem;
A.H.—developed specifications for a new asphalt line, which was a rather involved, open-ended process;

11. Gained an increased appreciation for the importance of life-long learning? [ABET i. a recognition of the need for, and an ability to engage in life-long learning]
L.T.—worked for his father, who was not an engineer, but L.T. helped him become more technically advanced.
S.M.—supervisor had Ph.D., who he found to be much more competent than his co-workers who did not have as much education.

12. Increased your knowledge of contemporary issues, as they relate to engineering? [ABET j. a knowledge of contemporary issues]
A.H.—learned about OSHA standards such as the specific rules for labeling hot oil lines;
E.T.—did a lot of environmental remediation work for his co-op;
A.H.—learned about the importance of documentation through "lock-out," "tag-out," and "signature sheet" checks;
D.V.—developed pollution reports due to CFC's from a paint booth.

8. 바람직한 미래의 한국 공학교육

90년대 중반에 American Society for Engineering Educaton (ASEE)

학회에 갈 때마다 항공기나 자동차 등 transportation 관계 회사들에서 공대를 졸업한 학사출신 직원이 실제로 productive하게 되는데 무려 평균 7년씩이나 걸린다고 하는 논문들을 발표하면서 공학교육에 개혁이 있어야 한다고 역설하곤 했다. 냉전시대에는 구 Soviet Union의 space program에 뒤지지 않으려고 미국의 공학교육은 너무 이론 중심으로 바뀌어져 있었던 것이다. 극단적인 예로 General Motors에서 있었던 일로 MIT 졸업생이 electric power drill을 이용하여 구멍을 하나 뚫는데 30분 이상 소요되었다는 일화가 있다. 이는 이론에만 공학교육이 치우쳐 있어서 간단한 electric power drill 조차도 만져보지도 않고 공대를 졸업할 수 있었던 것이다. 하지만 이 회사들이 공학교육에 문제가 있다고 그저 불평만 한 것이 아니다. 특히 Boeing에서는 안식년의 교수들을 회사에서 6개월 내지는 1년을 받아들여 연구를 시키기 보다는 각 부서마다 돌아가며 공대 졸업생들이 하는 일을 보여주며 공학교육 혁신에 앞장을 섰다. 안식년이 아닌 교수들도 초청하고 Boeing에 있는 박사학위가 있는 연구원들을 대학에 파견하는 방식의 교환 프로그램도 운영했다. 또한 MIT, Carnegie-Mellon University 등 여러 공과대학에서 새로운 방식의 공학교육을 실제로 시도했을 때 기존의 ABET 인증 기준에는 이러한 것을 반영할 수가 없었다. 이에 몇몇 유명 대학이 한때 인증을 받지 않기도 했다. 이러한 사회적인 배경으로 기존의 ABET 인증 기준을 버리고 ABEEK 인증기준의 모체인 ABET2000 인증기준이 탄생하게 된 것이다. ABET2000 인증기준에 의하면 대학에서는 산업체에서 필요로 하는 일꾼을 배출하고 또 지속적으로 문제점을 찾아 자체 교육목표를 달성하도록 해야만 하는 것이다.

이처럼 한국에서도 공학인증을 통해 공학교육 발전이 한창 진행 중이다. 이때에 산업체에서도 공대 졸업생들의 능력이 모자란다고 불평만 하지 말고 산업체에서 필요로 하는 졸업생을 배출하는 공학교육 발전을 위해 적극적으로 참여를 해야 할 것이다. 이렇게 대학, 기업, 그리고 정부와의 상호 협력이 이루어 지지 않으면 지금 막 불붙기 시작한 인증을 통한 공학교육 발전이 지속되지 않을 수도 있다. 소개한 University of the Pacific의 co-op 프로그램은 보다 효과적인 공학교육을 위한 산학협동의 좋은 예인 것이다. 이와 같은 co-op제도를 한국 사정에 맞게 적용시키면 기업에서 "사람은 많은데 일할 사람이 없다"는 문제를 해결할 수 있을 것이다.

정부의 국책산업 육성 방안에 힘을 입어 한국의 연구개발 능력은 눈부신 발전을 이루었다. 하지만 한국에서의 공학교육에 대한 정부 정책은 연구 중심으로 너무 치우쳐 있지 않나 싶다. 공대 교수들의 능력 평가나 각 공대 학과별 평가도 결국 연구 논문 수에 의해 정해지기 때문에 공학교육이 상대적으로 소홀해 지기 쉽다. 이를 보완하기 위해서는 각 대학이 다양한 교수 능력 평가기준을 세울 수 있도록 자율권이 보장되어야 할 것이다. 외국의 좋은 교육제도라 하더라도 우리나라에 그대로 가져다 쓰려면 여러 가지 문제점이 있기 마련이다. Co-op제도가 좋다고 하여 교육부등 정부 기관에서 획일적으로 한국의 모든 공대에 적용시켜서는 안 된다. 각 대학이 자율권을 갖고 특성화를 할 수 있을 때 co-op을 실용적인 공학교육의 한 방법으로 고려가 되어야만 한다.

Co-op제도를 한국에 적용할 때는 기업체에서 co-op학생에게 프로젝트에 참여시키면서 급여를 제공해야 하는 것과 미국에서와 마찬가지로 졸업이 늦어지는 것이 큰 걸림돌이 될 것이다. 이는 공대에 진학하기를 기피하는 경향이 있어서 정부에서 공대 학생들에게 지급하는 장학금을 co-op프로그램에 이용하면 좋을 것 같다. Co-op 학생에 지급되는 급여문제를 해결하는 방법으로 필자의 경험을 예로 들면, 실제로 University of Michigan - Flint에서 조교수로 있을 때 co-op 프로그램을 새로 만든 경험이 있다. Flint는 원래 Buick 자동차 회사의 headquarter가 있었고 General Motors공장들과 자동차 부품 공장이 많이 있었다. 교수들이 직접 공장을 찾아다니면서 학생들에게 co-op 기회를 만들어 주었는데, 이때 학생들이 co-op으로 회사 프로젝트에 참여하면 교수들이 직접 학생들을 지도한다고 회사를 설득했다. 이때에는 학생들이 회사에 나가서 일하지만 실제로는 학교에서 co-op학생들을 고용하는 형식으로 했다. 학생들이 회사에서 일을 하면 회사에서는 학교에 시간당 $12씩 지급하고 학생들은 학교에서 시간당 $10씩 co-op 급여를 받았다. 나머지 $2.00는 학교에서 overhead으로 떼어서 프로젝트에 관여하고 있는 교수의 수당이며 실험실에서 쓰는 실험 기자재 및 소모품을 사는데 쓰이기도 하였다. 이와 같이 co-op 프로그램에 관여하는 교수에게 적정수준의 인센티브 및 교수 능력 평가에 반영시킬 수 있는 기준을 가질 수 있다면 한국에서도 co-op 프로그램과 같은 실용적인 공학교육이 자리를 잡을 수 있을 거라고 확신한다.

제8장 일본의 생산제조대학

1. 서론

　필자는 2003년도에 한 달 동안 캐나다에서 어학코스에 참가한 적이 있다. 한국과 일본을 포함한 아시아계 50%, 유럽계 10%, 남미계 30%, 중동계 10%로 구성된 학부이상의 Public Speaking 반으로서, 수업시간 내내 교사가 제시한 주제에 대하여 파워포인트를 사용하지 않고 5분~10분간 영어로 발표하는 것이었다. 초중고교 시절 미국식으로 학습하였던 유럽계나 남미계 학생들은 자연스럽게 생각을 하면서 발표하는 모습을 보여주었으나, 주로 암기식 학습 방식에 젖은 아시아계 학생들은 발표에 능숙치 못하고 매우 부끄러워하였으며, 발표내용들도 논리성이 결여된 경우가 많았다. 또한 팀워크를 이룬 발표 시 팀 활동에도 매우 소극적이었으며, 주도성도 결여되었고 창조적인 아이디어를 내는 경우도 많지 않았다.

이와 같이 우리나라의 교육방식은 아주 간단한 어학학습을 위한 활동조차 소위 공학인증에서 요구하는 "외국어 구사 능력"은 제외하고, 기업에서 창의성을 가지고 주도적인 인재가 되기 위한 "'해보자', '해내자'라는 마음자세", "토론하고 상호 협력하여 결론 도출", "튀는 생각, 엉뚱한 생각을 구체화시키는 연습" 등에 부족한 면이 있음을 잘 보여준다. 물론 이러한 학습방법은 대학만의 문제가 아니고, 초중고등 전 교육과정에서 필요한 것이다.

필자가 또 한 가지 언급하고 싶은 사항은 고등학교과정의 수준 차이에 대한 것이다. 보통 한국에서는 미국 등 서구의 고교과정 중 수학, 물리, 화학 등 공학에 필수적인 과목들의 학습수준이 낮다고들 한다. 그래서 그런지 세계의 각종 경진대회에서 한국 학생들이 수학과 과학에서 최고 수준임 보여주고 있기도 하다. 그러나 이들 성적도 주로 고교과정 이하의 경우에 한해서이다. 만일 대학 1학년을 이수한 다음에도 그럴까? 필자는 아닐 것 이라고 생각한다. 어떤 원인이 있었기에 그럴까?

미국과 캐나다에서는 한국과는 달리 공대를 지망하는 고교 2~3학년 학생들은 본인이 원하는 학과에 맞추어 과목들을 선택하여 수강한다. 즉, 공대를 지망하는 학생들은 반드시 수학, 물리, 화학, 생물을 이수하여 입학 시 지원 대학에 제출하여야 한다. 따라서 수능을 위해 상당한 과목들을 학습해야 하는 우리 학생들에 비해 학습 부담이 적다. 또한 본인이 원하는 점수가 낮아도 다음 해에 다시 수강해 일정수준의 점수를 얻으면 이것을 기반으로 대학에 다시 지원할 수 있다. 그럼에도 불구하고, 학교에서 배우는 수학이나 과학과목의 전체적인 학습량은 한국에 비해 적고 그 수준도 낮다는 점이다. 당연히 고교과정의 학생들을 학습성과를 다른 나라학생들과 비교측정하면 평균적으로 한국학생들의 수준이 높을 수밖에 없다.

그러나 여기서 한 가지 우리가 유념하여야 할 사항은 이들 서구의 교과과정에서는 해당과목 평가 시 우리와 다르게 기본 지식(knowledge)뿐만 아니라, 응용(application) 능력, 사고 및 탐구(thinking and inquiry), 의사소통(communication) 측정을 위한 시험문제들로 이루어져 있다. 한 가지 예로서 중학교 3학년 수학 시험내용을 보자. 직교좌표계를 학습(비록 우리에 비해 수준이 낮을 지라도)한 후, 평가시험에서는 직교좌표계를 이해했는가를 측정하기 위해 좌표계 그리는 방법과 그 의미에 대한 문제도 있으나, 응용 및 사고력 측정 부분에서는 좌표계를 실생활로 부터 사례를 들어 적용하는 주관식 문제들이 나온다. 따라서 서구 학생들은 대학이하의 과정에서는 수준이 낮더라도 기본적인 개념과, 이를 통한 사고력 배양에는 매우 충실함을 알 수 있다.

과학의 경우도 동일하다. 우리는 교과서의 내용들을 주로 열심히 암기하여 기계적으로 수치를 공식에 대입하는 시험이지만, 이들 나라의 과학과목 수업은 실험이 기본이며, 많은 학습내용의 획득보다는 기본을 충실히 다질 수 있는 내용과 사고력을 증진할 수 있는 내용들로 구성되어 있다. 예를 들면, 고2 과정의 물리과목에서는 학생 4명이 팀워크로 "모터 제작과 응용"이라는 주제의 프로젝트를 반드시 수행하고 있다. 이 프로젝트는 모터를 만드는 과정에서 절대로 시판되는 부품들을 사용할 수 없으며, 교사가 사용될 재료의 범위를 지정해 준다. 또한 학생들이 창의력을 발휘할 수 있도록 모터를 이용한 대상물(예, 돛대의 자동설치 등)의 구동까지 포함하여 평가하기도 한다. 구체적으로 평가내용을 살펴보면, AAA 규격의 건전지를 1개 이용하여, 최소전압(1.5 V 이하에서 구동되면 만점)으로 30초 이상 대상물이 구동되어야 한다. 그리고 이러한 저전력에서도 왜 대상물이 구동되는가를 발표를 통하여 설명되어야 한다. 독자들도 1.5 V의 건전지로 재활용 자재(주로 페트병 등)를 이용하여 만든 모터가 구동되도록 한다는 것은 상당한 지식과 노하우가 없으면 어렵게 느낄 것이다. 이 프로젝트는 물리의 전기, 관성, 부하 등을 학습한 후, 이해도, 창의성, 팀워크 등을 평가하는데 매우 적절해 보인다. 꼭 우리나라의 대학 물리시간과 유사하다고 할 수 있다. 따라서 우리나라의 고교과정과는 달리 많은 내용을 학습할 수 없을 것이다. 물론 이것은 한국의 과학교육과는 매우 다른 점이나, 한 반에 20명 이내의 인원이기 때문에 가능하기도 한 점이 있다. 한편 이러한 프로젝트는 다른 과학과목에서도 필수적으로 들어있다.

한편, 이들 나라에서는 대학 1학년 과정에서 우리의 고3에서 배우지 못한 부분을 공부해야 하므로 우리와는 달리 학생들에게 대학 1학년 과정이 매우 어렵게 느껴진다고들 한다. 필자의 생각으로는 이와 같이 대학 이하의 과정에서는 학습내용을 줄이더라도 기본원리와 실습 등 학생들이 직접 체험하면서 자유롭게 창의적인 사고가 가능한 교육방식이 공학 분야에서는 적절하다고 생각된다.

우리가 배웠던 내용들이 실 생활에서 100% 옳고, 또한 이들 이론들이 천편일률적으로 적용될 수 있는가? 필자의 생각으로는 아니라고 생각한다. 이론은 한정된 범위 내에서는 옳을 수 있지만, 복잡한 자연계에서 적용 범위가 달라지면, 이론도 수정하여 적용되어야 한다. 따라서 엔지니어를 위한 교육은 좀 더 유연한 사고력이 필요하며, 단순한 지식보다는 생각의 힘인 사고력 배양에 교육의 무게를 두어야 한다고 생각한다.

여기에 더하여, 최근에는 기술들이 복잡화, 융합화 추세에 있기 때문에 엔지니어는 기업에서 혼자서 업무를 수행하는 경우보다는 팀워크로 일하는 경우가 증가하고 있다. 그러므로 공학 특성상, 기본에 충실하면서도, 실천적이고 창조적이며, 상호협력이 가능하도록 교육방법들이 개선되어야 한다고 생각한다. 바로 이 부분이 최근에 도입된 공학인증에서 요구하는 미래의 엔지니어 인재상이 아닌가 생각된다.

외국의 학습사례를 들어 우리 교육이 개선해야할 할 일부를 소개하였다. 이러한 총론적 소개를 넘어 각론적 사례를 소개하고자 한다. 비록 앞에서 주장한 바와 같이 개선되어야할 아시아권의 교육방식을 가지고 있으나, 그들 나라에서도 이러한 문제점을 개선하고자 일부 그룹에서 시도되고 있는 사례이다. 바로 일본의 사례이다. 여기서 일본의 사례를 소개하고자 하는 것은 우리와 비슷한 정서를 가진 나라에서 새로운 교육방식을 도입하여 교육을 어떻게 개선하는지를 보여주고자 함이다.

일본은 세계 최고의 제조기술을 보유한 국가이므로 기계공학 분야의 교육을 보다 개선시키고자 노력한 사례를 생산제조대학(일

본명: ものつくり大學)을 통하여 살펴본다. 생산제조대학은 우리가 언뜻 생각나는 기능을 훈련하는 대학으로 생각하기 쉽다. 그럼에도 불구하고 자세히 조사해 보면, 이 대학 내에 대학원과정을 가지고 있다. 이름만 보면, 그리고 학교에서 제시하는 설립 취지를 보면 우리의 기능대학과 유사하다고 볼 수 있다. 그러나 필자의 생각으로는 생산제조분야의 교육 특성 상 이러한 교육방식이 기존 기계공학교육방식에 비해 훨씬 창조적이고 실천적일 수 있다. 그럼 이 대학의 홈페이지(http://www.iot.ac.jp/)와 학교 측에서 홍보한 "기계기술"(일본 일간공업사 발행)에 게재된 내용을 바탕으로 상세히 소개하고자 한다.

생산제조대학은 일본에서 생산제조 엔지니어의 지속적인 공급대책의 일환으로 1999년도에 설립되었다. 생산제조분야는 다른 학문과는 달리 기초적인 과학지식(물리, 화학 등)에 경험적인 노하우가 축적되어야 이 분야의 엔지니어가 빛을 발휘하는 특성을 가지고 있다. 관련된 분야는 과거의 범용제조공정으로부터 최근의 휴대전화, LCD TV에 이르는 첨단 IT제품, 화학 및 의료 약품의 대량생산에 이르기까지 굉장히 광범위하다.

이러한 생산제조공학의 인재양성에 대한 특성과 최첨단 제품에서 적용될 수 있는 특성으로 인하여 이 분야에 필요한 인재양성은 대단히 어려우며, 시간도 많이 소요된다. 뿐만 아니라 중요한 첨단제조공정은 특허 출원도 하지 않고 폐쇄적으로 사내에서 기술들이 전수 및 교육되고 있다. 첨단제조공정일수록 생산기술관련 인재는 복합적인 지식과 깊은 노하우가 필요하며, 새로운 신기술들이 신속히 접목되지 않으면 기업 경쟁력을 확보할 수 없다는 특성을 가지고 있다. 따라서 생산제조대학에서는 기초교육과정들이 업그레이드되어 복잡하고 고도의 교육과정으로 이행되어야하며, 특히 쏟아지는 신기술들이 생산제조공정에 접목되도록 프로그램들이 준비된다면 이러한 새로운 교육 시스템이 성공적으로 운영될 수 있을 것이다.

다음은 생산제조대학의 설립취지와 기본이념에 대하여 알아본다. 생산제조대학은 생산제조 정신을 기반으로 여기에 과학기술의 지식과 경영능력을 가미해서 새로운 분야를 개척할 수 있는 감성과 윤리관이 준비된 인재 육성을 지향한다. 여기에서는 실학(즉, 실천)을 중시하여 과거와 같이 이론만이 아닌 현실에 가까운 체득이 가능하도록 한다. 또한 이와 같은 현실 체험으로부터 문제를 발견하여 해결방법을 찾아내고, 학생 자신들이 기획부터 제작에 이르기 까지 모든 과정을 경험할 수 있도록 한다.

이를 위해 과거의 이공계 대학과는 전혀 달리 많은 실습과목과 장시간의 인턴쉽 제도가 준비되어 있다. 따라서 학생들은 생산제조대학을 통하여 자아실현이 가능한 개척자 정신을 가질 수 있도록 한다. 이것이 생산제조대학의 설립취지(홈페이지 내용 참조)이다.

생산제조대학의 기본이념은 다음과 같다.
- 생산제조와 직결된 실기, 실무교육 중시
- 기능과 과학, 경제, 기술, 예술, 환경이 연계되는 교육연구 중시
- 시대와 사회로부터의 요구에 부합한 교육연구 중시

- 자발성, 독창성, 협조성을 가진 인성교육 중시
- 생산제조 현장에서의 리더십이나 기업화 능력이 제고될 수 있는 경영교육 중시
- 기능, 과학기술, 사회경제의 글로벌화에 대응 가능한 국제성 중시

생산제조대학은 학부 내에 제조기능공예학과, 건설기능공예학과 2개 학과가 개설되어 있다. 또한, 총 정원 40명의 대학원(수업연한 2년)과 생산제조연구정보센터, 도서정보센터, 학생상담실, 보건센터, 행정실 등이 운영되고 있다.

2. 21세기 제조업의 변화

21세기 공업생산 구조는 다음과 같이 변화될 것이다. 첫째로, 독자기술과 표준화이다. 향후 기술의 키워드는 "독자기술"과 "표준" 두 가지이다. 우리나라는 자원이 적기 때문에 특징이 있는 "독자기술"과 전 세계 시장에 용이하게 진입하기 위한 "표준" 두 가지를 가지고 있어야 국제 경쟁력을 유지할 수 있을 것이다. 독자기술은 제품의 부가가치를 증가시켜 주기 때문에 국민 1인당 소득을 높이기가 쉬울 것이다. 또한 요즘 시장이 글로벌화 되어 있기 때문에 기술도 여기에 맞는 표준이 있어야 대응이 가능하다.

둘째로, 수주 및 발주조건의 변화와 생산의 이중구조화이다. 향

후에는 소비자의 수요에 따라 제품 사양이 결정되어 생산될 것이다. 지금까지는 소품종 대량생산 및 판매의 시대로서 수요자의 개성과는 관계가 없었다. 예를 들면, 통계청이 국민의 표준 신체치수를 측정하여 통계를 내면, 제조사들이 여기에 맞게, 수요를 고려하여 평균적인 품질의 운동화를 생산 및 판매 하였다. 그러나 향후에는 고객의 발에 맞도록 발 치수를 3차원 측정기에서 스캐닝하여 이 정보가 인터넷으로 제조사 측에 전송될 것이다. 이 정보는 광조형장치로 즉각 운동화 금형이 제작되어 곧바로 고객의 발에 맞는 운동화가 만들어져 공급될 것이다. 즉, 생산시설이 향후에는 기존의 자동생산라인과 다른 형태로 될 것이다. 그렇다면 향후에는 이와 같은 수요자 특성에 맞는 제품을 생산하기 위하여 최첨단 시설을 이용한 교육과정과 교육내용이 필요할 것이다. 뿐만 아니라 이러한 고객 특성에 맞는 수요공급 측면을 볼 때 향후에는 생산을 담당하는 회사의 규모도 점차 대기업에서 중소기업화가 될 것이다. 물론 대기업에서는 신발의 소재를 대량으로 공급하게 되어 중소기업과 공존하게 될 것이다.

셋째로, 기술이 초 하이테크화 되어도 기존 기술의 필요성은 유지될 것이다. 향후 주문생산시대가 되면 여러 가지 형태의 제품이 수요자 측으로부터 주문될 것이다. 사람은 복잡한 주문에 적절히 대응이 가능하다. 따라서 향후에는 다기능 다기술이 중요하게 여겨질 것이다. 그러나 생산제조장비 측면에서 보면 향후 급속히 개발되는 것은 단일 기능의 생산기계가 아니라 휴먼로봇과 같이 다면적으로 판단하여 가공하는 초하이테크 기계일 것이다. 현재도

개발과 같은 시작분야나 특수한 제품은 특수 숙련기능 및 엔지니어가 상당히 기여하고 있다. 예를 들면, 렌즈 연마에서 특수한 것은 지금도 마무리 가공(finishing)을 작업자가 직접 손으로 하고 있다. 그러나 최근에는 계측기기와 미세가공기술이 상당히 발전되어 이러한 공정이 거의 기계만으로도 대처가 가능하게 되었다. 단, 시작품이 아닌 특수렌즈 1개는 이러한 첨단기계로 제작하면 생산성이 떨어질 것이다. 마찬가지로 새로운 기계나 새로운 로봇 등을 만들 때에도 지금까지는 고도의 숙련 기능 및 엔지니어가 만들기 때문에 작업자 한 사람 한 사람이 대단히 중요하다. 결국, 미래에도 계속 기존 기능 및 기술도 중요한 부분으로 취급될 것이다.

따라서 수요자 측의 요구에 따른 다품종 소량 생산, 새로운 개발 시작분야, 문화재의 계승과 같이 전통 기술의 계승, 제품의 제조기술을 예술의 경지까지로 승화시키는 경우(즉, 미적 제품, 감성을 가진 제품 등)에는 향후에도 소량생산 공정과 종래의 기존 기능 및 엔지니어가 필요할 것이다.

3. 생산제조분야 교육의 문제점

생산제조분야 교육의 문제점은 다음과 같다. 첫째로, 생산제조공정을 교육할 때 학생이 직접 체험하기가 곤란한 측면이 많다. 가장 큰 원인은 생산제조공정이 교육현장에 존재하지 않기 때문에 직접 체험할 기회가 적다는 점이다. 예를 들면, 필통제조공정은 사출기로 필통 몸체를 만드는 일부 제조공정만을 교육할 수밖에 없다. 그러나 필통을 만드는 공정은 소재의 생산, 절단, 사출, 검사, 마무리공정, 코팅 등으로 이루어져 아무리 간단한 제품이라도 복잡한 공정을 거쳐야 한다. 그러므로 첨단제품인 LCD 모니터를 생산하는 공정은 너무 복잡하여 교육현장에서 효과적인 학습이 불가능하다.

일반대학에서는 아주 간단한 제품을 선택해서 여러 공정 중 하나의 공정만을 대상으로 인터넷이나 기타 동영상 DVD를 통해서 보거나, 나머지는 교재에서 간략화된 그림으로 공부하니 학생들은 재미없고 지루하여 학습이 제대로 될 수 없다. 특히 생산의 노하우는 가르치는 교수조차 모르는 것이 현실이며, 제대로 된 교육을 둘째 치고 신기술이 접목된 새로운 공정교육은 아예 불가능하다고 보면 된다.

의학교육의 경우를 고려해보자. 교재로 학습하고 실습실에서 지겹도록 해부하면서 기초지식을 쌓은 후 병원에 가서 인턴과정으로 실습한다. 특히 이들 병원은 교실 바로 옆에 위치해 있을 뿐만 아니라 실습대상인 환자들도 상당히 많지 않은가? 그리고 이 교육에 들어가는 고가의 비용은 학생 또는 환자들이 부담할 뿐만 아니라 실습재료는 병원에서 무한히 공급해줘 교육이 잘 될 수밖에 없다.

우리 공학교육, 특히 생산제조공학교육은 어떠한가? 4년 과정에서 1학년 기초교양을 배우고 4학년이 되면 졸업한다고 하니 배울 수 있는 기간은 겨우 2~3년이고, 실습실에 있는 장비는 구형(현장에서는 쓰지 않는)이며, 장비운전 교육은 재료가 없어 아예 데모만으로 배우고 있다. 그리고 이것조차 복잡한 생산제조공정 중의 아주 일부에 불과하니 학생들에게 제대로 이해시킬 수 없는 것이 현실이다. 이 때문에 기업 측에서는 대학교육이 부실하다고 한다. 이것은 학생 1인을 교육시키기 위한 비용(시설비, 재료비 등)과 교육기간의 문제, 그리고 현장에의 접근성 문제가 큰 것으로 생각된다. 특히 신기술은 학생의 눈과 머리에 주입시키기가 상당히 어려울 것이다. 신기술의 실체를 볼 수도 없고, 가르치려는 교수도 잘 이해하고 가르칠 수 없을 뿐만 아니라, 신기술 자체가 모두 노하우고 모두 회사 수익과 관련되기 때문에 회사에서 신기술에 대한 정보를 제공할 수도 없을 것이다. 그러니 기업으로부터 강사가 나와서 신기술을 강의하더라도 오래된 기술이나, 피상적으로 강의할 수밖에 없을 것이다. 교육이란 목표가 구체적이고 교육내용도 학생들이 실체적으로 느껴야지 뜬구름 잡기식의 교육은 교육의 이해도와 효율 측면에서 문제가 있다.

또 하나의 예를 들어보자. 대량생산에 관련된 것으로서 학생이 제품생산공정을 제대로 알려면 목적으로 하는 대상제품의 대량생산공정을 직접 실현(프로토 타입이라도…)해야 이해가 빠를 것이다. 그러나 이러한 프로토타입 제품을 한 반에 40-50명의 학생들로 하여금 실습하려던 공간과 비용은 어떻게 할 것인가? 이것이 요즘 우리 대학의 현실이다.

둘째로, 오래된 기술들은 시대가 변화함에 따라 그 가치가 감소한다는 점이다. 기술에 대한 사회적 평가가 변하기 때문에 일반적인 구형 기술의 필요성이 감소한다. 과거에는 NC공작기계로 가공하였으나 최근에는 인공지능을 가진 로봇과 고성능 CNC 공작기계나 나노기술이 접목된 가공기계를 사용해야하는 제조공정의 수요가 증가하고 있다. 따라서 과거에 구형기계를 조작하던 기술자의 수요가 감소하기 때문에 새로운 제품제조공정에 맞는 기술교육이 필요하다. 이러한 고도기술에의 급격한 이행현상은 엔지니어들로 하여금 자기 자식에게는 자기 자신이 속한 기술 분야에 종사하지 못하도록 하여, 실질적으로 필요한 과거 기술의 노하우 전승이 불가능하게 된다. 아무리 신기술이라도 과거에 사용되는 기술도 일부는 필요하다.

신기술의 접목에 필요한 생산제조공정의 기초가 무너지는 현상이 발생될 수 있다. 우리가 아무리 컴퓨터를 이용한다 하더라도 덧셈과 뺄셈은 아직도 사용되고 있지 않은가? 기술이란 전체적으로 보면, 이와 같이 덧셈, 뺄셈에 해당되는 기초 기술도 필요한 것이다.

셋째로, 도제 교육 제도가 붕괴되었다는 점이다. 도제교육이란 직장 내에서 선후배간에 이루어지는 학습형태이다. 독일의 마이스터와 같은 프로그램이 없으나 회사 내에서는 기술전수를 위한 도제교육들이 비공식적으로 이루어지고 있다. 우리나라에서는 이러한 도제교육도 IMF 이후 회사 내의 동료 또는 선후배간의 경쟁으로 인하여 도제교육이 점점 없어지고 있으며, 있다하더라도 선배들이 자신의 위치보전을 위하여 후배들에게 기술을 전수하는 것은 형식적으로 이루어지고 있는 실정이다.

4. 21세기형 공학교육의 모델

공학은 다양하여 세부 분야마다 특성이 다르므로 분야별 특성화가 필요하다. 여기에서는 생산제조대학의 특성에 잘 맞는 "제조기능공예학과"로 한정시켜 소개한다.

4.1 생산제조분야의 인재모델

생산제조교육에서 가장 중요한 것은 학생과 제품을 가까워지도록 하기 위하여 실제로 학생들이 제품을 직접 만들어 체험할 수 있도록 하는 것이다. 이를 위해서 실제로 소재를 어떻게 만들까하는 기본기술과 "생산제조의 혼(열정)"을 체득할 수 있도록 하는 것이 가장 중요하다. 지금까지 공과대학의 교육에서는 이러한 점이 대단히 부족하다.

기술과 혼이 제품의 생산제조의 기본이라고 생각되지만 이것만으로 21세기의 국제경쟁에서 이길 수 없다. 따라서 기술과 혼은 기본적인 필요조건이나 충분조건은 아니다.

21세기에 필요한 엔지니어는 먼저 기본기술(기능)에 과학기술을 가미시키는 것이 필요하다. 과학지식을 가미해서 기술(기능)이라는 대단히 경험적인 것을 보나 보편성과 범용성을 갖도록 넓혀 주는 것이다. 특히, 지금까지 많은 엔지니어들은 자신의 기술만으로 끝나지 않고 국제 사회를 포함한 수요자의 니즈에 대응해서 상품화하는 경우가 드물었다. 그런 제품을 만들 때는 먼저 어떻게 상품화 할 것인가, 이를 위해서는 어떠한 경영이 필요한가를 고려하는 것이 중요하다. 따라서 경영능력을 추가해서 적극적으로 기업화하는 잠재능력을 체득하는 것이다. 이것이 새로운 엔지니어 교육의 개념이다.

일반대학에서 이론이 강한 전문 엔지니어를 양성해서 상품화 및 기업화 능력이 미흡하다고 지적을 받았으나, 생산제조대학에서는 이런 점을 해결하고자 이론과 현장기술의 체득, 그리고 상품화 잠재능력을 가질 수 있는 인재 양성을 교육 목표로 하고 있다.

과거의 대량생산체제에서 졸업생의 모델은 결정사항은 정확하고 빠르게 처리하는 능력이 필요하였으나 미래에는 현장의 문제점을 발굴하여 해결법을 제시하고 그것을 실천할 수 있는 능력이 필요하다. 따라서 이와 같이 벤처 기업가적인 역할 수행이 가능한 것이 생산제조대학에서 육성하고자 하는 구체적인 인재 모델이다.

4.2 생산제조분야의 기본교육 지침

생산제조 교육의 기본지침은 정보와 지식전달 중심의 교육에서 인간창조가 가미된 교육을 목표로 한다. 대학교육에서 중요한 것은 다양한 정보들을 자기 것으로 만들 수 있는 능력을 배양시키는 것이다. 생산제조대학에서 교수는 학생과 제품 사이에 친화력을 가질 수 있는 환경을 만들어 주고, 학생을 지원해 주는 역할을 한다. 즉, 지식 전달에만 있는 것이 아니다.

생산제조 교육의 기본방침은 일반대학의 교육과는 달리 이론과 연구의 편중으로부터 현장과 현실의 체험을 중시하는 것이다. 현장체험을 교육에 반영시키기 위하여 학생들이 직접 "카누(배)"를 만드는 실습과정을 개설(5절 참조)하였다. 이 과정은 팀을 만들어 기획과 설계에서부터 모형제작, 설계계산, 최종적으로는 제작된 카누를 하천에서 경주대회를 통하여 자기 팀이 만든 제품의 성능을 평가하게 된다. 즉, 학생 스스로 제품을 만드는 공정을 익히고 사용자로서 제품의 성능을 평가하게 되어 그 동안 학습하였던 과목들을 직접 체험할 수 있고, 또한 성능평가 후 문제점들을 파악하여 해결할 수 있는 능력도 기르게 된다.

4.3 생산제조대학의 구체적인 교육 특징

생산제조 대학의 구체적인 교육 특징은 인성교육의 중시, 실학 중시의 교육, 산학협동 교육, 사회인 교육의 추진을 들 수 있다.

첫째로, 생산제조대학에서는 소그룹 담임제, 교수와 학생의 합숙 연수, 선배와 후배의 협동 작업(팀워크)을 통하여 학생들의 인성교육도 함께 실시된다.

둘째로, 실학을 중시한 교육이다. 구체적으로 언급하면, 실습과 강의는 50:50으로 되어 있으며, 과정의 전반부는 실습교육이 많고 후반부로 갈수록 이론 교육이 증가한다는 점이 우리나라 대학과는 다르다. 또한, 실습과 강의를 농일과복에 대해서는 농일 교수가 담당하는 원칙을 가지고 있다. 일반대학에서는 강의는 교수가, 실습은 조교가 감당하여 이론과 실습 사이의 연계성이 떨어지는 점을 개선한 것이다. 실습목적도 과거와 같이 일반적인 제조관련기능을 습득하는 것이 아니라 제조공정의 기본골격을 이해할 수 있도록 하고, 여기에 하이테크 기술들을 접목해서 실질적으로 현실에 가깝도록 구성되어 있다. 따라서 이론과 실습을 동일 교수가 담당하여 교육을 연구와 같이 준비하여 개척함으로서 현장이 아닌 강의실에서도 현실에 가까운 교육이 가능하게 되었다.

셋째로 산학협동을 통한 교육이다. 생산제조대학의 교수진은 60% 이상이 기업출신이며, 기업으로부터 비상근 교수(즉, 겸임교수)로 근무하는 비율도 증가하고 있다. 따라서 이들이 내부 교수진과 협동(산학협동교육)함으로서 실학중시의 교육이 가능하다. 인턴십 제도를 실시하여 건설계 학생은 9개월, 제조계 학생은 6개월을 이수해야한다. 이 정도의 기간은 재학 4년 중 상당히 긴 편이어서 학생들에게는 중요한 위치를 점한다. 또한 인턴쉽 기간도 일주일 또는 1개월씩 수행하지 않고 연속적으로 이수하도록 하여 교육효율을 높였다.

넷째로, 사회인 교육의 추진이다. 이것은 선진국에서 추진되고 있는 평생교육의 개념을 도입한 것이다. 현재 생산제조대학에서 공부하고 있는 학생은 1/3이 사회인이다. 일류대학의 대학원을 수료한 학생, 외국 대학을 졸업한 학생, 회사에서 근무하고 있는 학생들이 1/3을 점하고 있다. 그들 중에는 60세가 된 학생도 있으며, 중소기업의 사장을 그만두고 입학한 학생도 있다. 학기는 4학기제로서 기업인들로부터 추천을 받아 특별반을 따로 만들어 운영하기도 한다.

4.4 산학협동과 지역산업과의 협력

생산제조대학에서 추진되고 있는 지역산업과의 협력을 통한 산학협동은 다음과 같은 일들이 추진되고 있다.

첫째로, 대학 내에 "생산제조 연구정보 센터"를 설립하여 각종 방대한 정보를 데이터베이스화 하여 인터넷으로 기업들에게 제공하고 있다. 현재 일본의 대기업 수십개사, 중소기업 수백개사, 그리고 지역제휴 기업들과 연계되어 있다.

둘째로, 산학협동 대학원을 개설하여 운영하고 있다. 대학 내에 산학협동으로 연구개발 후 상업화를 목표로 한 대학원과정을 개설하였다. 이것은 일반대학과 같이 전문 연구자 양성을 목표로 하지 않고 기업과 일체화된 벤처기업화 하는 장소로서 실학사상을 구현하는데 그 목표를 두었다. 산학협동 대학원은 창조력과 열정을 가진 많은 중소기업들로부터 연구개발 테마를 접수하여 대학 내의 실습실을 연구개발 및 시작품 제작공장으로 활용하여 직접 제품화하여 최종적으로 벤처기업을 만들어 낼 수 있도록 하였다.

5. 특화된 학과 소개

5.1 제조기능공예학과 교육과정

(1) 개요

생산제조대학은 건설기능공예학과와 제조기능공예학과로 구성되어 있다. 이중에서 제조기능공예학과(Department of Manufacturing)를 중심으로 상세히 교육내용을 알아본다. 제조기능공예학과에서는 생산제조 분야에서 기능과 기술을 겸비한 엔지니어를 육성할 6개의 과정(디자인공예과정, 머신디자인과정, 프로세스과정, 컴퓨터응용과정, Manufacturing과정, 정보기술과정)을 개설하여 운영하고 있다.

(2) 교육과정의 구성과 의의

- 디자인 공예 과정

개설 의의	구성
일반 공업용 부품부터 민생용 제품에 이르기까지 기능성과 디자인에 따라 부가가치가 높아진다. 이들 제품의 제조는 제작 프로세스, 제작 장치나 사용되는 재료특성 이 고려된 하드웨어적인 생산제조기술과 형상디자인을 포함한 새로운 제품제조방법에 대해 교육한다. 이 과정은 과거와 같이 소프트웨어와 디자인을 분리시키지 않고 함께 습득하도록 하는데 그 의의가 있다.	이 과정은 공업제품을 만들기 위해 필요한 기능 및 의장디자인, 또는 공예제품을 만들기 위한 디자인 및 전통적인 제품에 대한 신규제작프로세스 등으로 커리큘럼이 구성되어 있다. 학생은 창작연습 및 실습을 통하여 습득한 디자인 능력을 확인할 수 있다.

- 머신 디자인 과정

개설 의의	구성
이 과정은 2001~2004년도 입학자의 메카시스템 과정을 수송기계, 생산기계, 공작기계 등 산업기계에 관한 동력이나 운동기구에 대한 장치설계분야와 전자, 광을 응용한 IT 정보기계 등의 각종 메카트로 장치설계 분야로 나누어 내용을 충실하게 보완한 것이다. 각 분야에서 설계된 장치, 기기 등을 실제로 만들어 그 기능과 성능을 평가하는 것이 기계설계 엔지니어의 육성에 반드시 필요하다.	이 과정은 기계, 열기관 등 기구설계를 주체로 한 장치설계분야와 제어, 전기를 이용한 메카트로닉스분야가 있다. 전자는 수송기계, 공작기계 등을, 후자는 자동기계, 정보기계 등을 대상으로 하여 기술을 습득한다.

- 프로세스 과정

개설 의의	구성
이 과정은 2001~2004년도 입학자의 테크노 프로세스 과정에 물리, 화학 프로세스를 추가하여 보완한 것이다. 이 과정은 생산제조의 기반인 기계공작분야의 제조기능 및 기술에서부터 전자부품 등의 새로운 제조공정	이 과정은 기계가공분야와 정밀디바이스 분야를 가지고 있다. 기계가공분야는 용융, 제거, 형상 창성분야로 구성되어 있다. 정밀디바이스 분야는 표면의 박막형성, 미세가공 등을 교육한다. 각각의 기계부품 제조 엔지니어,

개설 의의	구성
을 습득하고, 양산으로부터 고부가가치 부품의 제조에 이르기까지의 기초이론을 습득하고 많은 실습을 통하여 체득한다. 이 과정의 개설 의의는 이들을 종합적으로 학습하고, 창조적으로 부품제조를 수행할 수 있도록 한다.	반도체, 광학부품 프로세스 엔지니어를 육성하기 위한 교육연구가 수행된다.

- 컴퓨터 응용 과정

개설 의의	구성
기계장치의 설계, 부품제조에 대한 물리화학적 프로세스 모델을 수립하고, 이에 대한 해석과 시뮬레이션을 수행할 때는 컴퓨터응용 관련지식이 필요하다. 이 과정은 생산제조에 관한 제 문제를 컴퓨터상에서 창조적으로 표현하고 생산제조에 관한 기술적인 교육을 직접 수행하는 것을 목적으로 한다. 학생은 실제적으로 기계설계와 부품제조 프로세스 해석을 동시에 수행함으로서 살아있는 교육 및 연구가 가능하다.	기계설계에 필요한 재료, 기구, 설계와 함께 물리적인 현상해석에 관한 각종 강의를 개설하여 구조해석, 각종 시뮬레이션, 신 제조 프로세스 개발, 기계설계 등 생산제조기술자로서 역할을 수행할 수 있도록 교육 연구를 수행한다.

─Manufacturing 과정

개설 의의	구성
이 과정은 2001~2004년도 입학자 대상의 플랜트 메인티넌스 과정에 새로운 과목을 추가하여 보완한 것이다. 과거부터 제조에 관한 생산기술은 생산설비 등의 개선, 보수, 설계 등 하드웨어에 관한 기술과 기능, 생산라인, 생산에 관한 각종 관리 등 시스템에 관한 기술로 구성되어 있다. 따라서 학부교육에서는 생산제조현상을 알고 미래의 생산방법을 학습할 수 있도록 폭넓은 교육이 중요하다. 이 과정에서는 생산기술에 관한 하드웨어와 시스템 양면을 교육연구할 수 있도록 한다	이 과정은 생산설비, 치공구 등에 관한 설계, 전장 및 제어기술, Industrial Engineering, 개선과 같은 생산활동, 윤활과 같은 설비보수 등의 과목으로 구성되어 있다. 생산기술에 관한 기초기능과 기술을 습득하여 현장에서의 생산제조가 가능하도록 교육연구가 수행된다.

- 정보기술 과정

개설 의의	구성
컴퓨터에 의한 정보 네트워크의 발전은 현저해서 시스템을 매개체로 한 단말에서의 영상, 화상, 언어처리에 관한 기술은 생산제조분야에서도 필요하다. 특히 컴퓨터 소프트웨어, 정보처리와 같은 응용기술을 활용한 기기의 설계, 영상처리, 부품 디자인과 같은 구체적인 생산제조에 대한 교육연구가 중요하다.	이 과정은 고급언어의 응용, WEB 정보 네트워크, CG, 게임 등의 화상처리와 같은 과목으로 구성되어, 학생들이 향후 진로에 적합한 분야선정이 가능하며, 정보기술에 관한 기초기술을 습득하기 위한 교육연구를 수행한다.

5.2 2007년도 생산제조대학의 명물 수업

생산제조대학의 홈페이지로부터 2007년도 생산제조대학의 명물 수업으로 유명한 製造技能工芸學科(http://www.iot.ac.jp/manu/)의 "F Zemi(Fゼミ,フレッシュマンゼミ)"에 대하여 알아본다.

홈페이지의 첫 단에 소개된 타이틀을 보면, "만들면서 느끼고, 느끼면서 생각하고, 생각하면서 창조한다.(~作りながら感じ、感じながら考え、考えながら造る~)"와 같이 학교 설립취지에 충실하고, 실용적이며 실천적임을 알 수 있다.

여기서 "F Zemi"란 학생이 직접 손과 지혜를 모아 배를 설계 및 제작하여 운전 및 성능평가, 개선하는 학생 주도적인 수업을 말한다. 팀별 작업을 수행함으로서 토론과 경쟁을 통하여 팀워크, 리더쉽, 팀원으로서의 목표 달성감을 체험케 함으로서 생산제조의 혼(열정)을 배양한다. 제품제작에 취미가 있는 학생에게 진정한 엔지니어의 혼을 불어 넣어 학생 개개인에게 생산제조 엔지니어로서 갈고 닦는 창구가 "F Zemi"이다. 생산제조대학은 실제로 제품을 손으로 만지고 머리로 이론을 종합적으로 이해하여 응용력을 함양할 수 있도록 교육하는 대학이다. 그러므로 기존 교육과의 갭을 메우는 것이 바로 "F Zemi"인 것이다. 즉, "F Zemi" 수업의 목적은 대학생활에 조속히 적응시키고, 생산제조의 기초를 학습하며, 배를 제작하여 안전교육을 학습할 뿐만 아니라 팀워크의 중요성도 체감시키는 것이다. 여기서 팀 전원이 한 사람씩 고유분야를 맡아 책임을 가질 수 있도록 아래 <표 8-5-1>과 같이 팀을 편성하여 역할을 분담한다.

〈표 8-5-1〉 팀 편성 및 역할 분담표

팀리더	팀을 이끌며, 수업시간 외의 제작 시 책임자 역할
기술담당	접착제, 공구의 사용법 등을 교사로부터 교육받아 팀원을 지도
일정담당	작업진도를 확인하고 재료의 잔량을 점검
안전담당	안전하게 작업하고 있는 가를 확인
4S담당	작업 중 및 작업 종료시 실험실 정리정돈, 청소 등
대회준비위원	경주대회에 관한 준비 및 기획

"F Zemi"의 수업 일정은 다음 <표 8-5-2>와 같다.

〈표 8-5-2〉 수업 일정표

1Q	수업 일정									
	1회	2회	3회	4회	5회	6회	7회	8회	9회	10회
팀 토론	→	→	→							
설계			→	→						
1/5급모형제작 (시험)					→	→				
중간발표 (준비기간)							→	→		
2Q										
본체제작	→	→	→	→	→	→				
운전연습						→				
수정 개선							→			
경주대회								→		
총정리									→	

상기와 같은 일정 하에서 다음과 같이 단계별로 배를 제작하여 운전연습을 한 후, 경주대회를 갖는다.

1단계 : 선배가 제작한 배를 보고 설계하며, 실제로 배를 타고 감을 느껴본다.

2단계 : 각자 학생들이 고안한 1/10 사이즈의 종이 모형 배를 제작하여 발표한다.

3단계 : 고안된 모형들 중에서 몇 개를 선정하여 목재로 1/5 사이즈의 모형을 제작한다.

4단계 : 대학 내 저수지에서 모형 배의 성능시험을 몇 차례 행하여 문제점을 찾아 기능을 향상시키기 위한 보완대책을 마련한다.

5단계 : 최종안을 확정하여 실제 크기의 배를 만든다. 이 단계에서는 본체를 설계한 다음, 외판 제작, 각 요소 부품인 부재들의 제작, 추진장치를 제작한다. 2002년에서 2007년도까지의 설계사양은 다음 <표 8-5-3>과 같다.

〈표 8-5-3〉 설계 사양

항 목	사양(specification)
본체 재료	방수목재(TYPE-)를 연결하는 공법으로 제작
제원	전장 4.5m 이하, 전폭 1.8m 이하
추진 방법	수동식, 공기·물로 유체역학적으로 추진력을 얻는 방법

그 다음에는 구리선으로 외판들을 조립한 후 굽힘과 고정 단계를 거쳐 배의 내판들을 마무리 가공(FRP소재의 테이퍼면과 내면의 실링(접착))한 후, 핸들과 방향타(舵)들을 본체와 동시에 제작을 추진한다. 아래 <그림 8-5-1>은 학생들이 직접 수행하는 일부 제작 과정들을 보여준다.

〈그림 8-5-1〉 학생들이 배를 제작하는 모습

6단계 : 경주대회에 출전할 수 있도록 운전 연습을 한다.

상기와 같은 단계를 거쳐, 실제로 경주대회에 각 팀들은 출전한다. 6개월간 배를 제작 및 운전 연습한 것을 집대성시켜 사이타마현에 있는 호수에서 製造技能工芸學科 주최로 U턴 레이스 총 길이 500m에서 시합을 갖는다.

5.3 "우수인재가 되기 위한 대학생 행동지침(소양과 자질 10가지)"과의 관련성

앞 절에서 소개한 생산제조대학 특성과 우수인재가 되기 위한 대학생 행동지침인 대학생으로서의 소양과 자질 10가지와의 관련성을 표로 정리한 것이 <표 8-5-4>이다.

생산제조대학의 특성을 요약하면, 기본 공학교육을 바탕으로 기본에 충실하며, "F Zemi수업"을 통한 실천적이며, 창의적이고 올바른 소양을 갖도록 경험을 통해 생산제조 기술이 체득화된 엔지니어를 양성하는 것이라고 할 수 있다. 최근에 실시되고 있는 공학인증에서 요구되는 대부분의 기본 항목들이 들어 있음을 알 수 있다. 이와 동시에 종이 위에서 학습하는 것이 아니라 학습된 이론지식을 팀워크로 현장(실습실)에서 몸으로 체득시키는 것이 특징이다.

〈표 8-5-4〉 우수인재가 되기 위한 행동지침과의 관련성 비교

번호	항목	기존교육	생산제조 대학교육	근거
1	전공 실력	중점적	보통	-
2	경제/경영 등 교양	중점적	보통	-
3	외국어 구사 능력	중점적	보통	-
4	해외 견문	중점적	보통	-
5	'해보자', '해내자'라는 마음자세	보통	중점적	F Zemi 수업
6	토론과 상호 협력	보통	중점적	F Zemi 수업
7	상대방 의사 존중	보통	중점적	F Zemi 수업
8	책임과 예의 및 바른 행동	보통	중점적	F Zemi 수업
9	엉뚱한 생각의 구체화 연습	보통	중점적	F Zemi 수업
10	협력과 최선	보통	중점적	F Zemi 수업

제9장 북유럽 대학교육과 창업정신고취

1. 머리말

2006년 10월 31일 스위스의 세계경제포럼(World Economic Forum: WEF)은 2006년도 세계 125개 국가들의 국가경쟁력(National Competitiveness) 순위를 발표하였다. 세계국가경쟁력 순위는 성장경쟁력 순위(Growth Competitiveness Index Rankings)와 사업경쟁력 순위(Business Competitiveness Index Rankings)로 이루어지고 있으며 세계 제 2위와 3위의 국가경쟁력을 2006년 보유하고 있는 나라는 북유럽국가인 핀란드와 스웨덴이다. 10위권에 진입한 국가들은 모두 유럽, 미국 등이며 아시아 국가들로서는 싱가포르와 일본이 각각 5위와 7위를 차지하고 있다. (<표 9-1-1> 참조)

특히 핀란드는 2000년 이후 오랫동안 미국과 치열한 경쟁을 치르며 성장경쟁력 순위 및 사업경쟁력 순위에서 2005년까지 연속 6년 간 1위를 차지하여 오랜 숙원인 세계 최고의 국가경쟁력 보유

국가를 유지하고 있다가 2006년 스위스에 이어 세계 2위를 차지하게 되었다. 스웨덴은 2002년도 성장경쟁력 순위 3위 및 사업경쟁력 순위 6위를 기록하였으나 2003년도에는 양 부문 모두 3위를 기록하여 2위를 기록하고 있던 미국의 국가경쟁력을 위협하다가 2006년도에는 미국을 제치고 3위를 차지하였다. 핀란드와 스웨덴의 뒤를 이어 덴마크, 독일, 영국 등 유럽 국가들이 국가경쟁력 강화를 위해서 맹렬한 추격을 벌이고 있다.

특히 핀란드와 스웨덴은 인구가 각 530만과 900만 명에 불과한 작은 국가임에도 불구하고 세계 최 강대국인 미국과 경쟁하며 자국의 이익을 극대화시키고 있다. 핀란드와 스웨덴이 국가경쟁력을 강화시키는 주된 동기는 상이하다. 핀란드의 경우 1990년대 초 세계 냉전체제가 해체되면서 구소련의 몰락과 함께 가장 중요한 경제파트너를 상실하면서 경제위기에 봉착하고 동시에 경제의 세계화 과정에서 능동적으로 대처하기 위해서는 규제완화 및 경쟁력 강화를 추진하지 않으면 지속적 경제성장을 달성할 수 없다는 국민적 인식에서 출발하였다.

〈표 9-1-1〉 글로벌 경쟁력 인덱스 종합순위 (2006~2007)

Country	Global Competitiveness Index (GCI) 2006 Rank	GCI 2006 Score
Switzerland	1	5.81
Finland	2	5.76
Sweden	3	5.74
Denmark	4	5.70
Singapore	5	5.63
United States	6	5.61
Japan	7	5.60
Germany	8	5.58
Netherlands	9	5.56
United Kingdom	10	5.54

Source: World Economic Forum, Executive Opinion Survey, 2006

　스웨덴의 경우 1990년대 초 과도한 복지비용으로 경제성장에 한계를 경험하였으며 1970년대 말까지 미국, 스위스와 함께 세계 3대 고소득 국가에서 1990년대 중반 세계 17위의 소득국가로 전락하여 국가적 위기감을 극복하기 위해서는 국가경쟁력을 강화하여 지속적 경제성장을 달성할 수 있는 산업경제모델을 창출하여야만 하는 절박감에서 출발하였다. 즉, 이 두 나라가 추구하는 국가이념의 궁극적 목표인 국민복지 향상은 지속적인 경제성장에 의해 가능하다는 국민적 공감대가 형성되었다.

　이처럼 상이한 동기에서 출발하는 국가경쟁력 강화나 이를 도달하기 위한 국가정책은 매우 유사하다. 두 나라 모두 산학관 연계활동을 통하여 기술혁신을 창출하고 이를 신제품개발에 적용하여 최단시간 내에 상품화를 성공시켜 국내시장뿐만이 아닌 세계시장에서 시장점유율을 확대하여 지속적인 경제성장을 가능하게 하는 것이다. 그 이유는 두 나라 모두 무역의존도가 상대적으로 높고 국내시장이 협소하기 때문에 세계시장에서 상품의 가치를 극대화하기 위해서는 기술혁신을 지속적으로 유발하여 이를 신제품 생산에 적용할 수 있는 체제를 구축하지 않으면 불가능하기 때문이다. 이러한 성장 동력을 추진하는 주체는 대학과 기업이며 상호 긴밀한 협력 체제를 유지하고 있으며 동시에 정부정책과도 연계되어 국가기술혁신체제(National Innovation System) 및 지역기술혁신체제(Regional Innovation System)를 구축하고 있다.

특히 북유럽의 대학교육은 수요자 중심의 접근법이 기초를 이루고 있으며 전통적으로 대학원 중심의 교육이 실시되고 있으나 2007년 유럽연합 차원에서 추진하고 있는 볼로냐 프로세스(Bologna Process)를 통하여 대학교육의 표준화를 따르기 위하여 학부교육과 대학원 교육의 연계를 추진하고 있다. (Park, 2007)

2. 대학 및 대학원 연계과정

2.1. 스웨덴

2006년 말 스웨덴 대학 내 총 재적학생 수는 295,200명이며 대학원 박사과정에 있는 학생 수는 18,600명이다. 이는 전년도 학생

수 331,000명과 비교할 때 약 2.4% 감소한 수이다. 같은 기간 대학원 박사과정에 입학한 학생 수는 2,800명이며 2005년도 박사학위를 취득한 학생 수는 2,700명에 이르고 있다(National Agency for Higher Education 2006).

전체 학생의 연령별 구성은 약 45%가 25세 이상이며 약 33%가 30세 이상, 15%가 40세 이상 그리고 3%가 50세 이상으로 대학이 평생교육(Life-long Learning)의 장으로 활용되고 있다. 대학을 졸업한 학생들의 사회생활을 위한 취업률은 아직까지는 매우 높은 편이다. 2006년도 졸업생들의 취업상황은 평균 약 85%에 이르고 있으며 특히 이공계, 의대 및 간호학과 졸업생들의 평균취업률은 90%에 달하고 있다. 스웨덴 정부는 2005년도에 대학 및 대학원 교육에 563억 크로나 (약 7조 7,131억 원)를 투자하였으며 이는 국내총생산(GDP)의 2%에 달한다.

선진국경제개발협력체인 OECD 보고서인 선진국 교육관측 2006 (Education at a Glance 2006)에 의하면 캐나다, 한국, 미국과 더불어 스웨덴의 대학교육이 1990년대 급속하게 팽창하고 있음을 나타내고 있다. 이중 특히 스웨덴의 특색은 대학교육 부분 투자액과 연구개발부분의 투자액이 50:50으로 타 국가들에 비하여 연구개발부분의 투자액이 매우 높은 것으로 나타나고 있다.

스웨덴 대학교육체제는 1977년과 1993년 두 차례에 걸친 대학교육개혁을 통해서 재정립되었다. 제 1차 대학교육개혁을 통해서 전 부문 고등교육 이후의 교육을 전반적인 대학교육 범위에 포함시켰다. 이로서 제 2차 대학교육개혁이 실행된 1993년까지 대학교육의 양과 위치, 연구기관의 조직구조 등이 중앙정부에 의해서 규제를 받고 있었다. 즉 스웨덴 국회가 대학교육을 원하는 학생들의 수요를 특정지역 및 특정전공부문에 배분할 수 있는 결정권을 보유하고 있었다. 이후 1993년 7월 1일 의회를 통과한 제 2차 대학교육개혁법(A New Higher Education Act)과 신규대학교육 법령(A New Higher Education Ordinance)은 중앙정부의 과도한 세부적인 규제를 최소화하고 정책결정의 분권화를 가능하게 하였다. 제 2차 대학교육개혁은 중앙정부가 주로 재정지원이라는 수단을 통해서 국가의 특정 목적 및 가이드라인(Guidelines)을 제시하였던 관례를 타파하고 각 대학들이 독자적으로 최소 3년 간 대학교육 형태의 임무를 채택하여 대학교육을 위한 자체적인 교육프로그램을 결정할 수 있도록 했다. 이로서 각 대학들은 중앙정부가 제시하고 있는 일반적 입학자격허용범위를 바탕으로 독자적으로 학생들의 입학여부를 결정하여 교육하고 있다.

    제 2차 대학교육개혁의 가장 중요한 목적은 학생들에게 독자적으로 수강신청을 할 수 있는 가능성을 극대화하고 자신들이 목표로 하는 학위를 취득할 수 있도록 각 과목들을 취합할 수 있도록 하는 것이다. 이를 위해서 학위법령은 취득학위에 관한 내용을 자세하게 명시하고 있다. 이로서 대학교육을 위한 새로운 자원배분을 1993년/1994년 학기부터 새롭게 시작하고 있으며 그 구체적인 자원배분 방식은 기존의 계획된 학생 수에 의해서 배분되는 것이 아니라 등록학생 수와 이들의 학문적 성과를 바탕으로 배분되는 방식을 택하고 있다(National Agency for Higher Education 2006).

    제 2차 대학교육개혁을 통하여 스웨덴 대학교육체제는 중앙정부의 일률적인 통제형태를 벗어나 각 지역여건 및 학생들의 선호도를 최대한 반영할 수 있는 유연한 교육체제를 구축하여 급변하는 국내 및 세계경제 환경의 변화에 능동적으로 대처하고 있다.(Park, 2007)

스웨덴 이공계교육은 두 가지 형태로 진행되고 있다. 첫째는 단기공과대학 프로그램(Short Engineering Program)으로서 최소 120학점 이수 및 최단 3년 간 진행되는 교육으로 우리나라의 4년제 공과대학교육에 해당한다. 교육 프로그램은 3년 형태로 이루어졌으나 3년에 졸업하는 학생은 매우 드물며 대부분이 7-8학기를 마치면서 졸업을 하게 된다. 교육내용은 이론보다는 실질적인 기술습득에 초점을 맞추고 있으며 산업계 현장 실습을 의무적으로 병행한다. 단기공과대학 프로그램은 대학입학 전 다양한 교육배경을 보유하고 있는 학생들을 위해서 마련된 것이다(Haastad 2003). 둘째는 정규공과대학 프로그램(Master's Program in Engineering)으로 최소 180학점 이수 및 최단 5년 간 진행되는 교육으로 우리나라의 공과대학 및 대학원 교육과정에 해당한다. 교육내용은 이론과 실습을 병행하며 석사과정 시 강의훈련을 담당하는 경우에는 20학점이 추가되어 최소 200학점을 이수하여야 한다.

스웨덴 대학의 학위제도는 중앙정부가 제정한 대학교육 학위법령(The Degree Ordinance)에 의해 수여된다. 모든 강의와 프로그램은 대학당국에 의해서 결정되며 학생들은 자발적으로 선택한 학위취득을 위해서 다양한 강의와 프로그램을 선택할 수 있다. 대학의 학위는 우리나라와 달리 일반학위(General Degrees)와 전문 학위(Professional Degrees)로 구성되어 있다. 일반학위는 석사, 학사, 수료 등으로 나누어졌으며 전문 학위는 일반학위 취득 이후 의학자격, 공학자격 등 특수부분에서 수여된다.

따라서 단기공과대학의 학위는 우리나라의 학사학위와 동일하고 정규공과대학 프로그램 중 120학점을 이수하고 엑사멘스 칸디닷(Examenskandidat) 자격을 위한 논문이 통과되면 우리나라의 학사학위와 동일한 학위를 받게 된다.[1] 따라서 단기공과대학의 학사학위와 정규공과대학의 엑사멘스 칸디닷은 동일한 수준의 학위이며 고용시장에서 동일한 가치를 인정받고 있다. 또한 단기공과대학의 학위를 이수한 이후 정규공과대학의 프로그램으로 편입이 가능하여 대학과 대학원 교육의 자연스러운 연계관계 정착의 구도를 갖고 있다.

대표적인 경우로 왕립공과대학도 단기공과대학 프로그램과 정규공과대학 프로그램을 보유하고 있으며 대학 프로그램 내에서 학생이 원하는 경우 프로그램의 변경이 항시 가능하다. 또한 단기공과대학에서 정규공과대학 그리고 정규공과대학에서 단기공과대학으로 이동도 학생인원 충원이 가능한 경우에는 항시 가능하도록 매우 유연한 교육제도를 구축하고 있다. 이는 재학생들에게 자신의 적성과 장래 직업선택에 다양한 가능성을 부여하고 학생 스스로 미래의 산업 환경변화에 능동적으로 대처할 수 있는 능력을 배양할 수 있도록 한다.

---

[1] '엑사멘스 칸디닷 제도'는 대학에 다니는 학생이 재학 중 취직이 결정되면 학교를 떠나는 과정에서 일정수준의 대학교육을 이수하였다는 학력을 증명하기 위해서 채택된 제도이며 학생이 대학교육을 중도에 이탈하는 비율을 낮게 하는 역할도 수행하고 있다.

2.2. 핀란드

핀란드 교육정책의 전통적 장기목표는 일반 표준교육을 강화하고 교육의 질을 향상시키는 것이다. 이러한 기본 목표는 전 국민과 전국 모든 지역에 평등하게 제공되도록 설정되어 있다. 이 목표를 달성하기 위해서 지난 수십 년 간 여러 차례에 걸쳐서 교육개혁을 단행하였으며 특히 교육내용, 지도방법, 교육의 질 향상 등에 많은 관심을 갖고 추진하였다.

최근의 교육개혁 중 최대의 관심사는 교육내용의 전반적인 유연성 증대, 피교육자의 선택권 향상, 교육의 국제화이다. 또한 의무교육, 직업교육, 대학교육, 성인교육 등을 총체적으로 연계하여 평생교육(Life-long Learning) 및 국제적 호환성(International Compatible)을 주목적으로 선정하고 있다(www.minedu.fi 2007). 이 결과 핀란드는 세계경제포럼(WEF)이 실시한 2006년도 국제국가경쟁력비교에서 전체 순위 2위뿐만이 아니라 성장경쟁력 인덱스 중 기술부문의 대학, 기업, 연구기관의 연계활동부문에서 1위를 차지하였다(World Economic Forum 2006).

핀란드의 대학교육은 일반대학교(University)와 전문대학교(Polytechnics)로 나누어진다. 일반적으로 전자는 기초과학부문의 연구와 교육을 주로 실행하고 후자는 산업 및 기업이 필요로 하는 전문지식을 습득하는 형태를 취하고 있다.

전반적으로 대학의 교육 및 연구개발 활동은 사회가 필요로 하는 실제 생활 위주로 재편되고 있다. 이를 위해서 미래지향적인 교육 및 훈련을 제공할 수 있는 교육적 통찰력이 개발되고 있다. 따라서 대학교육의 방향이 교육 및 훈련을 담당하는 교육자와 고급 인력을 지속적으로 필요로 하고 대학의 제 2차 수요자인 기업 및 산업 간의 협력관계를 바탕으로 대학교육과 노동시장의 수요를 접목시킬 수 있는 쪽으로 진행되고 있다(Ministry of Education 2003, 2006).

2.2.1. 일반대학교

핀란드에 2007년 현재 20개의 일반대학이 있으며 이중 10개 종합대학, 3개 기술대학, 3개 경제경영대학, 4개 예술대학으로 이루어져 있으며 전국적으로 균형 있게 분포되어 있다. 이중 헬싱키대학교 (University of Helsinki)가 최대 규모를 보유하고 있으며 예술아카데미 (The Academy of Fine Arts)는 제일 작은 규모이다.

핀란드헌법은 과학, 예술, 그리고 학문의 자유를 보장하고 있다. 이를 실행하기 위해서 1998년 의회를 통과한 신규 대학법률안 (the New University Act)은 대학의 자율권을 강화하고 대학의 기능, 활동, 복석 등을 명시하고 있다. 신규 대학법률인 통과로 각 대학은 자체적으로 세부적인 행정조직을 결정할 수 있고 전체 행정기능에 관한 자율적 의사결정권을 보장받게 되었다.

이외에도 각 대학은 독립적으로 강의 및 연구 활동을 조직하고 각 단과대학들이 동일한 대학 내 행정조직을 공동으로 사용할 수 있게 되었다. 동시에 대학, 기업, 지역사회와의 연계관계를 강화하기 위해서 기업 및 지역사회 대표기관들을 행정조직의 일원으로 참석할 수 있도록 하였다 (Ministry of Education 2000).

이러한 대학개혁을 통하여 대학의 제 1차 적 수요자인 학생중심의 교육방식이 채택되고 있으며 수업 및 학습발전이 네트워크 교육을 바탕으로 하는 원거리 교육체제에 높은 질의 서비스 제공을 가능하게 하고 있다.

대학교육과정은 학사 (120학점) 및 석사 (160학점)과정으로 이루어져 있으며 이수기간은 각 3년, 5년이 소요되고 있다. 대학 내 최대 학생 수를 보유하고 있는 전공부문은 공과대학이다. 정부는 연구개발 부문 대학예산의 65%를 지원하고 있으며 이는 정부 연구개발예산 중 30.7%를 차지하고 있다. 2006년도 연구개발 부문에 투입된 총 예산은 약 58억 유로에 이르며 이는 국내총생산의 약 3.4%에 이르는 규모이다. 연구개발 부문 예산 중 대학이 차지하는 비율은 전체의 19%에 이른다. (www.research.fi 2007). (<표 9-2-1> 참조)

각 대학과 교육부는 양측이 특정 목표, 프로젝트 내용, 연구개발 기금투자 정도 등을 상세하게 설명한 대학활동 협정서에 매 3년마다 계약에 서명한 후 업무를 추진한다. 또한 양측은 협정서에 대학이 목표로 하는 교육 및 연구개발 결과, 교육원칙 등을 합의하며 연구개발 기금 지원부문은 매년 심사하여 기금지급을 결정하게 된다.

핀란드 대학은 과학적으로 가치가 있다고 판단되는 전문분야에 장기적 차원에서 연구개발 활동을 수행하며 연구 활동은 곧 강의 내용과 접목되어 학생들에게 끊임없이 새로운 학문을 소개하는 것을 주요 목표로 채택하고 있다. 또한 연구개발 방법 및 결과를 전적으로 공개하여 최종 수혜자인 사회 전체 구성원이 공유할 수 있도록 하고 있다.

대표적인 기술대학의 하나인 헬싱키 기술대학 (Helsinki University of Technology)은 기초 및 응용연구를 수행하여 그 결과가 기술개발의 기회로 활용될 수 있도록 공개하여 국가적 차원에서의 과학적 및 기술적 가치를 극대화 할 수 있도록 노력하고 있다. 또한 헬싱키 기술대학은 단기적 기술개발 효과를 제공하는 연구개발보다는 과학 및 기술적 측면에서 획기적인 전환기를 창출할 수 있는 심도 있는 연구개발에 관심의 초점을 맞추고 있다. 즉 헬싱키 기술대학이 수행하는 연구 활동, 강의, 일반교육 등이 사회에 매우 긍정적인 영향을 미치고 있다고 판단하는 것이다 (Helsinki University of Technology 2001)

〈표 9-2-1〉 핀란드 정부 연구개발예산 투자액 및 비율 (2003년)

년도	일반부문	공공부문	대학	국내총생산의 비율
2002	70	11	19	3.5
2003	70	10	19	3.5
2004	70	10	20	3.5
2005	71	10	19	3.5
2006	71	10	19	3.4

Source: www.research.fi, 2007

2.2.2. 전문대학교 (Polytechnics)

핀란드 전문대학은 교육내용이 실무 및 현장중심으로 형성되어 있으며 전문직 및 기술개발부문의 전문 인력 양성을 목적으로 하고 있다. 2003년 현재 29개의 전문대학이 전국에 산재해 있으며 대부분이 다양한 전공을 자유롭게 접목시키는 다수전공제도(Multidisciplinary)를 채택하고 지역산업과 밀착된 전공분야를 운영하여 기업과의 깊은 연계관계를 구축하고 있다.

전문대학은 3.5년에서 4년간의 교육과정이며 전 과정을 중앙정부 및 지방정부가 재정지원하고 있다. 일반대학과 마찬가지로 교육부와 각 전문대학들이 매 3년 간 대학활동 협정서에 서명하여 각 전문대학들이 목표로 제시한 사항들을 확인 및 검증한다. 전문대학을 졸업하기 위해서는 현장실습 프로젝트 (Workplace Project) 및 졸업인증 프로젝트 (Diploma Project)를 수료하여야 한다. 전자는 학생이 기업을 선택하여 실습 및 공동프로젝트를 수행하여 학점을 취득하고 후자는 기업과 전문대학간의 계약을 통해서 학생이 기업이 원하는 프로젝트를 수행하고 이를 수료한 이후 대학 졸업을 하는 제도이다. 이 과정을 통해서 학생들이 자신의 적성에 맞고 미래지향적인 직업선택을 가능하게 하며 기업 측에서는 필요인력을 적시에 활용할 수 있도록 한다. 전문대학 입학생 중 70%는 인문계 고등학교 졸업생이고 30%는 실업계 고등학교 출신이다. 전체 대학입학 연령 중 68.4%가 대학에 입학하며 이중 일반대학 입학비율은 31.4%, 전문대학 입학비율은 37%로 전문대학 입학비율이 월등하게 높다. 전문대학 및 일반대학 재학생들은 자신이 원하고 정원충원의 여유가 있을 때 자유롭게 대학 간 이동이 보장된다. 이는 인적자원을 최적으로 활용하기 위함이다.

3. 기업연계교육

3.1. 스웨덴

스웨덴 공과대학에 재적중인 학생들의 다수는 정규공과대학 프로그램을 선정한 가장 중요한 이유로 졸업 후 자신들이 희망하는 미래 직업의 밝은 전망 때문이라고 답변하고 있다.[2] 공과대학 재학생 중 절대다수는 대학이 운영하고 있는 프로그램이 매우 우수한 것으로 생각하고 있으며 교육내용도 매우 우수한 것으로 인식하고 있다. 그러나 교육방법에 관해서는 의견이 다양하여 부정적인 인식도 높게 나타나고 있다.

졸업 후 산업계가 요구하는 기술습득에 관한 프로그램은 매우 긍정적으로 인식하고 있으며 졸업생 중 절대다수가 자신들이 참여하였던 강의 및 프로그램이 현재 근무하고 있는 산업현장에 절대적으로 필요하고 기술 활용이 효과적이라고 답변하고 있다 (National Agency for Higher Education 2003, 2006). 그러나 대학교육과 산업계와의 긴밀한 연계관계는 더욱 발전시켜야 할 여지가 존재하고 있

---

[2] 국립대학교육청은 2003년 스웨덴 공과대학 재학생을 대상으로 설문조사를 실시하였으며 응답자 중 83%가 졸업 후 자신들의 직업에 관한 전망을 매우 밝은 것으로 이해하고 있다.

다. 즉, 산업계가 필요로 하는 노동시장의 수요와 정규공과대학 프로그램 간 상호 이해를 위한 지속적 대화는 더욱 발전하여야 한다. 정규공과대학 졸업생 중 38%만이 프로그램 참여 중 노동시장과의 연계활동이 우수하였다고 답변하는 것이 이를 증명하고 있다.

공과대학 학생들은 졸업 후 그들을 필요로 하는 산업부문에 자신들이 선택한 강의와 프로그램이 적합할 수 있도록 사전에 준비할 수 있는 시간적 여유와 정보를 절대적으로 필요로 하고 있다. 동시에 산업계는 자신들이 현재 추진하는 기술개발부문과 관련하여 정규공과대학 프로그램에 더욱 깊숙이 관여하는 것이 궁극적으로 기업들에게 더 많은 이익을 창출할 수 있다는 사실을 인식하고 있다. 이러한 대학과 기업 간 기술개발을 위한 연계관계는 경제 침체기에도 지속되는 것이 매우 중요하다. 이외에도 공과대학뿐만이 아닌 전 대학교육기관이 산업현장에서 필요로 하는 실질적인 기술개발을 가능하게 하는 지역차원의 산학연계 구축에 적극적으로 나서야 한다. 이를 위한 방법으로 현재 추진 중인 현장실습 프로젝트 (Workplace Projects)에 실질적인 임무를 부여하여 실행하는 것도 하나의 방법으로 채택되고 있다. 현장실습 프로젝트에 참여한 정규공과대학 학생들 중 다수는 기술 전반적인 측면을 이해하고 능력을 향상시킬 수 있는 프로그램을 개발하여야 한다고 생각하고 있다. 그 이유는 현장실습 프로젝트 참여 중 한 번에 한 과제에만 집중하는 것은 거의 불가능하며 다양한 과제를 선정하여 이들이 상호 연계되어 학습의 시너지효과를 창출하여야 하기 때문이다.

산업계와 일반사회에서 인식하고 있는 공과대학 출신 엔지니어에 관한 의식도 매우 긍정적으로 전환되고 있다. 또한 공학도 자신들이 생각하고 있는 자신들의 직업관도 엔지니어가 전문가로서 지속적인 자기개발을 가능하게 하고 사회적 책임 및 영향력이 매우 높다고 인식하고 있다. 이는 과거의 공과대학 출신 엔지니어에 관한 일반적 견해였던 두뇌는 우수하나 세상물정 모르는 집단에서 현재 뚜렷한 주관과 전문지식을 바탕으로 국가 및 지방의 경제발전과 기업의 기술개발을 가능하게 하는 핵심적 집단으로 변화하고 있음을 의미한다 (National Agency for Higher Education 2003).

스웨덴 공과대학을 대표하는 왕립공과대학과 샬머시기술대학에서 추진하고 있는 기업과의 연계교육을 구체적으로 살펴보면 다음과 같다.

3.1.1. 스웨덴 왕립공과대학(The Royal Institute of Technology)

스웨덴 왕립공과대학은 1827년에 창설되었으며 2006년 말 13,537명의 학생이 재학 중이다. 왕립기술대학은 전국의 공과대학 기술연구부문 및 엔지니어 교육의 1/3을 담당하는 중요대학이다. 이 대학의 연구 및 교육기능은 세계적 수준을 자랑하고 있으며 지연과학에서부터 전 부문의 이공계전공부문 그리고 건축, 산업경제, 사회 및 지역개발, 환경부문까지 광범위한 전공부문을 보유하고 있다. 이외에도 중앙정부 기관인 국립기술혁신청(The National Agency for Innovation: VINNOVA)이 선정한 10개 국립경쟁력강화센터(National Competence Centers)를 운영하고 있으며 다수의 기업체들과 연구프로그램을 공유하여 다양한 산학협력 체제를 구축하고 있다 (KTH 2006).

이외에도 왕립공과대학은 기업과의 연계교육을 위한 차원에서 대학의 제1차적 수요자인 학생과 제 2차 적 수요자인 기업을 위해서 다음과 같은 세 가지 특수형태의 교육도 실시하고 있다.

첫째: 지속적 교육과정 (Further Education)

이 교육과정은 학생들이 선택하는 교과과정과 자신들이 이미 근무하고 있는 직장에서 필요로 하는 기술 및 연구부문을 접목시킬 수 있는 형태로 진행되며 교육과정의 많은 부분이 원격교육시스템 (Distance Courses)으로 이루어지고 있다. 이 교육과정은 일반학생과 동일하게 주간, 야간에 선택할 수 있으며 또한 학생들이 자율적으로 학점을 부분적, 전체적으로 취득할 수 있는 선택권을 갖고 있다 (www.kth.se 2007).

지속적 교육과정 개설의 목적은 질적으로 높은 노동인력을 필요로 하는 사회적 요구를 충족시키기 위해서이며 이 교육과정은 주로 건축 및 공학에 국한하고 있다. 왕립대학은 지속적 교육과정을 위해 일반형태(Normal Operation), 지원금 주축 재정지원형태 (Grant-financed Operations), 외부기업 특별주문형태(Specially Designed Courses Commissioned by Outside Clients) 등을 운영하고 있다.

왕립기술대학은 2006년 직장인을 위한 150여개의 특별교육과정을 운영하였으며 지원금 주축 재정지원형태 코스를 수강한 학생 수는 2,300명에 이르러 2002년도 학생 수인 1,600명보다 30%의 증가율을 나타내고 있다. 전 지속적 교육과정을 수강하는 학생 수는 2006년 442명이며 이는 2002년도의 296명보다 33%이상 증가한 숫자이다 (KTH 2007).

둘째: 외부수탁교육 (Assignment-based Education)

외부수탁교육은 기업 및 기업의 고용원을 위해서 실시되는 교육이며 일반인은 이 교육과정에 참여할 수 없다. 외부수탁교육의 전제조건은 교육을 원하는 기업의 고용인이 교육을 원했을 때 가능하며 이 교육을 수행하는 비용은 기업 측이 부담한다.
2007년 현재 운영하는 외부수탁교육 강좌는 모두 17개가 있으며 각 강좌가 4학점에서 6학점으로 운영되고 있다.

셋째: 정보통신대학 설립 (IT University)

왕립공과대학과 스톡홀름대학(Stockholm University)은 수도 스톡홀름 외곽에 위치한 시스타(Kista)에 정보통신대학을 1980년대 초에 설립하여 세계적 정보통신회사가 밀집한 지역에 공동프로젝트 수행 및 기업이 필요로 하는 정보통신 부문 고급인력을 원활히기 공급하고 있다.
2007년 현재 약 3,500명의 학생이 재학 중이며 280명의 연구원과 박사과정 학생이 연구개발에 전념하고 있다. 정보통신대학의 특화 연구개발부문은 전자정보기술(Micro-electronics and Information Technology), 컴퓨터 및 시스템과학(Computer and Systems Science), 응용정보기술(Applied Information Technology) 등이다.

3.1.2. 샬머시기술대학(Chalmers University of Technology)

스웨덴 왕립공과대학과 마찬가지로 1828년 설립된 국립기술대학으로 출발하였으며 스웨덴 서부지역의 산업기술발전을 목표로 설립되었다. 이후 1990년대 초 산업계와의 더욱 긴밀한 연계관계를 구축하고 지역산업계의 기술연구개발 요구에 부응하기 위해서 사립재단으로 재탄생하였다.

대학의 총 학생 수는 약 10,000명이며 왕립기술대학과 동일하게 단기공과대학 프로그램과 정규공과대학 프로그램을 운영하고 있다. 이외에도 국립기술혁신청이 지정한 6개 국립경쟁력강화센터도 운영하고 있다.

샬머시기술대학의 전략적 학문분야는 바이오테크(Bio-technology), 정보기술(Information Technology), 환경기술(Environment Technology), 전자기술(Micro-electronics), 나노기술(Nano Technology) 등이다(www.market.chalmers.se 2007). 이러한 전략적 학문분야의 우수한 기술개발 능력을 바탕으로 기업과 공동기술개발을 추진하고 있으며 산학 연계관계 강화 및 기업의 요구에 부응하기 위해서 다음과 같은 프로그램 및 사업을 진행하고 있다.

첫째: 기술개발 라이센스 사업

기술개발에 성공한 기술개발자와 함께 연구개발 결과의 부가가치를 극대화하고 이를 상품화하여 신제품개발을 가능하게 할 수 있는 체제를 구축하기 위해서 1996년 샬머시 기술라이센스 주식회사 (Chalmers Technology Licensing AB)를 설립하여 운영하고 있다. 이 사업운영의 궁극적 목적은 서부스웨덴에 위치한 공과대학들이 개발한 신기술의 상품화를 가속화하기 위한 것이다.

둘째: 산학공동연구 (Research Collaboration) 및 산업계 박사과정 (Industrial Doctoral Students) 운영

산학공동연구는 기업이 당면한 기술개발부문의 문제점들을 대학이 해결하는 방식으로 운영되고 있으며 이에 기업은 재정지원, 대학은 고급인력지원의 형태로서 이루어진다.

산업계 박사과정은 기업에 고용된 상태에서 기업이 필요로 하는 기술부문의 고급인력양성을 위해서 대학이 교육시키는 체제이다. 샬머시기술대학 내 산업계 박사과정 학생 수는 2006년 현재 180명으로 이는 전체 박사과정 학생 수 1,000명 중 18%를 차지하고 있다.

산업계 박사과정 학생은 박사과정 동안 기업으로부터 급료를 지급 받고 있으며 대학 내 주 지도교수 1명과 기업 내 부 기술연구지도자 1인으로 구성되어 있다. 산업계 박사과정 학생의 의무 중 하나는 대학과 기업이 공동으로 재정 지원하는 공동프로젝트에 적극적으로 참여하여야 한다.

셋째: 산학연계 체제 구축 및 첨단과학기술단지 운영 참여

지속적인 산학연계 체제를 구축하기 위해서 기업이 필요로 하

는 기술부문의 인력을 양성하고 기업의 인력을 재교육시키는 작업을 수행하고 있으며 대학 내 인큐베이터 운영, 샬머시첨단과학기술단지(Chalmers Science Park)를 운영하여 기업유치 및 기술연구개발의 결과를 신상품화로 연결시키고 있다.

3.2. 핀란드

핀란드 공과대학이 기업과의 연계교육을 추진하는 것은 교육을 통하여 기업이 필요로 하는 인재를 양성하는 역할과 연구개발을 통해서 기술혁신을 창출하는 역할을 수행하는데 있다.

3.2.1. 인재양성

교육기관인 대학이 고유의 사명 중에 하나인 인재양성은 일반대학교 및 전문대학교 모두 공동으로 해당하는 사항이다. 특히 공과대학에 해당하는 일반기술대학교와 전문기술대학교는 기업이 필요로 하는 고급인력을 양성하고 이들이 졸업 후 자신이 원하는 기업에 직장을 잡을 수 있도록 기업과의 연계활동이라는 제도적 장치를 마련하고 있다.

이러한 제도가 현재 우리나라에서 가족회사제도라는 명칭으로 정착되고 있는 공과대학의 학생이 원하는 기업에 일정기간 실습활동을 수행하면서 학점을 취득하는 현장실습제도이다. 일반 및 전문기술대학교에서 현장실습제도에서 부여하는 학점은 2007년 총 120학점 중 20학점으로서 약 16.7%를 차지하는 중요한 부문이며 이는 대학을 졸업하기 위해서는 반드시 수행하여야 하는 필수과정으로 되어 있다.

이 제도가 핀란드에서 뿌리 깊게 정착되고 실수요자인 학생과 기업이 만족도가 높은 이유는 학생은 자신이 원하는 기업을 선택할 수 있는 선택적 자율권이 부여되어 있고 기업은 학생의 높은 질적 수준으로 인하여 단순한 실습이 아닌 장기적 관점에서 고급인력 확보의 가능성을 높여준다는 점에 있다. 이러한 현장실습제도의 선순환 기능이 가능한 이유는 각 대학의 전공, 특히 전문기술대학교의 전공이 지역산업의 특성과 밀접한 관계를 갖고 있는 기술 부문의 특화된 대학이기 때문이다.

또한 대학은 현장실습제도를 실시하면서 형식적인 절차가 아닌 실수요자인 학생 및 기업이 모두 윈-윈 하기 위하여 현장실습기간 동안 현장감독을 위한 교수를 파견하여 이 제도가 갖고 있는 문제점, 제도적 보완점 등을 설문조사하고 현장실습제도에 관한 학생의 만족도를 지속적으로 조사하고 있다.

2007년까지는 학생 및 기업의 만족도가 높은 편이기 때문에 현장실습제도를 통하여 취득할 수 있는 학점의 비율을 점차적으로 향상시키려고 하는 계획을 다수의 일반 및 전문기술대학교가 갖고 있다.

3.2.2. 기술혁신 창출

전국에 3개뿐인 일반기술대학교는 연구개발의 목표를 세계적 차원에서 조명하여 그 연구결과의 파급효과가 국내뿐만이 아닌 세계적으로 생성될 수 있도록 주력하고 있다. 따라서 기초 및 응용과학기술연구를 수행하는 과정에서 단기적 기술개발 측면보다는 중장기적 전략기술 우위를 확보할 수 있는 목적 하에 기술혁신을 추구하고 있다.

또한 전문기술대학교는 전국에 29개가 지역적 균형을 유지하면서 지역산업과 밀접한 관계를 갖고 있기 때문에 지역 내 기업이 필요로 하는 기술개발부문의 기술혁신을 창출할 수 있는 부문에 연구개발의 초점을 맞추고 있다. 따라서 연구개발 활동의 형태도 주로 응용 및 상품개발기술 확보가 주요 목표이다.

핀란드 기업과 대학 간의 연계활동은 1990년대 들어 빠르게 증가하였으며 지난 10여 년 간 기업이 대학의 연구개발 활동에 투자한 액수도 약 3배 증가하였다. 이로서 기업의 연구개발 기금, 공공부문의 연구개발 기금, 기타 외부 연구개발 기금이 대학의 연구개발 기금 중 약 50%에 이르게 되었다. 이는 대학과 기업 간의 연계활동이 공동연구개발 결과의 확산을 통하여 경제적 경쟁력을 향상시키고 있음을 반증하는 것이다(Ministry of Education 2007).

기술혁신을 위한 대학과 기업 간의 연계활동을 강화시키는 주요 요인으로서는 국립연구개발 기술프로그램(the National R & D Technology Program), 공동연구프로젝트(Joint Research Program) 수행, 첨단과학기술단지(Science and Technology Parks) 운영 및 참여, 대학의 측근에 위치하고 있는 지역전문가집단센터(Regional Centers of Expertise) 등이 상호 긴밀한 협력관계를 유지하고 있기 때문이다.

이외에도 특정기술부문에 세계적인 연구개발능력을 보유하고 있는 대학들은 1995년 이후 최우수연구센터(Center of Excellence:

COE)로 지정 받을 수 있는 자격을 획득하고 있다. 이 연구센터의 설립 및 운영목적은 세계적 수준의 연구개발 활동을 수행하는 연구소에 효율적 연구 환경을 제공하여 기술혁신을 극대화하기 위함이다. 2000년에 6년 프로그램을 수행하기 위해서 다양한 학문분야에 26개의 연구센터가 선정되었으며 2002년에서 2007년까지의 프로그램에는 16개의 연구센터가 추가되었다(Ministry of Education 2006).

4. 지역과의 밀착

4.1. 스웨덴

대학과 지역과의 협력관계, 특히 지역의 대학과 기업과의 연계관계는 스웨덴의 산업발전 단계와 매우 밀접한 관계를 갖고 있다. 북유럽의 모든 국가가 그러하듯이 스웨덴도 19세기 말까지는 유럽에서 가장 낙후된 지역이었다. 우선 영국, 프랑스, 독일과 비교할 때 산업혁명의 발전단계가 뒤늦게 시작된 후발국가이었다. 또한 타 유럽국가와 비교할 때 척박한 자연환경을 보유하고 있는 관계로 인하여 농업중심의 산업구조로서는 효율적인 생산성을 확보할 수 없었기 때문이다. 이러한 후진적 산업구조를 개혁하여 선진적인 산업구조로 개편하기 위해서 당시 스웨덴의 지도층 인사들은 최고의 선진국인 영국을 방문하게 되었다.

영국을 방문하여 스웨덴 대표단이 가장 놀란 점은 당시 영국

노동자의 일인당 생산성이 스웨덴 노동자의 생산성보다도 5배가 높다는 사실이었다. 즉, 당시 최고의 기술수준을 보유하고 있던 영국은 기계의 도움으로 생산성을 높일 수가 있었으나 스웨덴은 기술발전이 사회구조 상 매우 더디었다. 따라서 이러한 사실을 깨달은 스웨덴 대표단은 최우선 정책과제로 공과대학을 설립하여 산업의 생산성을 높이는데 직접적으로 기여할 수 있는 능력 있는 고급기술 인력을 배출하는데 전력을 다하였다. 따라서 스웨덴의 대학, 특히 공과대학은 지역산업과 자연스럽게 밀착되었으며 설립 초기부터 산업계 지원이라는 성격을 부여받게 되었다.(박상철 2006, 2007)

스웨덴 내 대학교 특히 공과대학이 위치하고 있는 곳은 모두 지역과 긴밀하게 밀착되어 있으며 이를 통하여 빠르게 성장하고 있는 스웨덴 남동부 지역인 칼스크로나의 경우를 예로 설명하여 본다. 정보통신 클러스터로 특화된 텔레콤시티는 경제위기에 직면한 지역경제를 활성화시키고 세계적인 정보통신산업 침체기인 2000년도에도 지속적인 성장을 달성하였다. 그 결과 2001년도에는 텔레콤시티가 위치하고 있는 칼스크로나 지역이 스웨덴에서 대표적인 성장지역으로 선정되었다. 그러나 텔레콤시티가 형성되기 시작한 1990년대 초에 지속적인 성장을 예측할 수 있었던 전문가는 거의 없었다. 텔레콤시티의 모체라고 할 수 있는 블레킹에 기술대학의 지역경제담당 얀 에버트 닐슨(Jan-Evert Nilsson) 교수도 전통적인 중공업지역에서 최첨단산업인 정보통신 산업지역으로 10여 년 내에 변화한 상황을 유럽에서조차 찾아볼 수 없는 특이한 상황이라고 증언하고 있다.

텔레콤시티를 구축한 핵심주체는 블레킹에 기술대학, 정보통신 기업(Ericsson Software Technology AB, Vodafone, Radius AB 등), 칼스크로나 지방정부 및 중앙정부이다. 이중 텔레콤시티 구축을 위한 기초 청사진을 제시하고 장기발전 비전을 제공한 주체는 기술대학과 소수의 정보통신 기업이다. 텔레콤시티를 구축한 핵심 혁신주체들의 활동상황은 다음과 같다.

4.1.1. 블레킹에 기술대학(Blekinge Institute of Technology)

스웨덴 중앙정부는 1989년 전략적 요충지이며 전통적인 조선 및 방위산업 지역인 칼스크로나의 지속적인 인구감소 및 지역경제의 구조적인 침체를 타파하기 위한 방법의 일환으로 이 지역에 기술대학을 설립할 것을 결정하였다. 동시에 스웨덴이 전통적으로 산업적 비교우위를 보유하고 있고 지식집약산업이며 미래 산업발전의 원동력이 될 수 있는 정보통신 부문을 집중적으로 육성할 것을 전략적으로 채택하였다.

중앙정부의 전략과 요구에 부응하기 위해서 블레킹에 기술대학은 정보통신 특화대학으로 성장할 수 있는 여건을 구비하게 된다. 우선 기술대학의 초대총장으로 임명된 퍼 에릭슨(Per Eriksson)박사는 이동통신의 신호전달이론 전문가로 대학교수, 기업설립, 기업자문 등 다양한 경력의 소유자이며 블레킹에주(Blekinge Laen) 출신이다. 에릭슨 총장이 1989년 4월 취임 당시의 칼스크로나 지역상황은 대도시 지역에서 흔히 나타나는 현상인 행정편의주의나 학계의 학문적 폐쇄성이 전혀 존재할 수 없을 정도로 지역경제의 위기극복을 위해서 각 참여주체들 간의 공동노력이 필수적이었다. 이러한 지역여건이 대학과 지역기업과의 연계구축을 강화시키는 역할을 하였다.

구체적으로 블레킹에 기술대학은 지역기업가인 미하엘 블롬크비스트(Mikael Blomqvist)와 공동프로젝트를 수행하였으며 스탠포드 대학 교수인 스틱 하그스트롬(Stig Hagstroem)과 인근지역인 로네뷰(Roneby)에 소프트센터(Soft Center)를 설립할 것을 구상하였다. 이처럼 킬스크로나 지역이 기술대학으로부터 절실하게 요구하고 있는 것은 두 가지로 요약될 수 있다. 첫째로는 정보통신 부문 특성화대학으로 발전하는 것이며 둘째로는 지역경제 발전 및 사회공헌에 이바지하는 것이다.

이러한 지역사회 및 기업의 요구에 부응하기 위해서 블레킹에 기술대학은 정보통신부문에서 국내 최고의 수준을 보유할 것을 목표로 세웠으며 이를 달성하는 수단으로서는 강력한 연구 인력을 구축하는 것으로 설정하였다. 이 결과 1999년부터 2001년까지 정보통신 부문 신입생 총 수가 스웨덴 내 최대 기술대학인 왕립공과대학(Royal Institute of Technology) 다음으로 국내 두 번째의 규모를 달성하였다. 이 외에도 대학이 위치한 지역 내에서 지역기업이 필요로 하는 대학부문에서는 국내 첫 번째의 위치를 차지하였다. (<그림 9-4-1> 참조)

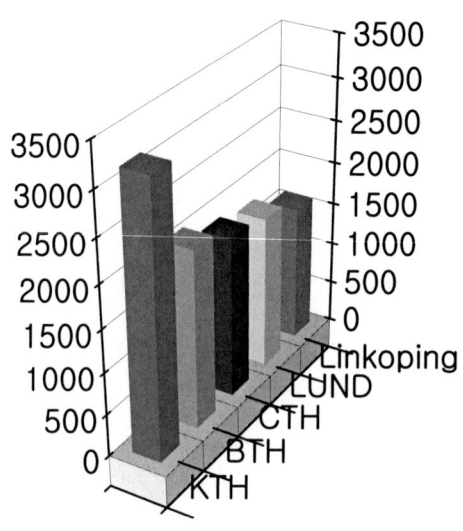

Source: VINNOVA, Vinnova Rapport 2004
Note: KTH (Royal Institute of Technology), BTH (Blekinge Institute of Technology), CTH (Charlmers Univirsity of Technology), LUND (Lund Institute of Technology), Linkoping (Linkoping Institute of Technology)

〈그림 9-4-1〉 스웨덴대학 5대 정보통신 부문 신입생 현황 (1999~2001)

　　국내 최고수준의 정보통신 특성화 대학으로 발전하기 위해서 질적 성장 및 사고발상의 전환을 추구하였으며 이는 전 학생 및 교직원들에게 최고수준의 연구 및 교육환경 창출을 요구하였다.
　　무명의 국립기술대학에서 국내 최고수준의 정보통신 특성화 대학으로 성장하는 것은 생각만큼 쉬운 일은 아니다. 이러한 야심 찬

계획을 실현시키기 위해서 다음과 같은 세 가지 요소가 필수적이다.

첫째: 운영자금 확보

운영자금 확보는 최초 시작부터 확보되어야 사업운영의 효율성, 신속성 그리고 고도의 위험요소도 극복할 수 있다. 이러한 이유로 인해서 에릭손 총장은 블레킹에 기술대학에 취임하자마자 제일 먼저 추진한 것이 다양한 사업수행을 위한 재정확보 사업이다. 정보통신 부문 최고의 대학이 되기 위해서는 중앙정부가 제공하는 연구기금으로서는 한계가 있기 때문에 자체적인 연구 활동의 영역을 강화하기 위해서 1989년 12월 독립적인 연구기금 확보를 위한 연구재단 (Forskningsstiftelse)을 설립하였다.

우선 교육활동 이외의 부문을 위해서 중앙정부가 지원하는 지원금과 지역경제 침체기에서 어려움을 겪고 있는 기업들 중 기술대학과 함께 성장의 기회를 모색하는 기업들을 설득하여 2천 만 크로나(약 31억 원)를 확보하였다. 이후 추후 참여한 조선 산업 기업인 블레킹에 주식회사(Blekinge AB)가 4천 5백만 크로나(약 70억 원)를 기부하여 6천 5백만 크로나(약 105억 원)의 연구기금을 확보하게 되었다.[3]

블레킹에 기술대학이 자체적인 연구재단을 설립하고 연구기금을 확보하게 된 가장 큰 이유는 신기술분야에 대한 연구개발 활동은 많은 관련자들이 연구 성과에 관해서 확신하지 못하며 정부기

---

[3] T. Dolk, op.cit., p.38 참조

관의 사고는 기업의 모험에 도전하는 기업가 정신을 행정적으로 따르지 못하는 경우가 매우 자주 발생하기 때문에 신기술개발 가능성이 매우 높을 때 기술대학이 자체적으로 연구 활동을 지속화하기 위함이다.

둘째: 최고의 고급인력 확보

세계 최고의 기술개발을 창출하기 위해서는 이를 수행할 수 있는 능력 있는 연구개발 인력을 확보하여야 한다. 즉 경쟁력이 상대적으로 열악한 구조 하에서 능력 있는 인력자원은 좋은 결과를 도출할 수 있지만 경쟁력이 월등한 조직 속에서 무능력한 인력자원을 활용한다면 훌륭한 결과를 창출할 수 없기 때문이다.

셋째: 전체 윤곽 및 우선순위 선정

신규대학을 설립하는데 전반적인 기본윤곽은 연구개발 부문을 강화하고 학생을 내학발선의 최고 중심주제로 설정하는 것이다. 이를 위해서 최우선적으로 수행해야만 하는 과제는 블레킹에 기술대학이 연구개발 부문에서 국내 최고의 수준에 도달하는 것이며 이는 학생들을 위한 교육의 질을 향상시키는데 크게 공헌할 수 있다.

대학사회에서 특정학문분야의 월등한 비교우위를 점하고 명성을 창출하는 일은 쉽지 않다. 특히 신설대학인 소규모의 블레킹에 기술대학이 국내에서조차 인정을 받기 위한 대학으로 성장하기 위해서는 특별한 발전전략이 절대적으로 필요하다. 이 발전전략의 핵심은 특정기술부문에 블레킹에 기술대학이 보유하고 있는 모든 자원을 최대로 집중시키는 것이다.

이를 위해서 에릭손 총장은 자신의 전문분야이며 정보통신 산업에 상품화 가능성이 높은 통신 시그널 분야를 선택하여 집중적인 연구개발 활동을 수행하였다. 즉, 특정기술부문을 선정하여 이 분야만큼은 세계 최고의 기술개발 수준을 창출할 수 있는 엘리트 기술대학 발전전략을 택한 것이다.

통신시그널 분야에서 세계적 기술을 창출하기 위해서 장기적 지원전략이 구축되었다. 우선 케이케이 연구재단(KK-Stiftelsen)이 통신시그널 기술개발을 6년 간 지원하기 위해서 3천 6백만 크로나 (약 58억 원), 그리고 지역산업계가 3천 6백만 크로나 (약 58억 원)를 지원하기로 결정하였다. 이외에도 케이케이 연구재단은 통신시그널 기술개발을 위한 정보통신 인프라 구축을 위해 5천만 크로나 (약 80억 원)를 투자하여 총 1억2천 2백만 크로나 (약 196억 원)가 투자되었다.

이외에도 학생교육전략은 최소한의 전문분야를 선정하여 최고의 전문지식 습득을 목표로 설정하였다. 또한 전문지식 습득방법은 프로젝트 수행 중심으로 운영되도록 설정하였다. 이러한 전문화 습득전략에 많은 사람들이 반대하고 지식습득을 광범위하게 운영하도록 요구하였으나 에릭손 총장은 초지일관으로 기본전략을 지속적으로 수행하였다. 그의 전략적 핵심은 광범위한 학과운영보다는 특정학과 부문에 최고의 연구개발 능력과 명성을 획득하는 것이다.

블레킹 기술대학의 역할은 단순히 고급전문 인력을 양성하고 특정 공학부문의 연구개발 활동에만 국한되어 있지 않다. 기술대학의 설립목적이 지역기업과 연계하여 기술이전 및 기술 지도를 수행하는 것이다. 따라서 에릭손 총장은 칼스크로나 지역의 전통적 산업부문에서 정보통신 산업부문으로 지역산업구조를 전환시키는 데도 매우 큰 역할을 수행하였다. 그의 논리의 핵심은 전통산업인 어업, 조선업, 군수산업만으로는 지역경제 성장을 더 이상 창출할 수 없고 세계시장에서 새로운 성장 동력 산업인 정보통신산업 중심으로 지역산업구조를 재편성하여 지역발전의 도약을 만들어야 한다는 것이다. 또한 지역의 경제성장의 근원은 이익을 창출할 수 있는 기업의 경제활동이 지속적으로 재투자를 유발하여만 가능할 수 있다는 친 기업환경 구축 및 철저한 자본주의 원칙에 입각한 것이다. 즉, 블레킹에 기술대학의 역할은 정보통신 기업이 칼스크로나 지역에 입주할 경우 기업이 필요로 하는 정보통신 전문 인력을 공급할 수 있으며 필요한 연구개발부문에 공동 협력하는 것이다. 구체적으로 블레킹에 기술대학의 에릭손 총장은 세계최대의 이동통신 서비스업체인 보다폰이 인수한 노르딕 텔社의 칼스크로나 입주결정에 많은 영향을 미치었고 이 회사가 정보통신 서비스 라이센스 취득에 결정적인 도움을 주게 되었다.[4]

4.2. 핀란드

핀란드 대학의 지역밀착은 스웨덴의 경우와 매우 유사하다. 이는 핀란드가 스웨덴에 약 680여년을 복속되어 있었으며 장기간 대

---

4) T. Dolk, op.cit, p.40 참조

학문화를 공유하고 있었기 때문으로 생각된다. 그럼에도 불구하고 스웨덴과 상이한 점은 지역에 균등하게 위치하고 있는 29개의 전문기술대학교 (Polytechnic University)가 지역밀착을 전담한다는 점이다. 즉 핀란드는 일반기술대학교와 전문기술대학교의 기능적 역할 분담을 통하여 지역밀착형 대학을 분리한 이원화 정책을 추진하고 있는 점이 독특하다.

29개의 전문대학교는 모든 지역에 첨단과학단지 (Science Park)를 구성하는데 핵심적인 역할을 수행하며 지역기업과 연구개발 수행, 기술이전 및 지도 등을 통하여 지역기업의 경쟁력 향상 및 신상품 창출에 커다란 기여를 하고 있다. 특히 지역밀착을 위한 산학연계를 강화하기 위하여 핀란드 내 14개 지역에 전문가그룹센터 프로그램(Center of Expertise Program)을 운영하면서 각 참여주체 간 자연스러운 네트워크를 구축할 수 있게 한다. (그림 9-4-2 참조)

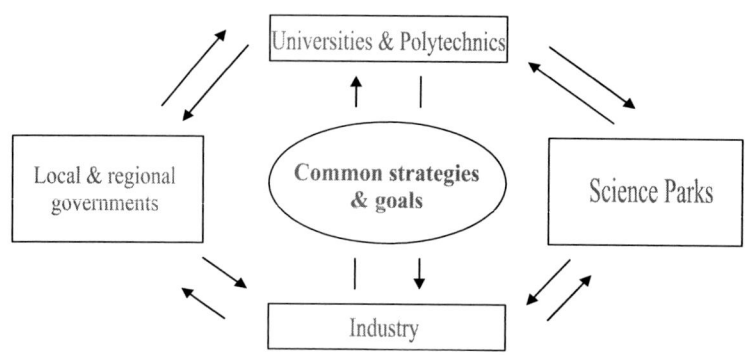

Source: Author's own adaptation

〈그림 9-4-2〉 전문가 그룹센터 프로그램 주요 참여주체

5. 창업정신 고취

5.1 스웨덴

창업정신은 기술혁신과 네트워크와 함께 혁신클러스터를 구성하는 주요 3대 요소 중 하나이다. 따라서 스웨덴 대학은 국가적 차원에서 창업정신을 고취하고 있으며 이는 유럽연합의 정책과도 연관이 있다. 이를 위한 정책으로서 스웨덴뿐만이 아니라 스칸디나비아 5개국 연합이 동시에 추진하는 프로그램으로서 벤처 컵 프로그램 (Venture Cup Program)을 1999년부터 공동으로 운영하고 있다. 스

스웨덴에서는 이를 담당하는 정부기관으로서는 사업개발청 (Agency for Business Development: NUTEK)이 주관하고 있다. 이 기관은 2002~2004년 대학생을 타깃으로 기업가정신을 바탕으로 기술창업을 유도하는 국가프로그램을 주도적으로 운영하기도 하였다.

스웨덴의 창업정신 고취를 위한 첨단기업 창업프로그램을 다음과 같이 운영하고 있다. 프로그램은 동부, 서부, 남부, 북부 4개 지역으로 나누어 매년 실시하고 있으며 학생, 연구원, 첨단기업 창업예정자들의 사업계획 내용을 공개경쟁을 통해서 선발 및 상금을 수여하고 있다. 이 프로그램은 3단계 프로그램 및 각 단계별 상이한 경쟁 내용 및 심사기간으로 구성되어 있다. (<표 9-5-1> 참조)

〈표 9-5-1〉 벤처 컵 단계별 구성

부문	1단계: 사업아이디어	2단계: 시장계획	3단계: 구체적 사업계획
심사 요구사항	사업아이디어 설명 및 시장조사, 소비자이익, 시장비교우위	심도 있는 시장성 평가 및 판매전략	전문적 사업계획 완성
상금액수	각 5,000 크로나 (10명)	각 15,000 크로나 (10명)	1등 200,000 크로나 2등 100,000 크로나 3등 50,000 크로나

Source: www.venturecup.org, 2007-10-07
참고: 1크로나는 약 140원임.

이 프로그램을 운영하는 서부지역 주체는 다음과 같다.

첫째: 샬머시기술대학교, 요떼보리 대학교, 맥킨지 컨설팅회사(McKinsey & Company), 요떼보리 기술연계기금(Gothenburg Technology Bridge Foundation)

둘째: 후원기관 (스웨덴 전국경제인연합회, 서부지방정부)

셋째: 참여기관(제 6차 연금기금(6 AP Fonden), 지방사업개발청(Regional Agency for Business Development: ALMI), 모험자본연합체(Venture Capital Partner), 운송업체(Transport partners)

이외에도 대학 내 첨단기술 창업을 정책적으로 유도하기 위하여 공과대학 내 기업가정신(Entrepreneurship) 과정을 대학원 과정으로 개설하여 운영하고 있다. 특히 스톡홀름대학(Stockholm University)은 대학원 과정에 최고경영자과정(Executive MBA)으로 기업가정신과 성을 운영하고 있는 대표적인 대학이다. 이 과정에서는 첨단기술창업을 위하여 기업가정신, 기술혁신, 경영혁신, 조직혁신 등 창업에 필요한 전 과정을 종합적으로 개설하여 운영하고 있다.(www.su.se, 2007-10-19) 이외에도 서부지역에서는 샬머시기술대학교(Chalmers University of Technology)의 기술경영/경제대학원에서 기업가정신 과정을 주도적으로 운영하고 있다. 이 대학원에서는 기술경영부문과 기업가정신부문을 필수적으로 이수하여야 졸업이 가능하다.

5.2. 핀란드

핀란드도 스웨덴과 동일하게 북구연합의 일원으로서 벤처 컵 프로그램을 운영하고 있으며 대학으로부터 첨단기술벤처가 창출될 수 있도록 정책적으로 유도하고 있다. 핀란드 대학 내 가장 기업가 정신 교육이 왕성한 곳은 오울루 테크노폴리스(Oulu Technopolis Plc.)가 위치하고 있는 오울루 대학교(Oulu University)이다.

오울루에는 지역 내 혁신활동이 전국에서 가장 강력한 혁신클러스터가 존재하고 있기 때문에 창업활동이 왕성하게 일어나고 있다. 오울루 혁신클러스터의 발전배경에도 기업가정신을 바탕으로 하는 첨단기술 창업이 그 기본이 되고 있다. 즉, 오울루대학 출신의 20대 젊은 청년이 창업한 이동통신기술의 핵심기술을 개발한 모리타(MORITA)社의 역할이 노키아(NOKIA)라는 대기업을 오울루에 유치시키는데 크게 기여하였다. (박상철, 2007)

핀란드에서는 창업정신을 고취시키는 것도 중요하지만 첨단벤처가 창업 이후 어떻게 기술경쟁력을 지속적으로 보유하여 세계시장에서 성장할 수 있느냐 에도 커다란 관심을 갖고 있다. 이를 위하여 대학과 혁신클러스터 운영기관이 협력하여 종합적으로 지원하는 체제를 구축하고 있다.

즉, 오울루대학에서는 경제/경영학부에서 기업가정신 과정을 개설하여 공과대학생이 기초적인 경제 및 경영에 관한 지식을 습득할 수 있도록 강좌가 개설되어 있다. 이후 재학생 혹은 졸업생이 첨단벤처를 창업한 이후 오울루 테크노폴리스 내에 입주한 이후에는 테크노폴리스사가 보유하고 있는 사업개발서비스 프로그램

(Business Development Service Program)에 참가하여 기업경영에 관한 전 단계에 관한 지식과 노하우를 습득하게 된다.

이처럼 철저한 첨단기술 및 벤처경영에 관한 종합적 지원체계와 검증단계를 거치기 때문에 첨단벤처 창업 이후 5년 이후에도 생존하는 기업의 비율이 오울루 지역에는 약 70% 그리고 수도권에 위치한 헬싱키 공과대학(Helsinki University of Technology) 지역에서는 85%의 높은 비율을 나타내고 있다.(Technopolis Plc. 2007)

이는 첨단벤처 창업을 대변하고 있는 미국의 실리콘밸리(Silicon Valley)의 5년 후 기업 생존비율이 1% 미만인 것과 비교하면 경이적인 수치이다. 따라서 북유럽국가의 창업정신고취와 미국의 창업정신고취는 근본적으로 매우 다른 형태를 보이고 있는 것이 현실이다. 즉, 전자는 사회적 교육을 기본으로 접근하고 있는 반면에 후자는 개인적 부의 창출을 주요 목적으로 하고 있는 것이 상이하다.

참고문헌

국내문헌

김승보 (2007), "대학 경쟁력을 강화하자", 『21세기 국가전략 일자리 창출 인적자원개발』, 한국직업능력개발원.
박상철 (2006) 한국경제 시론 2006-09-26
박상철 (2007) 매일경제 분석과 전망 2007-02-23
박상철 (2007) 핀란드 혁신클러스터 발전과 노키아의 역할, 서울: STEPI
박천수 외 (2007), 『산업별 인력수요와 학력별 인력수급 전망연구』, 한국직업능력개발원.
백성준·김승보·전재식 (2006), 『고등교육과 인적자원개발』, 한국직업능력개발원.
이병희 (2005), "대학 전공의 노동시장 성과", 이병희 외 (2005).
이병희 외 (2005), 『교육과 노동시장 연구』, 한국노동연구원.
장수명 (2005), "이공계 기피현상과 전공계열별 임금구조 분석".
정태화·최지희 (2007), "전문계 고교를 회생시키자", 『21세기 국가전략 일자리 창출 인적자원개발』, 한국직업능력개발원.
채창균 외 (2004), 『청년층 교육·훈련과 고용(Ⅰ)−교육·훈련기관 유형별 분석』, 한국직업능력개발원.

최강식·정진호 (2005), "대졸 청년층의 증가와 교육투자 수익연구", 이병희 외 (2005).

한상근·최동성 (2007), "생애 직업안정시대를 열자", 『21세기 국가전략 일자리 창출 인적자원개발』, 한국직업능력개발원.

외국문헌

Dolk, T. (2004) Faanga Vinden!, Vinnova Rapport, Stockholm: VINNOVA

Haastad, M. (2003) Technological Point of View, in HSV Report, No.7, Stockholm: HSV

Hesinki University of Technology (2001) The Strategy of Helsinki University of Technology, Helsinki: HUT

Helsinki University of Technology (2003) Annual Report 2002, Helsinki: HUT

KTH (2006) Annual Report 2005, Stockholm: KTH

KTH (2006) Development Plan, Stockholm: KTH

OECD (2004), Education at a Glance.

OECD (2006) Education at a Glance

OECD (2005) Indicators, Paris: OECD

_____ (2007), Education at a Glance 2007.

Park, S-C (2007) Strategy for Higher Education in Sweden Paper presented in International Conference for Higher Education Reform, Taiwan on 6th. Oct. 2007

Technopolis Plc. (2007) Technopolis Academy Training, Oulu: Technopolis Plc

The National Agency for Higher Education (2003) Swedish Universities and University Colleges, Falkoping: NAHE

The National Agency for Higher Education (2006) Annual Report 2005, Stockholm: NAHE

The Ministry of Education (2000) Higher Education Policy in Finland, Helsinki: MOE

The Ministry of Education (2003) Ministry of Education Strategy 2015

The Ministry of Education (2006) Research in Finland, Helsinki: MOE

The Ministry of Education (2007) Polytechnic Education in Finland, Helsinki: MOE

World Economic Forum (2006) Executive Opinion Survey, Geneva: WEF

World Economic Forum (2007) Global Competitiveness Report 2006-2007, Geneva: WEF

Web sites

www.kth.se
www.market.chalmers.se
www.venturecup.org
www.venturecup.fi
www.research.fi
www.su.se

벌거벗은 공학교육과 산학협력

2008년 2월 28일 1판 1쇄 발행
2014년 3월 11일 1판 2쇄 발행

지은이 • 박철우, 이치욱, 박상철, 최영섭, 이종항
펴낸이 • 한 봉 숙
펴낸곳 • 푸른사상사

등록 제2-2876호
서울시 중구 충무로 29(초동) 아시아미디어타워 502호
대표전화 02) 2268-8706(7) 팩시밀리 02) 2268-8708
메일 prun21c@hanmail.net / prunsasang@naver.com
홈페이지 //www.prun21c.com

ⓒ 2008, 박철우, 이치욱, 박상철, 최영섭, 이종항

ISBN 978-89-5640-608-4-93370
값 22,000원

☞ 21세기 출판문화를 창조하는 푸른사상에서 좋은 책 만들기에 노력하고 있습니다.
  저자와의 합의에 의해 인지 생략함.